KB194597

강철구의 우리 눈으로 보는 세계사 1

강철구의 우리 눈으로 보는 세계사

1

유럽 중심의 세계사를 우리 관점에서 비판한다

용의 숲

머리말

역사는 무엇일까? 한마디로 해석이다. 역사는 과거의 사실들이 화석화된 채 고정되어 있는 것이 아니다. 후대 사람들에 의해 계속 재해석되는 과정이다. 그런 의미에서 역사를 쓴다는 것은 역사를 능동적으로 읽어 가는 작업이라고 할 수 있다.

유감스럽게도 오늘날 우리가 가르치고 배우는 세계사는 서양 사람들의 유럽중심주의적 해석에 의해 과도하게 오염되어 있다. 그래서 세계사를 매우 왜곡된 모습으로 보여 준다. 유럽이 고대에서 근대에 이르기까지 항상 세계사의 중심에 자리 잡고 있었던 것처럼 주장한다.

그러나 잘 알다시피 유럽 문명은 유라시아 대륙 네 개의 문명 가운데 하나에 불과할 뿐이다. 이슬람 문명, 힌두 문명, 유교 문명은 하나하나가 유럽 문명에 거의 맞먹는 깊이와 영향력을 가지고 있다. 불교 문명을 하나 더 넣을 수도 있겠다.

게다가 유럽 문명이 다른 문명에 대해 우월성을 가지게 된 것은 근대의 일이다. 고작 18세기 말이나 19세기에 들어와서이다. 그러니 유럽이 언제나 세계사의 중심에 있었다고 주장하는 것이 얼마나 엉터리 소리인가는 말할 필요도 없다.

그뿐 아니라 서양 학자들은 유럽 문명의 온갖 요소들을 대체로 긍정적으로 평가한다. 그래서 인류에게 자유와 평등, 인권, 민주주의, 근대 과학, 자본주의, 산업화 등 온갖 좋은 것만을 가져다준 것처럼 주장한다.

그러나 비서양인의 입장에서 보면 근대사라고 하는 것은 유럽인에 의한 학살과 약탈, 착취의 역사와 밀접히 결합해 있다. 그러니 이런 것들이 가져온 결과를 무시하거나 과소평가하는 서양 사람들의 편파적인 세계사를 그대로 받아들인다는 것이 얼마나 무모한 일인지 잘 알 수 있을 것이다.

영국 정부는 2008년에 와서야 자기네 중등 학생들에게 노예무역과 식민주의에 대해 가르치겠다고 발표했다. 여태까지 그런 사실들을 자기네 청소년들에게조차 은폐해 왔다는 이야기이다. 물론 이런 태도의 변화는 과거보다는 좀 진전된 것이라고 보아야겠으나 사실은 아직도 멀었다. 근본적인 변화는 요원하다고 할 수 있다.

이 책은 서양 역사학에서 유럽중심주의적 세계사를 구성하는 데 본질적으로 중요한 주제들을 골라 그것을 우리의 관점에서 비판적으로 접근한 것이다. 두 권을 통틀어 열네 주제를 다루고 있는데 이 정도면 서양 사람들이 자랑하는 그들의 역사가 얼마나 허구에 차 있고 과장되어 있으며 잘못된 해석에 의존해 있는가를 보여 주는 데 크게 부족함은 없을 것이라고 생각한다.

우리는 지난 10여 년 간 중국의 동북공정이나 일본의 역사 교과서 왜곡 문제로 역사 전쟁을 치르고 있다. 그러면서 두 나라 사람들의 행위에 대해 분개하고 있으나 그것은 중국이나 일본에 한한 이야기만은 아니다. 서양 역사학의 경우는 더 큰 문제인데, 그것은 문제가 있는지 의식조차 하지 못하면서 그 논리에 세뇌되고 있기 때문이다.

이 책에서 저자가 하고 있는 이야기는 아직 학문적으로 완결된 것이라고 할 수는 없다. 그러나 비판적인 관점에서 세계사를 새롭게 보려는 하나의 시도로서는 의미가 있다고 생각하며, 그 정도로 평가해 주면 좋겠다.

한국인들은 해방 이후 60년이 넘도록 서양에 대해 너무 관대하다. 그래서 서양 문화를 흠모하고 일방적으로 따라가려는 태도를 보인다. 그렇게 된 데에는 물론 그동안 냉전 상황 속에서 한국이 미국의 후견을 받아 왔다는 정치적 요인이 작용하고 있다. 그러나 그보다 더 중요한 것은 한국인들이 서양 문화에 대해 갖고 있는 깊은 열등감이다. 식민지가 되고 또 오랫동안 외세에 휘둘리며 자기 문화에 대한 자부심을 잃어버린 탓이다.

우리 학문이 별 비판 없이 서양 학문을 대체로 그대로 받아들이는 것도 이런 태도에서 연유하는 것이다. 그래서 자주적인 학문의 중요성과 그것을 건설해야 한다는 의식이 부족하다. 그러나 자연과학은 좀 다르다 해도 인문·사회과학은 나라마다 성격이 다를 수밖에 없고 또 달라지지 않으면 안 된다. 나라마다 처해 있는 상황이 다르고 해결해야 할 문제도 다르기 때문이다.

그러니 학문을 하기 위한 가장 중요한 전제 조건인 비판 의식 없이 외국 학문을 그대로 수용한다는 것은 일종의 자살 행위이다. 자기 나라의 정신세계를 그대로 외국에 종속시키는 것은 우리 공동체와 후손들에게 장기적으로 크나큰 폐해를 끼치는 행위이기 때문이다.

영어를 맹목적으로 숭배하고 영어 강의가 유행이며 외국에서 학위를 딴 사람들이 과도하게 우대받는 풍토는 그것으로 그치는 일이 아니다. 그것은 우리를 더욱 외국 문화에 의존하게 만들며 자주적인 문화의 건설을 막는다. 그렇게 해서 우리가 어떻게 당당하고 자랑스러운 나라를 건설할 수 있겠는가. 이런 문제에 대해 우리 모두가 경각심을 가지고 더 깊은 성찰을 해야 할 것이라고 생각한다.

이 책은 지난 1년 여 인터넷 신문인 〈프레시안〉에 '강철구의 세계사 다시 읽기'라는 제목으로 올린 글들을 엮어 낸 것이다. 내용을 약간 손보고 긴 글들을 좀 줄이기는 했으나 글의 요지에서는 바뀐 것이 없다. 〈프레시안〉의 글을 열심히 보아 주고 성원해 주신 많은 분들에게 진심으로 감사를 드린다.

이 가운데 절반은 필자가 2004년에 낸 『역사와 이데올로기 1』에 실린 글을 쉽게 고친 것이고 나머지는 이번에 새로 쓴 것이다. 새로 쓴 내용은 앞으로 나올 『역사와 이데올로기 2』에서 다시 학문적으로 자세히 다룰 것이다. 그러므로 보다 상세하고 복잡한 내용이나 전거를 원하시는 분들은 그 책을 보는 것이 좋겠다.

이 글들은 학생이나 일반 독자들이 쉽게 접근하도록 가능한 대로 평이하게 쓰려고 노력했다. 그래서 주도 붙이지 않았다. 그렇기는 하나 사실 전문적인 역사학에 관한 내용이므로 좀 어렵다고 생각할 수 있는 부분도 있다. 그래도 시간을 약간 할애하여 꼼꼼히 읽으면 이해가 불가능한 수준은 아니라고 생각한다. 따라서 포기하지 말고 시간을 들여서 천천히 읽어 주시기를 바란다. 두 권을 다 읽고 나면 세계사를 보는 독자들의 관점에 많은 변화를 경험할 수 있을 것으로 생각한다.

이 책에서는 일부 외국 지명이나 인명을 보통의 외래어 표기법과는 다르게 썼다. 먼저 중국 지명들을 우리 식의 한자 발음 그대로 사용했다. '北京'을 '북경'으로 표시한 것이 그런 것이다. 우리의 한자 발음은 근 2,000년의 역사가 있는 것이고 그것은 우리의 소중한 문화유산이다. 그런 것을 현지 발음을 따른다는 이유로 함부로 내버려서는 안 된다고 생각한다.

서양의 많은 나라들도 다른 나라의 지명을 말할 때 다 자기 식의 표기를 그대로 사용한다. 프랑스인들이 독일의 쾰른을 콜로뉴로, 독일인들이 이탈리아의 밀라노를 마일란트로 표기하는 것이 그런 예이다. 외래어 표기법을 만들 때 현지 발음을 따르는 것이 국제적인 태도라고 본 모양이나 그것은 문화적 열등감 외의 다른 것이 아니라고 생각한다.

또 서양 인명 가운데 'Karl Marx'를 '칼 맑스'로, 'Marxism'을 '맑시즘'으로 썼다. 보통 이를 '카를 마르크스', '마르크시즘'으로 표기하나 이는 우리 발음이 아니라고 생각하기 때문이다. 저자가 생각하기에 이는 아마 1970~1980년대에 일본에서 맑스주의 경제사가 들어오며 일본식 발음이 고착된 결과라고 생각한다.

그런데 일본인들이야 서양 발음을 잘 못해서 'カル マルクス(카루 마루쿠스)'라고 쓰나 우리가 서양 발음을 잘할 수 있는데도 그런 식으로 쓸 필요는 전혀 없다고 생각한다. 그 전에는 '맑스'와 '맑시즘'으로 사용했었다. 그것으로 되돌아갈 필요가 있다고 생각한다.

먼저 연재할 기회를 만들어 주신 〈프레시안〉 박인규 대표님에게 깊은 감사의 말씀을 드린다. 덕분에 많은 대중과 만날 수 있었고 뜻밖의 인사를 많이 받았다. 원고 정리와 교정 등 여러 가지 귀찮은 일을 마다하지 않고 애써 준 조승채, 김윤경 두 제자에게 고마움을 전한다. 그리고 복잡한 편집 작업에 성심을 다해 주신 용의 숲 편집진에게도 심심한 감사를 표한다. 또 독자 여러분들께서는 어려운 경제 위기 속에서도 희망을 잃지 말고 꿋꿋이 버티어 내시기를 간절히 바란다.

2009년 2월 강철구 씀

차례

머리말 5

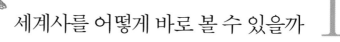

세계사를 어떻게 바로 볼 수 있을까 1

01 역사는 객관적으로 쓰이지 않는다 13 ㅣ 02 유럽중심주의와 그 역사학 24 ㅣ
03 유럽중심주의 역사학은 누가 만들었나 35 ㅣ 04 과장하거나 감추거나 왜곡
한 세계사 44 ㅣ 05 서양 역사학을 신주단지 모시듯 해서야 52

2 고대 그리스 문명에 대한 환상

01 고대 그리스 문명의 찬미 57 ㅣ 02 헬레니즘 이데올로기란 무엇일까 62 ㅣ
03 근대 유럽과 그리스 문명 72 ㅣ 04 그리스 문화의 이상화 83 ㅣ 05 그리스 문
명을 제대로 알아야 할 이유 95

3 자유로운 유럽 중세도시라는 신화

01 유럽 중세도시에 대한 신화 101 I 02 중세도시는 자유로웠는가 104 I 03 유럽의 중세도시들 114 I 04 다른 대륙의 도시들 125 I 05 유럽의 중세도시를 어떻게 보아야 하나 134

부르크하르트와 르네상스 4

01 르네상스, 무엇이 문제인가 141 I 02 부르크하르트가 역사를 보는 태도 146 I 03 부르크하르트가 보는 르네상스와 그 문제점 150 I 04 인간의 존엄성과 르네상스 미술의 근대성 168 I 05 르네상스의 새로운 인식 180

5 아메리카 정복과 유럽의 해외 팽창

01 아메리카와 아시아 항로의 개척 187 I 02 아메리카의 '발견'·'만남'·'정복' 192 I 03 15세기 말 유럽인의 해외 진출은 무엇 때문에 가능했나 200 I 04 유럽인들에 의해 아시아와 아메리카에서는 어떤 일이 벌어졌나 216 I 05 아메리카가 유럽에 가져다준 것들 222 I 06 1492년은 세계사의 전환점 228

16~18세기 유럽 자본주의 발전과 아시아 경제의 재평가 6

01 16~18세기 유럽 경제와 자본주의 233 I 02 월러스틴의 세계체제론 239 I
03 유럽의 자본주의는 어떻게 발전했는가 245 I 04 근대 초 아시아 경제의
재평가 260 I 05 월러스틴 세계체제론의 유럽중심주의 270

7 근대 자연법의 형성과 식민주의

01 근대 자연법, 어떻게 볼 것인가 275 I 02 스페인의 아메리카 정
복과 비토리아 280 I 03 그로티우스의 '바다의 자유'와 푸펜도르
프 289 I 04 존 로크와 식민주의 299 I 05 자연법은 보편적인 원리
가 아니다 310

찾아보기 313

세계사를 어떻게 바로 볼 수 있을까

역사는 객관적으로 쓰이지 않는 01

'역사' 의 쓸모 있음

역사를 모르는 사람은 없다. 일상생활에서 누구나 끊임없이 역사와 접하기 때문이다. 역사책은 말할 것도 없지만 TV나 영화에서의 사극이나 역사 다큐멘터리, 나아가 어른이 아이들에게 들려주는 옛날이야기까지도 모두 역사의 일부이다.

역사 소설도 마찬가지이다. 『다빈치 코드』 같은 베스트셀러 소설책도 추리 소설의 기법으로 씌었지만 예수의 성배 전설을 현실로 끌고 온 일종의 역사 소설이다. 그래서 우리는 역사에 매우 친숙하다.

그러다 보니 어떤 사람들은 전문 역사가는 아니지만 큰 열정을 가지고 역사 연구에 평생을 바치기도 한다. 단군이나 고구려 등 우리 고대사를 공부하고 책을 펴내는 적지 않은 수의 아마추어 역사학자들이 그런 예이다.

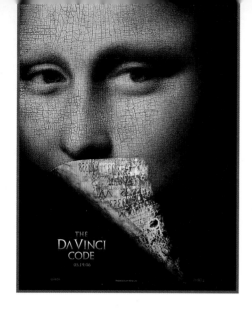

소설로 대성공을 거둔 〈다빈치 코드〉의 영화 포스터. 황당무계한 내용이기는 하나 역사 소설의 형태를 갖고 있다.

궁형의 치욕을 『사기』 저술로 승화시킨 사마천. 그는 이 책을 통해 동아시아 역사학의 전범을 만들어 냈다. 『사기』는 기원전 109~91년에 씌었으므로 헤로도토스나 투키디데스의 역사책보다는 약 300년 뒤졌으나 내용이 풍부하고 기술이 정확하며 시각이 보다 객관적이라는 점에서 그것들의 수준을 훨씬 뛰어넘는다.

그러나 다른 한편에서 역사를 제대로 아는 사람도 많지 않다. 일반인 수준에서는 역사가 무엇인지 깊이 있게 생각하기가 쉽지 않기 때문이다. 단순한 역사 '읽기'나 '공부'에서 한 걸음 더 나아가, '역사학'을 이야기하려면 문제가 간단하지 않다.

그럼에도 지적 관심이 있는 사람들은 E. H. 카의 널리 알려진 『역사란 무엇인가』라는 책을 읽기도 하고, 그 책에 나오는 "역사는 과거와 현재의 대화"라든가 하는 이야기를 되뇌며 자신의 역사 지식을 과시하기도 한다. 역사가 그만큼 중요하다고 믿기 때문일 것이다.

사실 역사는 중요하다. 그것은 인간이 살아온 오랜 경험을 기록한 것으로 인간과 그 사회를 이해하는 데 매우 유용하다. 사람들이 행동하는 방식은 수천 년 전의 옛날이나 지금이나 거의 차이가 없으므로 옛날 사람들의 행적을 살펴 오늘날의 교훈을 삼으려는 것이다.

중국에서는 기원전 1세기에 사마천의 『사기』, 서양에서는 기원전 5세기에 헤로도토스의 『역사』가 나온 후 동·서양을 막론하고 수많은 역사책들이 세대를 이어가며 정치가나 군인들, 학자와 지식인들, 또 공부하는 학생들의 필독서가 된 것은 그 이유 때문이다.

역사의 이런 유용성은 특히 역사학이 갖고 있는 그 구체적인 성격에서 비롯한다. 역사적 사실은 항상 언제, 어디서라는 구체적인 상황과 연결되기 때문이다. 이렇게 특정한 시간과 공간에서의 구체적인 인간의 행위를 다루므로 그 지식이 다른 학문의 경우보다 훨씬 더 생생하고 현실적인 유용성을 갖는 것이다.

근대 역사학과 객관성

이렇게 역사가 유용한 지식이기는 하나 그것은 과거에 일어났던 일들을 그대로 전달해 준다는 전제 위에서이다. 정확한 사실 위에 서 있지 않는다면 그것은 허구에 바탕을 둔 소설이나 진배없기 때문이다. 여기에서 역사의 진실성 문제가 나온다. 역사는 어떻게 진실성을 갖게 될까?

서양 사람들도 18세기까지는 역사를 단순히 실용적인 학문으로 생각했으므로 과거에 일어난 일의 정확성에 대해서는 큰 관심을 기울이지 않았다. 사실을 중요하게 생각하지 않은 것이다. 그러므로 역사책에는 사실과 역사가의 상상이 뒤섞여 있었다. 이런 사정이 바뀌는 것은 19세기에 들어와서이다.

서양 학문들은 19세기에 들어와서 자연과학의 영향을 받아 점차 객관성을 중시하게 되는데 역사학도 그 영향을 받은 것이다. 역사학에서 그 일을 처음 시도한 사람은 '근대 역사학의

헤로도토스. 헤로도토스의 박학과 탐구 정신을 잘 보여 주는 『역사』는 기원전 440년경 씌어진 것으로 고대 지중해 세계를 이해할 수 있는 기본적인 사료이다.

레오폴트 폰 랑케. 정치사와 외교사를 중시하는 랑케의 영향은 독일 역사학에서 19세기뿐 아니라 20세기에 들어와서도 1960년대까지 지속되었다.

아버지'라는 칭송을 받는 독일 사람 레오폴트 폰 랑케(1795~1886)이다.

그는 역사를 쓸 때 역사가의 상상에만 의존해서는 안 되고 엄격한 기준에 의해 과거에 일어났던 일을 정확하게 밝혀야 한다고 주장했다. 그가 역사 연구란 '그것이 원래 어떠했던가'를 밝히는 일이라고 말한 것이 그 뜻이다.

이를 위해서는 역사를 쓰기 위한 재료인 사료를 잘 다루는 일이 절대적으로 필요하다. 옛날 문서나 책, 비석, 고고학적 유물 등 사료들을 아무렇게나 이용해서는 안 되고 쓸 수 있는 것인지 없는 것인지 엄격하게 검토해야 한다는 것이다. 사료 가운데에는 쓸모없는 것도 많고 또 의도적으로 날조된 것들도 섞여 있을 수 있기 때문이다.

랑케의 이런 태도는 당시로서는 획기적인 일이었다. 그가 당시의 사람들로 하여금 처음으로 역사적 사실 그 자체에 관심을 갖도록 만들었기 때문이다. 그 결과, 많은 역사가들이 랑케를 본받으며 19세기 말에는 유럽이나 미국에서 역사학이 근대적인 객관적 학문으로 자리 잡을 수 있게 되었다.

그래서 20세기에 들어와 대부분의 역사가들은 역사학이 객관적이고 과학적인 학문이라는 사실에 의심을 품지 않았다. 역사학도 자연과학과 같이 보편적인 과학적 원리에 따른 학문이라고 생각한 것이다.

역사 쓰기와 객관성의 한계

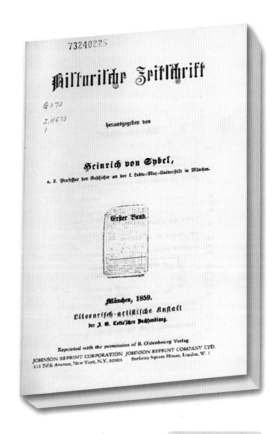

그러면 객관적인 역사 쓰기는 정말 가능할까? 엄격하게 말해서 불가능하다. 불행히도 인간이 한 모든 일들은 시간의 흐름과 함께 다 사라져 버리기 때문이다. 단지 그 일부만이 요행히 살아남을 뿐이다. 이는 개인들이 일기를 써 놓지 않는 한, 시간이 지나면 자기가 한 일들조차 거의 잊어버리는 것과 같은 이치이다.

남아 있는 사료 가운데에는 일부러 남긴 것들이 있다. 어떤 왕을 기리기 위해 그의 치적을 비석에 새겨 두는 경우가 그것이다. 반면 무덤 속에서 발견되는 여러 부장품들과 같이 후세에 남기려고 한 것은 아니나 우연히 남은 것도 있다. 또 옛날 책이나 문서들도 좋은 사료가 된다. 역사가는 남아 있는 이 사료들을 가지고 과거에 일어났다고 생각되는 일을 다시 엮어 내는 것이다.

이 과정에서 매우 중요한 역할을 하는 것이 역사가의 사관(史觀)이다. 사관이란 말 그대로 역사를 보는 눈이다. 사관은 처음 사료를 골라내는 일에서부터 시작하여 그것을 해석하여 역사를 재구성하는 전체 과정에 간여한다.

사료가 너무 많으면 그것을 다 이용할 수 없으니까 그 가운데 필요한 것만을 골라내야 한다. 이때 무엇을 골라낼까를 결정하는 데 사관은 중요한 역할을 한다. 또 그 사료를 어떻게 해석할 것인가 하는 데도 영향을 준다. 심한 경우에는 같은 사료를 놓고도 사관에 따라 정반대의 해석이 가능하다.

그런데 문제는 사관이 어떤 것을 좋아하고 싫어하는 개인의 기호나 욕망,

1859년에 나온 세계 최초의 역사학 잡지인 독일의 『Historische Zeitschrift』 제1집. 19세기 후반에 서양 여러 나라에서 등장한 전문 역사학 잡지들은 근대 역사학 발전에 크게 기여했다. 그러나 그것이 비유럽 세계를 지적으로 지배하는 중요한 수단이 되기도 했다.

편견, 또 그가 갖고 있는 이데올로기 등 여러 가지에 의해 영향을 받는다는 것이다. 또 지방색이나 민족의식같이 그가 속해 있는 집단의 영향도 받는다. 현재라는 시점이 주는 영향도 크다. 누구나 현재에 서서 과거를 바라볼 수밖에 없기 때문이다.

그러므로 역사가가 이런 한계들을 넘어서서 엄격하게 객관적인 역사를 쓰는 것은 사실상 불가능하다. 아무리 객관적으로 역사를 쓰려고 해도 자신의 편견이나 세계관, 이념의 영향에서 완전히 벗어날 수는 없기 때문이다. 따라서 '객관적'이라는 것은 상대적인 의미에서 하는 말일 뿐이다.

『삼국사기』. 고려 인종 23년(1145)에 김부식이 왕명을 받아 간행한 삼국 시대의 정사. 이 책은 원래 역사책으로 씌었으나 오늘날에는 삼국시대를 이해하는 중요한 사료로 이용된다.

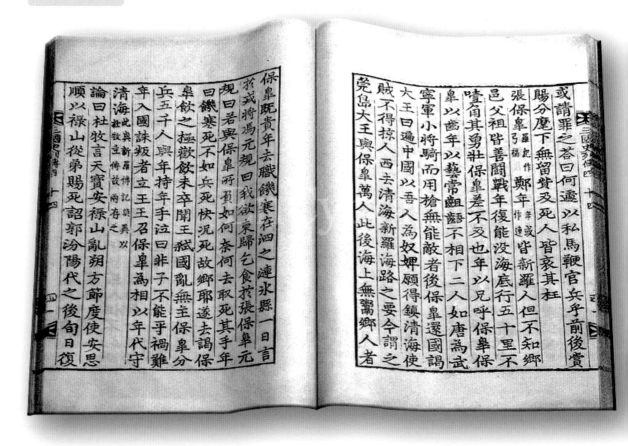

유럽중심주의 역사관의 해악

이것은 랑케의 경우를 보아도 확실히 알 수 있다. 랑케는 역사를 객관적으로 쓰기 위해 자기 자신을 "없애 버리고 싶다"고까지 이야기할 정도로 이를 중시했다. 그래서 그와 그의 제자들이 독일 역사학을 객관적인 학문으로 발전시키는 데 크게 공헌했다.

그럼에도 그가 기초를 놓은 독일 역사학은 매우 이데올로기성이 강한 역사학으로 19세기 이후 독일의 발전에 나쁜 영향을 미쳤다. 독일의 특수성을 강조하고 권위주의적인 프로이센 국가를 받듦으로써 독일인이 배타적인 성격을 갖게 하고 민주주의의 발전을 가로막았기 때문이다. 이는 객관성이라는 것이 역사를 쓰는 방법상의 문제일 뿐이고 그것이 역사가 어떤 입장에 의해, 즉 이데올로기적으로 서술되는 것을 막아 주지는 않는다는 사실을 잘 보여 준다.

독일 역사학만 그런 것이 아니다. 사실 서양의 역사학은 19세기 이래 크고 작은 수많은 이데올로기의 영향을 받아 왔다. 자유주의, 민족주의, 사회주의, 인종주의, 식민주의 등 무수히 많다. 그러나 그 가운데 가장 중요하고 폭넓은 영향을 미친 것은 유럽을 세계의 중심으로 생각하는 이데올로기인 유럽중심주의이다.

그것이 다른 이데올로기들을 그 밑에 집어넣든가 함께 결합하며 서양사, 나아가 세계사의 해석에 결정적인 영향을 미쳤기 때문이다. 근대 서양인들이 유럽이 우월하다고 하는 관점에서 외부 세계를 보려 했기 때문이다. 그 결과 서양 사람들이 쓴 많은 서양사나 세계사 책들은 대부분 노골적이든 아니든 유럽중심주의적 성격을 갖고 있다.

이는 비서양인들 입장에서 보자면 심각한 문제이다. 서양만을 중시하며 비서양 세계의 발전을 지나치게 과소평가하거나 또 서양 세계에게 예속시키고 있기 때문이다. 그런데 더 큰 문제는 비서양 역사가들이 서양 역사가들이 쓴 이런 유럽중심주의적 서양사나 세계사를 객관적인 학문으로 생각

1871년 보불전쟁에서 승리한 후 파리의 샹젤리제에 포진한 프로이센군. 하인리히 트라이치케를 포함한 랑케의 제자들은 프로이센의 강한 왕권과 군국주의를 역사학을 통해 정당화함으로써 독일의 미래에 나쁜 영향을 미쳤다.

하여 비판 없이 받아들이는 것이다. 서양 역사학을 선진 학문으로 생각하는 탓이다.

이것은 한국에서도 별로 다를 바가 없다. 서양 학자들의 주장을 그대로 받아들일 뿐 아니라 서양 사람들의 유럽중심주의적인 관점을 서양인들보다 더 옹호하는 사람들도 있다. 웃을 수도 없는 일이다.

그 결과는 말할 필요도 없다. 유럽은 고대부터 지금까지 세계의 중심이고, 모든 합리적이고 진보적이고 과학적인 것은 유럽과 미국의 산물이 된다. 반면 아시아나 아프리카는 고대부터 문화가 정체되어 온 후진적인 지역으로 근대성과는 거리가 먼 곳이 되고 만다. 따라서 근대에 들어와 서양 국가들이 비서양 지역을 식민 지배한 것이나 오늘날의 불평등한 세계 질서는 힘의 우열에 따른 당연한 결과로서 정당화될 수밖에 없다.

이런 인식이 객관적인 역사 연구의 결과라면 문제 삼을 필요도 없다. 그러나 이런 인식은 서양사나 세계사의 실제 사실과 잘 맞지 않는다. 또 그것은 상당 부분 유럽중심주의 이데올로기의 산물이기도 하다. 그러니 그것을 그대로 받아들여서야 되겠는가. 먼저 유럽중심주의 이데올로기가 무엇이고 그것이 어떻게 만들어졌는지부터 잠깐 살펴보자.

유럽중심주의와 그 역사학

02

'유럽'은 근대의 산물

요즈음 유럽을 모르는 사람은 거의 없다. 학생 때 배낭여행을 갔다 온 사람도 많고 관광 여행을 다녀오는 사람도 많기 때문이다. 가 보지는 않았다해도 매스 미디어를 통해 자주 접하니 친숙할 수밖에 없다. 그래서 유럽 하면 그 이미지가 대체로 머리에 떠오른다.

유럽은 지리적으로 보면 서쪽 끝의 섬나라인 영국이나 이베리아 반도에서부터, 동쪽으로는 폴란드와 우랄 산맥까지의 러시아를 포함하고, 남동쪽으로는 발칸 반도의 여러 나라들까지 포함하는 상당히 넓은 대륙이다. 그래서 아시아나 아프리카와는 확연히 구분되는 지리적 단위로 생각된다.

그러나 유럽은 지리적으로만이 아니라 혈통이나 문화적으로도 크게 하나의 단위로 생각된다. 유럽 사람들이 백인이며, 생활양식 · 언어 · 문화 · 종

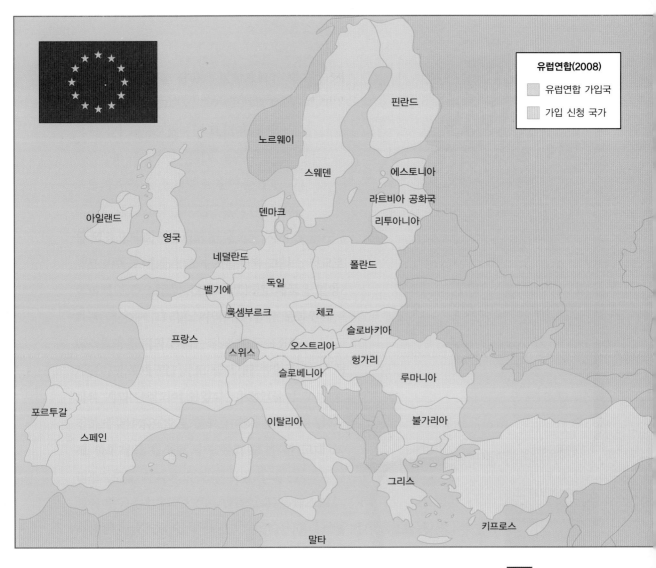

현대의 유럽. 유럽은 현재 유럽연합(EU)으로 하나로 묶여 있으며 가입국은 27개국이다. 단일 시장을 만들고 상품, 사람, 자본의 이동을 자유화하고 유로화라는 공동 화폐를 도입하여 상당한 정도의 경제 통합을 했다. 그러나 그것이 진정한 정치 통합으로 발전할 수 있을지는 아직 미지수이다. 국가 간 이해관계의 차이가 크기 때문이다.

교 등 문화적 면에서 공통된 요소들을 많이 갖고 있다고 생각하는 것이다. 최근에는 유럽연합이 만들어졌으니 이제 경제적·정치적으로도 하나의 단위로 생각될 만하다.

그러나 우리가 그리는 이런 모습의 '유럽'은 고대에는 있지도 않았다. 그것이 최근 몇 세기 사이, 즉 근대에 들어와서야 만들어진 것이기 때문이다. 유럽이 지명으로 처음 사용된 것은 기원전 7세기부터이나 그리스 시대에 유럽은 그리스 반도의 일부이거나 그 전체를 의미했다. 오늘날의 유럽과는

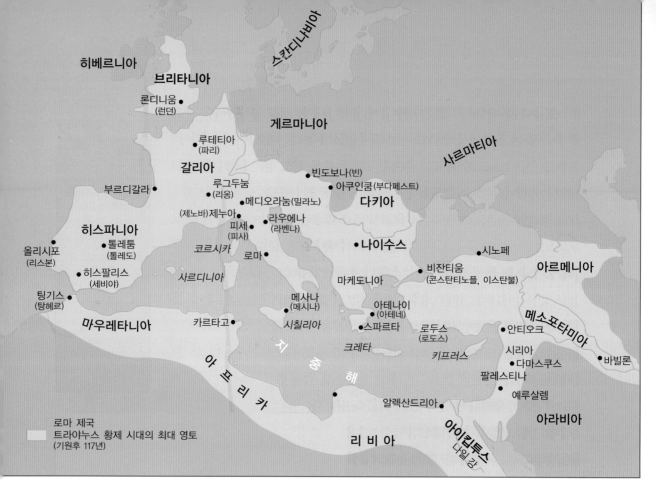

히베르니아

브리타니아

론디니움
(런던)

스칸디나비아

게르마니아

사르마티아

루테티아
(파리)

갈리아

빈도보나(빈)

루그두눔
(리옹)

아쿠인쿰 (부다페스트)

부르디갈라

메디오라눔(밀라노)

다키아

(제노바)제누아

히스파니아

라우에나
(라벤나)

피세
(피사)

나이수스

시노페

올리시포
(리스본)

톨레툼
(톨레도)

코르시카

로마

비잔티움
(콘스탄티노플, 이스탄불)

아르메니아

히스팔리스
(세비야)

사르디니아

마케도니아

틴기스
(탕헤르)

메사나
(메시나)

아테나이
(아테네)

메소포타미아

마우레타니아

카르타고

시칠리아

스파르타

로두스
(로도스)

안티오크

시리아

바빌론

크레타

키프러스

다마스쿠스

지
중
해

팔레스티나

예루살렘

알렉산드리아

아이깁투스
나일강

아라비아

아
프
리
카

리 비 아

로마 제국
트라야누스 황제 시대의 최대 영토
(기원후 117년)

고대 로마의 판도.
로마의 판도는 지
중해를 한가운데
감싸 안고 있으며
북아프리카 해안
지역과 동부 지중해
지역을 포함한다.

상관이 없다.

로마 시대에도 오늘날 유럽의 경계선은 별 의미가 없었다. 로마의 영토가
라인 강 서쪽과 도나우 강 남쪽의 유럽 지역뿐 아니라, 오늘날에는 아프리
카와 아시아에 속하는 북아프리카 해안 지역, 이집트, 팔레스타인, 터키 지
역까지도 포함했기 때문이다.

중세 시대에 유럽은 기독교를 믿는 지역을 의미했다. 이런 생각은 7세기
에 이슬람교가 무함마드(570~632)에 의해 창시되고 그 후 두 세력권이 경쟁
하는 가운데 유럽이 이슬람 세력권에 대치되는 개념으로 사용되었기 때문
이다. 이는 11세기 이후 성지인 예루살렘을 이슬람 세력에게서 빼앗으려 한
십자군 전쟁 때에 강화되었다.

그러나 같은 기독교권에 속하지만 그리스 정교를 믿는 발칸 반도나 러시

아 같은 지역은 가톨릭 지역과는 다른 곳으로 생각되었다. 따라서 유럽이라는 말은 15세기까지도 잘 사용되지 않았다.

　유럽이 오늘날과 비슷한 지리적 단위로 생각되기 시작한 것은 16세기 이후이다. 16세기의 종교개혁과, 그 뒤를 이은 가톨릭과 프로테스탄트 사이의 치열한 종교 전쟁으로 하나의 통일된 기독교 세계라는 생각이 깨지고 대신 세속적인 가치들이 중요해졌기 때문이다.

　18세기의 계몽사상은 그런 점에서 결정적인 계기를 마련해 주었다. 계몽사상가들이 세계를 문화의 발전 단계에 따라 구분하고 유럽을 그 최고인 '문명' 단계로 규정했기 때문이다. 당연히 다른 지역은 지역마다의 차이는 있으나 '야만'적인 단계에 있었다.

　그래서 이제 유럽이 합리성, 문명, 자유, 진보를 상징하는 문화적 단위로 생각된 반면, 비유럽은 비합리성, 야만, 부자유, 정체(停滯)를 상징하게 되었다. 그리고 이런 생각은 프랑스혁명이나 산업혁명에 의해 증명된 것처럼 생각되었다. 이런 의미에서 오늘날 '유럽'이라는 단어가 뜻하는 내용은 절대

계몽사상가들의 식사. 손을 들고 있는 사람이 계몽사상가 가운데 가장 유명했던 볼테르이다. 그 오른쪽이 디드로. 이들은 세계의 모든 사람들은 이성을 가진 인간으로서 동등하다는 세계시민주의를 내세웠으나 거기에 비유럽인들이 포함되는 것은 아니었다.

적으로 근대의 산물이다. 특히 18세기 이후의 산물이라고 할 수 있다.

유럽중심주의는 무엇인가

그러면 유럽중심주의는 무엇인가. 그것은 이러한 유럽을 세계의 중심으로 생각하는 태도이다. 다른 말로 하면 유럽 문명이 모든 비유럽 문명에 비해 독특하고 우월하다는 생각이나 가치관, 나아가서 하나의 이데올로기를 뜻한다.

유럽이라는 생각이 근대에 만들어졌으니 유럽중심주의도 당연히 근대의 산물이다. 유럽 문명이 우월하다는 18세기 사람들의 생각이 산업화와 자본주의의 발전, 그 결과인 비유럽 세계의 지배로 현실적으로도 증명된 것처럼 보였기 때문이다.

그리하여 유럽 문명이 인류의 진보를 이끌어 가는 원동력이며 인류사 전체가 근대 유럽 문명이라는 최고점을 향해 나아가는 과정인 것처럼 생각하는 유럽중심주의적 태도가 자연히 만들어졌다.

그러니 비유럽의 다른 모든 문명들은 근대 유럽 문명을 향해 나아가는 세계사의 통일된 과정에서 각자 부분적인 역할만을 하는 것으로 축소될 수밖에 없었다. 세계사에서 차지하는 비유럽 문명들의 비중이 크게 작아진 것은 그 자연적 결과였다.

유럽중심주의는 두 가지 요소로 구성되어 있다. 하나는 유럽예외주의이고 하나는 오리엔탈리즘이다. 유럽예외주의는 말 그대로 유럽 문명이 특수하고 예외적이라는 주장이다. 유럽 외에 어디에서도 이렇게 합리적이고 진보적이고 근대적인 문명이 발전하지 못했다고 생각하기 때문이다. 그 점에서 유럽은 비유럽 세계와는 다른 길을 선택한 세계사의 예외적 존재라는 것이다.

그래서 서양의 많은 역사가들은 유럽예외주의라는 말을 사용하며 유럽이

성취한 것을 '유럽의 기적'이니 뭐니 하며 치켜세운다. 중세도시, 산업화, 자본주의의 발전, 민주주의 등 유럽이 이룩한 것은 모두 '기적' 같은 성과라는 것이다.

이와 달리 오리엔탈리즘은 대체로 18세기 이후 유럽 사람들이 아시아 세계를 본 독특한 관점을 말한다. 16세기부터 시작되나 특히 식민주의가 본격화된 18세기 이후에 선교사, 관리, 학자, 상인, 여행자 등 많은 유럽인들의 생각이나 글이 그것을 만들어 내는 데 기여했다.

그러나 그것은 아시아 세계에 대해 공정하고 객관적인 사실을 보여 주는 것이 아니라 왜곡된 모습을 전달하고 있다는 점에서 큰 문제를 안고 있다. 현지인들에게서 박해받은 선교사, 식민지를 다스려야 하고 그 행위를 정당화해야 하는 식민지 관리나 어용학자들이 아시아를 공정하고 객관적인 눈으로 보기는 어려웠을 것이기 때문이다.

에드워드 사이드(1935~2003). 그는 아랍계로 미국 컬럼비아 대학 교수를 지냈다. 1978년에 『오리엔탈리즘』이라는 책을 통해 아시아에 대한 유럽인의 잘못된 편견이 어떻게 형성되었는지를 설득력 있게 제시하여 오리엔탈리즘 연구를 한 단계 높였다.

그래서 아시아 문명들이 갖고 있는 고유한 가치나 독자성, 창조성은 대체로 무시될 수밖에 없었다. 그것을 인정하면 아시아인들을 함부로 대할 수 없기 때문이었다. 따라서 유럽과 비교하여 비합리적이고 낡은, 전통적인 성격만 강조되었다.

결과적으로 유럽은 문명과 진보를 보여 주는 반면 아시아는 덜 성숙하고 미개하여 스스로는 발전이 불가능한 곳으로 그려졌다. 그러니 세계사가 당연히 인류의 진

17세기에 중국에서 선교 활동을 한 예수회 선교사 아담 샬. 유럽의 예수회 선교사들은 16세기 말부터 중국에서 선교 활동을 하며 중국을 유럽에 우호적으로 소개했다. 그러나 뒤늦게 중국 선교에 참여한 프란체스코 교단이나 도미니쿠스 교단의 선교사들은 예수회와 경쟁해야 했으므로 중국에 대해 매우 부정적인 상을 만들어 냈다.

보를 대표한다고 믿는 유럽 중심의 것이 될 수밖에 없었던 것이다.

유럽중심주의 역사학의 성립

유럽중심주의적 생각은 역사학뿐 아니라 대부분의 근대 유럽 학문에서 나타난다. 이들 학문이 18세기나, 또 유럽의 우월이 확실해진 19세기에 본격적으로 발전하기 때문이다. 그러나 그것이 가장 강력한 모습을 갖고, 또 체계적으로 나타나는 분야가 역사학이다. 유럽 사람들이 유럽 문명의 창조성과 독특성을 주로 역사학을 통해 보여 주려 했기 때문이다.

이런 역사관을 만드는 데 결정적인 역할을 한 것이 앞에서 말했지만 18세기부터 유럽에서 발전한 문명과 진보라는 개념이다. 문명은 당시 유럽인이 이룬, 세계에서 가장 높다고 생각하는 수준의 문화를 말한다. 진보는 이렇게 인간의 지적·물질적 능력이 커지며 인간의 역사는 무한히 발전하고 세상은 사람이 살기 좋은 곳으로 된다고 믿는 것이다.

이는 17, 18세기에 유럽이 이룬 커다란 정신적·물질적인 성장을 반영한 것이다. 그러니까 문명과 진보는 뗄 수 없는 관계에 있는 셈이다.

1757년 플라시 전투에서 패배한 후 영국 동인도회사의 로버트 클라이브를 만나는 뱅골의 장군 미트 자파. 이 전투에서의 패배를 계기로 인도의 식민지화가 시작되었다.

　결과적으로 진보를 대표하는 유럽의 역사는 유럽 지역의 역사로만 머무
는 것이 아니라 세계사를 중심에서 이끌어 가는 보편사의 지위로 올라가지
않을 수 없었다. 그리고 비유럽 세계의 역사는 유럽인에 의해 발견되거나
정복됨으로써만 세계사의 흐름에 참여할 수 있게 되었다.

　유럽에서 진보사관이 자리 잡는 데에는 세계의 역학 관계 변화가 결정
적인 역할을 했다. 17, 18세기만 해도 인도나 페르시아, 중국은 강력한 힘
을 갖고 있는 아시아의 대제국들로 유럽 국가들이 감히 넘볼 수 없는 존재
였다.

　그러나 18세기 후반 이후 아시아 국가들이 쇠퇴한 반면 유럽 국가들의 힘
이 산업혁명으로 급격히 커지며 상황이 달라졌다. 인도는 1757년의 플라시
전투로 벵골 지방을 빼앗기며 점차 영국의 식민지로 전락했고, 중국도 1840
년에 시작된 아편전쟁으로 무장해제를 당하고 유럽 국가들의 반식민지 상
태로 떨어지게 되는 것이다.

　그 결과, 유럽인들이 아시아의 대제국들에 대해 갖고 있던 존경심이나 동
경은 모두 사라졌다. 대신 아시아에 대한 경멸적인 고정관념이 자리 잡게
된 것이다.

유럽이 우월한 이유

그리하여 19세기 이후의 서양 역사학에는 유럽이 이룩한 성과를 정당화하고 비유럽 지역에서 그것이 불가능한 이유를 밝히는 것이 중요한 과제가 되었다. 이를 위해서는 종교, 인종, 환경, 문화 등 여러 가지 설명 방식이 동원되었다.

유럽인들은 그들만이 진정한 신인 여호와 신을 믿고 있고 그 신이 유럽인들의 역사를 진보로 이끈다고 생각했다. 기독교적 원리가 다른 종교에 비해 우월하며 더 윤리적이라고 믿었기 때문이다. 이것은 19세기 초에 특히 널리 믿어진 주장이나 지금도 그렇게 생각하는 사람은 많다.

인종주의적인 설명은 인종에 따라 사람의 능력에는 우열이 있다는 관점에서 역사를 설명하는 방식이다. 이는 18세기 후반에 인종주의가 이론화하며 본격적으로 나타난다. 그리하여 백인종은 황인종이나 흑인종에 비해 정신적으로나 육체적으로 우월한 자질을 유전적으로 갖고 있고 따라서 더 우월한 문화를 건설할 수 있었다는 것이다. 지금은 이런 식의 주장을 공공연하게 할 수 있는 분위기가 아니나 그럼에도 많은 서양 학자들은 속으로는 이런 생각을 하고 있다.

자연환경과 결부시키는 설명 방식은 역사가 매우 오랜 것이다. 고대로까지 거슬러 올라가며 이것을 근대의 유럽인들이 빌려 온 것이다. 그래서 그들은 유럽의 토질이 특히 비옥하다든가, 기후가 따뜻하고 비가 적당히 내려 농사짓기에 좋다든가 하는 이야기를 한다. 반면 아프리카는 너무 더워 문화가 발전하기에 적당하지 않고, 관개를 해야 하는 아시아 지역에는 전제정(專制政)이 문화 발전을 가로막는다고 주장한다. '아시아적 전제론(專制論)'이 그것이다.

문화적 설명 방식은 유럽인의 문화적 창조 능력을 특히 강조하는 것이다. 그래서 유럽인들이 오랜 옛날부터 독특하게 진보적이고 창조적인 문화를 발전시켜 왔다는 것이다. 사유재산제나 자본주의, 자유로운 도시의 발전,

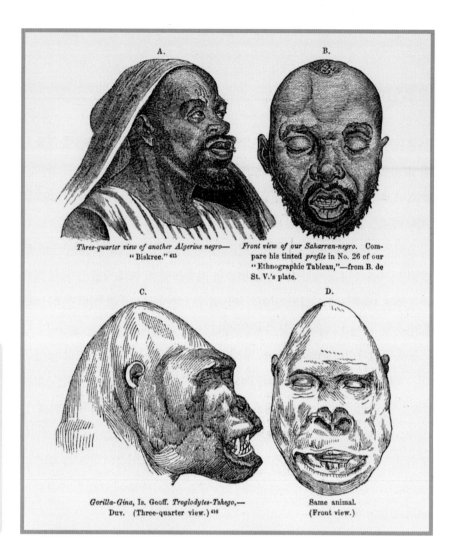

Three-quarter view of another Algerine negro—
"Biskree." 415

Front view of our Saharran-negro. Com-
pare his tinted *profile* in No. 26 of our
"Ethnographic Tableau,"—from B. de
St. V.'s plate.

Gorilla-Gina, Is. Geoff. *Troglodytes-Tshego*,—
Duv. (Three-quarter view.) 416

Same animal.
(Front view.)

흑인과 고릴라의 두개골 모양을 비교해 놓은 미국 두개골 해부학자 노트와 글리던의 그림(1857). 이들은 두개골 모양의 이런 유사성을 근거로 흑인을 원인류와 비슷한 열등한 인종으로 규정했다.

과학적이고 합리적인 사고방식, 개인주의, 민주주의는 모두 그 창조성의 산물로 생각된다.

이런 주장들은 많은 경우 사실과 맞지 않기도 하지만 역사의 설명 방식으로는 적절하지 않다. 종교나 인종과 결부시키는 설명은 오늘날 거의 받아들이기 힘들다. 유럽의 자연환경이 특별히 좋다는 주장도 사실과 맞지 않는 내용이다. 또 유럽인의 문화적 능력이 뛰어나다고 하는 주장도 독단적인 것으로, 증명하기는 어렵다. 따라서 이런 주장들은 유럽인들이 만들어 낸 편견의 산물이라고 할 수 있다.

유럽중심주의 역사학은 03
누가 만들었

헤겔과 '자유'로서의 역사

그러면 먼저 유럽 중심적인 역사가 서양 역사가들에 의해 어떻게 만들어 졌는가를 간단히 살펴보자. 19세기 사람으로서 가장 대표적인 사람들은 모두 독일 출신으로, 철학자인 헤겔과 사회주의 이념의 창시자인 맑스, 사회학자인 베버이다. 베버는 20세기 초까지도 활동을 했다.

프리드리히 헤겔(1770~1831)은 유명한 관념론 철학자이지만 『역사철학』이라는 책을 써서 19세기 서양 사람들의 역사를 보는 눈에도 결정적인 영향을 준 사람이다. 그는 그 책에서 역사의 진보가 어떻게 근대 유럽에 와서 그 가장 꼭대기에 도달했는가를 보여 주려 했다.

그의 역사관에서 가장 중요한 개념은 자유이다. 그에게 자유란 사람이 생각하는 힘인 이성을 통해 자연이 주는 한계를 벗어나는 것을 의미한다. 그

프리드리히 헤겔. 헤겔은 베를린 대학의 철학 교수로서 생전에 독일 철학을 지배했다. 사후에도 프로이센 국가와 왕권을 이상화하는 그의 정치철학은 19세기 내내 독일인들에게 큰 영향을 미쳤다.

리고 그는 세계사란 자유의 이념이 스스로를 발전시켜 나가는 과정이라고 믿었다. 또 자유는 고대 세계에서 근대에 이르기까지 계속 확대되어 왔다고 생각했다.

이렇게 그는 인간이 세계사를 만들어 가는 것이 아니라 자유라는 정신적인 작용이 스스로를 그렇게 발전시켜 나간다고 믿었다. 오늘날의 관점에서는 잘 이해하기 어려운데, 그래서 그를 관념철학자라고 하는 것이다.

그는 역사의 발전 단계를 셋으로 나누었다. 오리엔트 세계, 그리스·로마 세계, 게르만적 세계가 그것이다. 오리엔트 세계가 가장 낮은 단계에 있고 그리스·로마 세계가 그것을 넘어선 다음 단계이고, 게르만 세계가 그것을 넘어선 가장 높은 단계라는 것이다. 그는 그 가운데 오리엔트 세계, 즉 동양 세계는 고대나 현대나 별 차이 없는 상태에 있다고 믿었다. 즉, 그 문화가 정체되어 있다고 믿은 것이다.

따라서 이성과 자유를 스스로 실현해 나아가는 세계사는 자연히 유럽을 중심으로 전개될 수밖에 없었다. 그래서 그는 세계사의 전체적인 흐름인 '보편사'의 운동은 아시아에서 시작되었으나 서쪽으로 움직여 마침내 유럽이 그 절대적인 종착점이 되었다고 주장한다.

칼 맑스와 아시아적 생산양식론

칼 맑스(1818~1883)는 사회주의 사상을 만들어 냄으로써 19세기 후반 이후 세계사의 움직임에 가장 큰 영향을 준 사상가라고 할 수 있다. 그의 사상은 최근에 동유럽에서 사회주의 체제들이 무너질 때까지도 막강한 힘을 갖고 있었다.

그는 사회주의자로서, 억압받는 노동계급의 해방을 위해 평생 학문적·실천적인 노력을 쏟았고 그래서 그의 사상에서 인류애적인 요소는 매우 강하게 나타난다. 그러나 그의 사상에서 비유럽이 차지하는 역할은 그런 것과는 전혀 관계가 없다. 그가 자신의 사상에서 가장 중요하게 생각한 것이 자본주의인데 자본주의는 유럽에서만 발전했다고 믿었기 때문이다.

그는 인류의 역사 발전을, 사회에서 생산이 이루어지게 하는 방식인 생산양식에 따라 원시공동체 사회, 고대 노예제 사회, 중세 봉건제 사회, 근대 자본주의 사회, 미래의 사회주의 사회로 구분했고, 한 생산양식에서 다른 생산양식으로 넘어가는 것은 그 생산양식 내부의 모순에 의해서라고 믿었다. 그러니까 자본주의는 봉건제라는, 유럽에서 나타난 생산양식 자체 내의 모순을 통해서만 만들어질 수 있었다.

반면 아시아의 생산양식은 고대 노예제 생산양식의 변종인 '아시아적 생

탄광의 갱도에서 석탄 수레를 끄는 소녀. 상반신을 벗은 채 쇠사슬로 몸과 수레를 연결하고 있나. 이 그림은 1842년에 영국 의회의 한 위원회가 소년 노동의 심각성을 조사하는 과정에서 그려진 것이다. 사회주의는 산업 노동의 이런 비인간적이고 착취적인 측면을 고발하고 새로운 대안을 제시하려는 것이다.

칼 맑스. 그는 『공산
당 선언』, 『자본론』
등 많은 책을 통해
사회주의 이론을 만
들었고 전 세계의
착취받는 노동계급
에게 큰 희망을 안
겨 주었다. 그러나
그것과, 자신의 이
론 속에서 그가 억
압받는 아시아에 부
여한 지위와는 별
관계가 없다.

산양식'이다. 아시아는 근대에 이르기까지 이 고대적인 생산양식에서 벗어나지 못한 채 정체 상태에 있었다. 따라서 봉건적 생산양식을 경험하지 못한 아시아는 자본주의로 발전할 가능성을 아예 갖고 있지 않는 셈이다.

맑스는 이렇게 자본주의를 발전시킨 유럽의 경험에 의존하여 역사의 발전 단계를 구성하고 그것을 비유럽 지역에도 적용했다. 그러니 유럽의 경험과 다른 아시아 등 다른 지역의 역사는 보편적인 역사 과정에서 벗어난 것으로 평가절하될 수밖에 없었던 것이다. 이 점에서 그는 그의 정신적 스승인 헤겔의 생각을 그대로 받아들이고 있다고 할 수 있다.

막스 베버와 합리성

사회학자이자 역사학자이기도 한 막스 베버(1864~1920)는 약 한 세기 전에 활동한 사람이지만 지금까지도 대단한 명성을 누리고 있다. 그것은 그가 출중한 능력으로 훌륭한 학문적 업적을 많이 냈기 때문이다. 그러나 다른 이유도 있다. 그가 대표적인 유럽중심주의적 이론가의 한 사람으로서 서양인들에게 큰 우월감과 자부심을 안겨 주었기 때문이다.

사실 그가 평생을 바친 학문적 작업은 왜 유럽에서는 진보와 근대화가 가능했고 비유럽에서는 그것이 불가능했는가에 초점을 맞추고 있다. 그리고 그것을 종교, 봉건제, 도시, 관료제, 법제도, 국가형태, 자본주의 등 온갖 주제를 통해 증명하려 했다.

이때 그가 가장 중요하게 생각한 개념이 합리성이다. 유럽에는 합리성이 있어 그것이 가능했고 비유럽에는 그것이 없어 불가능했다는 것이다. 즉, 유럽의 합리성과 비유럽의 비합리성, 전통성을 대비시켜 비유럽 세계의 후진성을 증명하려 한 것이다.

그는 유럽은 이런 합리적 경향을 고대 그리스로부터 발전시켜 왔다고 믿었다. 그리고 그것은 유럽인들이 그렇게 되기를 원했기 때문이라는 것이다. 자본주의의 발전만 하더라도 그는 그것을 프로테스탄트(신교파) 윤리의 합리성과 결합시켰다.

즉, 열심히 일하고 낭비하지 않고 돈을 모으려는 프로테스탄트들의 합리적인 태도가 자본 축적을 가능하게 만들었고 그것을 다시 이익이 남는 건전하고 윤리적인 사업에 투자함으로써 자본주의를 발전시킬 수 있었다는 것이다.

이뿐 아니라 이런 합리성에 의해 그는 보편적인 의미와 가치를 갖는 문화는 서양에서만 발전할 수 있다고 믿었다. 서양에서만 과학이 발전했으며 체계적인 신학이 오직 기독교에서만 발전한 것은 그 이유 때문이라는 것이다.

반면 비유럽 세계에서는 이런

막스 베버. 그의 주된 저서로 1904년에 나온 『프로테스탄트 윤리와 자본주의 정신』이 아직까지도 서양 사람들에게 깊은 사랑을 받고 있는 것은 서양에서만 자본주의가 발전할 수 있었다고 하는 그의 유럽중심주의적인 주장 때문이다.

합리적인 태도가 불가능했기에 아시아 사람들은 고대로부터 초월적인 종교나 미신에 빠져서 스스로의 자신을 의식할 수 없었다는 것이다. 이렇게 자신과 외부 세계를 나누어 구분하는 자의식(自意識)이 없으니 세계를 객관적으로 볼 수도 없었고 합리적인 생각을 할 수도 없었고, 그러니 아시아는 서양에 뒤떨어질 수밖에 없다는 것이다.

이렇게 그의 주장이 온통 유럽 문명에 대한 찬양으로 뒤덮여 있으나 그런 주장들이 정당한 근거를 갖고 있는 것은 아니다. 그 주장들의 많은 부분이 비유럽 세계에 대한 잘못된 정보, 무지, 편견에 의존하고 있기 때문이다.

편향된 20세기의 역사가들

이런 태도는 20세기 후반의 역사가들의 경우도 크게 다르지 않다. 그 가운데 몇 사람의 예를 들어보자. 페르낭 브로델(1902~1985)은 프랑스에서 사회경제사를 주로 연구하는 '아날학파'라고 하는 유명한 역사학파의 대표적인 역사가이다. 그는 20세기의 대표적인 서양 역사가의 한 사람으로 꼽힐 정도로 유명하다. 그는 『문명과 자본주의』등 근대 초 세계 경제사 연구에서 많은 업적을 냈고 그 점에서 높이 평가할 만한 부분이 있다.

그럼에도 비유럽 세계에 대한 그의 생각은 19세기 사람들의 것과 크게 달라 보이지 않는다.

그는 아시아 문화가 너무나 고대적이

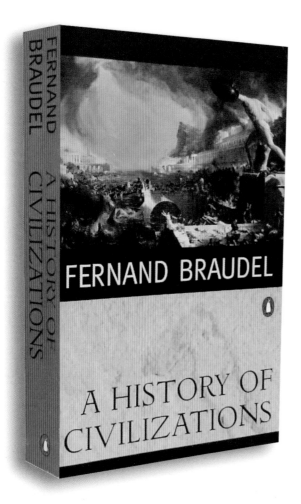

페르낭 브로델의 『문명의 역사』(1995). 이 책은 그의 주 저서는 아니나 세계사에 대한 그의 유럽중심주의적 생각을 잘 읽을 수 있게 해준다. 그의 유럽중심주의는 주 저서인 『문명과 자본주의』에서도 잘 나타난다.

고 어디에서나 꼭 같다고 말함으로써 헤
겔적인 주장을 그대로 받아들인다. 또 중
세도시가 자유로웠다는 베버의 주장, 르
네상스를 근대적인 시기로 보는 부르크하
르트의 주장 등을 그대로 받아들인다. 그
리고 근대적인 유럽과 전근대적인 아시아
를 극명하게 대비시키고 있다.

조르주 르페브르(1874~1959)는 프랑스
혁명에 관한 이른바 정통적 해석을 대표
하는 역사가이다. 맑스주의자인 그는 프
랑스혁명을 계급투쟁으로 보아 부르주아
계급이 귀족계급을 타도하고 자본주의 사
회를 만드는 데 기여한 것으로 보았다.

부르주아 혁명으로 왕의 전제가 무너지
고 민주적인 질서를 수립했고 봉건적인
신분제도를 파괴하고 모든 사람이 법 앞
에서 평등을 누릴 수 있게 만들었다는 것

이다. 또 중상주의적 제약에서 벗어나 자본주의를 자유롭게 발전시킬 수 있
었고 합리적인 근대 문화를 발전시킬 수 있었다고 주장한다.

그리고 그는 혁명의 이념인 자유·평등·우애가 전 세계를 일주했다고
자신만만하게 선언한다. 전 세계인에게 혜택을 베풀었다는 것이다. 그래서
프랑스혁명이 바로 근대사의 시작이라는 것이다. 전형적인 유럽중심주의
적 해석이다.

영국의 대표적인 맑스주의 역사가의 한 사람인 에릭 홉스봄(1917~)은 최
근 민족주의와 관련한 논의에서 매우 중요하다. 민족주의의 주류적 해석이
라고 할 '근대주의적 해석'을 주도한 인물 가운데 하나이기 때문이다. 그는
민족이 근대 자본주의의 산물이고 민족이 민족주의를 만든 것이 아니라 민

조르주 르페브르
의 『프랑스혁명』
(1963, 영어판 표
지). 르페브르가
대표하는 프랑스
혁명의 '맑스주의
적 해석'은 1980년
대 이후 거의 무너
졌다. 그것은 그 해
석이 지나치게 맑
스주의 도식에 의
존하여 역사 현실
을 무시하기 때문
이다.

족주의가 민족을 만들었다고 주장한다. 민족이 인위적으로 만들어졌다는 것이다. 따라서 민족적 정체성은 대수로운 것이 아니며 쉽게 사라질 수 있다고 생각한다.

또 많은 민족주의는 반동적인 지배계급이 정권을 유지하기 위한 수단으로 발전시킨 것이므로 관제 민족주의의 성격이 강하고 따라서 억압적 성격을 가질 수밖에 없다고 생각한다. 게다가 이제 지구화 시대에 들어섰으므로 민족과 민족주의는 머지않아 사라질 것이라고 주장한다. 온 세계가 하나가 될 것이라고 전망하는 것이다.

그러나 이런 주장은 민족이 전근대 역사 속에서 발전해 온 과정을 경시한다. 또 민족주의가 내부적 요인이 아니라 국가 사이의 경쟁이라는 외부적 요인에 의해 발전했다는 사실을 무시한다. 더 나아가 민족주의가 선진국의 억압에 저항하는 힘으로서 제3세계인들에게 아직도 큰 도덕적인 힘이라는 사실을 애써 외면하려 한다. 이런 것을 보면 그도 유럽중심주의적 태도에서 크게 벗어나지 못한 사람이라는 것을 알 수 있다.

그러나 이런 사람만이 아니다. 그 정도는 다르지만 서양 역사가들의 거의 대부분이 알게 모르게 유럽중심적인 역사를 쓰고 있기 때문이다. 그러므로 서양 사람들이 쓴 역사책을 읽을 때는 순진하게 그 내용을 그대로 받아들여서는 안 된다. 서양 역사가들의 주장이 어떤 전제 위에 서 있는지, 그들의 주장 가운데 혹

에릭 홉스봄. 그는 뛰어난 맑스주의 역사학자이나 그의 민족주의 연구에는 별로 독창성이 없다. 우파 학자인 어니스트 겔러의 주장을 거의 그대로 받아들이고 있기 때문이다. 게다가 맑시스트인 그가 제3세계 민족주의에 대해 내리는 저평가는 이해하기 어렵다.

시 유럽중심주의 이데올로기가 숨어 있지나 않은지 주의 깊게 살필 필요가
있다.

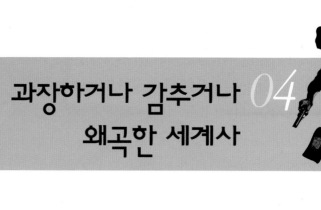

과장하거나 감추거나 04
왜곡한 세계사

서양사 체제는 어떻게 짜여졌나

이렇게 서양사는 기본적으로 근대에서의 유럽의 우월성을 확인하는 형태로 짜여져 있다. 그러나 그것은 근대에만 한정되는 것이 아니라 고대까지 확장된다. 서양 사람들이 근대에 이룬 자신들의 우월성을 고대까지 확장하고 싶어 하기 때문이다. 그래서 유럽은 고대부터 다른 대륙과는 달리 우월한 문화를 갖고 있었으며 그것이 중세, 근대를 지나 현대까지 연결된다고 생각한다.

서양 고대사에서 중요한 것은 물론 그리스·로마 문명이다. 그리스는 인간중심적이고 합리적인 문명으로 인류사를 새로운 단계로 올려놓았다고 생각한다. 철학이나 문학, 예술, 정치 등 모든 면에서 탁월한 성취를 이루었고 그것이 근대 서양 문명의 정신적 기초를 만들었다는 것이다.

아프로디테의 탄생을 묘사한 그리스의 부조(기원전 약 450년경). 서양인들은 고대 그리스를 서양 문명의 근원으로, 자기네들 마음의 고향으로 생각한다. 그래서 아프로디테의 탄생 설화와 관련된 이런 부조에도 큰 애착을 가지지 않을 수 없다. 그러나 아프로디테가 아시아적 기원을 가지고 있다는 것을 생각하면 유럽과 아시아를 나누는 서양인들의 이분법이 얼마나 작위적인 것인가를 잘 알 수 있을 것이다.

로마는 대제국을 이루고 번영하는 경제와 높은 문화 수준을 이루었고 사유재산권을 확립함으로써 근대 자본주의가 발전하는 데 중요한 기여를 했다고 믿는다. 로마법은 서양에 법의 지배를 가져오는 데에 큰 기여를 했으며 로마의 공화정도 근대 유럽의 민주정치 발전에 상당한 공헌을 했다고 생각한다. 기독교의 수용도 그 후 유럽 문화의 발전과 관련해 중요한 요소이다.

중세에서는 자유로운 도시의 성립이 중요하다고 믿는다. 그것이 근대 유럽의 정치적 자유를 가져오는 데 중요한 역할을 했을 뿐 아니라 부르주아계급을 성장시킴으로써 자본주의를 발전시키는 데에도 중요한 기여를 했다는 것이다.

중세에는 기독교가 중요하나 근대에 들어와서는 세속적 합리성이 더 중요한 요소라고 생각한다. 14~16세기의 르네상스는, 중세의 기독교 문화에서 벗어나 세속적인 고대 문명을 재발견함으로써 근대 유럽 문명의 모태를 만든 사건으로 높이 평가된다. 그것이 근대의 시작이라는 것이다.

16세기의 종교개혁도 중요하다. 그것이 개인성의 감각을 가져다주었다고 믿기 때문이다. 또 신교파의 하나인 칼뱅파는 프로테스탄트 윤리를 발전시킴으로써 자본주의의 정신적 기초를 만들었다고 생각한다. 그리하여 자본주의의 발전은 유럽인들의 창의성, 합리적인 태도, 근검절약에 의한 자본 축적과 관련하여 설명

된다.

    17세기의 과학혁명은 근대 과학을 발전시킨 혁명적인 사건으로 평가된
다. 과학의 발전과 그에 따른 합리적인 사고방식이 근대에 와서 유럽이 다

프랑스 화가인 외젠 들라크루아가 그린 〈민중을 이끄는 자유의 여신〉 (일부, 1831). 젊은 여인과 소년을 혁명 대열에 앞세움으로써 압제에 대한 저항이 전 민중
적이었다는 것을 보여 주려고 의도한 것이다. 그러나 이렇게 단순하게 미화된 혁명상으로는 프랑스혁명의 복잡한 진실에 접근하기가 어렵다. 이 그림은 프랑스
대혁명을 그린 것으로 많이 오해되나 사실은 1830년의 7월혁명을 묘사한 것이다.

른 세계보다 우월해지는 데 결정적인 요소로 작용했다는 것이다.

계몽사상도 마찬가지이다. 그것이 유럽인들을 무지와 몽매, 종교의 광신에서 벗어나게 하여 세속적이고 합리적이며 자유로운 세계관을 발전시켰다는 것이다. 그래서 유럽 사회를 더 인간적이고 합리적인 형태로 조직할 수 있게 되었다고 주장한다.

프랑스혁명은 유럽의 정치와 사회, 경제, 문화, 모든 면을 근대적인 형태로 재조직하는 데 결정적인 역할을 한 사건이다. 말하자면 프랑스혁명은 근대사로 넘어가는 분수령의 역할을 하게 된다는 것이다.

산업혁명은 기계와 동력을 결합시킴으로써 인간의 물질적 생산력을 크게 확대했고 현대의 물질문명을 이루는 기본적인 바탕을 만들어 주었다고 생각한다. 이렇게 이 모든 사건들은 전적으로 유럽인의 창의성과 노력의 산물이며 이것들에 의해 오늘날 우리가 보는 찬란한 서양 문명이 만들어졌다는 것이다.

사실의 과장, 은폐, 왜곡

위에서 말한 주제들은 서양 역사가들에게 유럽중심적 서양사나 세계사를 쓰기 위해 반드시 고려해야만 하는 전략적인 거점이라고 할 수 있다. 따라서 반드시 지켜져야만 하는 것들이다. 그러나 그런 설명들이 반드시 역사적 사실과 부합하는 것은 아니다. 사실이 과장, 은폐, 왜곡되고 있기 때문이다. 그 경우들을 하나씩 들어 보자.

프랑스혁명은 그 역사적 의미가 과장된 좋은 예의 하나이다. 전통적인 서양 역사가들이 프랑스혁명의 의미를 크게 부풀려 근대 세계사의 정점에 놓으나 그것은 실제의 역사 현실과는 잘 맞지 않는다.

혁명은 공화정을 수립했으나 민주주의적이지는 않았고 초기부터 공포정치의 독재적 성격을 띠었다. 혁명이 봉건적 지배계급을 일소한 것도 아니

다. 프랑스의 토지 귀족 계급은 성격은 좀 바뀌나 나폴레옹 시대인 1806년 이후 다시 힘을 되찾았다. 그리고 19세기 내내 강력한 정치적 영향력을 행사했다. 혁명과 자본주의의 발전은 별 관계가 없다. 혁명이 가져왔다고 주장하는 근대적 요소들도 장기적인 과정의 일부이다.

또 프랑스는 전 세계에 자유와 평등을 가져오기는커녕 1960년대까지도 저질의 식민주의를 통해 알제리, 베트남 등 광범한 식민지인의 자유를 빼앗았고 그들을 노예화했다. 프랑스 혁명의 세계사적 의의를 자랑하려면 이런 부정적인 역사들도 함께 정당하게 평가해야 할 것이다.

프랑스에서 벗어나려는 알제리 독립 전쟁(1954~1961)에 관한 어느 영화 포스터. 프랑스는 자기 나라를 자유·평등의 나라로 선전하나 거기에 속아 넘어가서는 안 된다. 프랑스는 대표적인 식민 국가의 하나로서 수 세기 동안 수많은 식민지인들의 자유와 평등을 악랄하게 짓밟았다.

은폐되고 있는 대표적인 예가 인종주의이다. 사람을 우월한 인종과 열등한 인종으로 구분하여 사람 사이의 지배와 예속을 합리화하는 이념인 인종주의는 그야말로 서양 사람들의 창조적인 발명품이다. 그리고 그것을 가지고 비유럽 세계의 식민지인을 죽이거나 노예화하고 착취하는 것을 정당화했다. 인종주의는 독일의 유대인 학살의 밑바탕에도 깔려 있다.

이렇게 인종주의가 도덕적으로 용납되기 어려운 이념인 것을 잘 알므로 그들은 그것을 철저히 은폐하려고 애쓴다. 그래서 전문적인 책 외에는 잘 다루지 않는다. 서양인이 쓴 서양사 개설서에서는 뺀 경우가 많고 집어넣는 경우에도 비중을 상당히 축소하고 있다. 그러나 18세기 이후 서양 사람들의 생각에서 차지하는 인종주의의 큰 비중을 생각한다면 이는 매우 잘못된 일이다.

식민주의 문제는 왜곡의 대표적인 예라고 할 수 있다. 유럽중심주의적 역사가들이 식민지의 억압이나 착취 같은 명백한 부정의까지도 가능한 한 정당화하고 합리화하려고 애쓰기 때문이다. 그래서 그들은 식민 지배가 식민지에 피해를 가져다준 것이 아니라 오히려 근대화에 도움을 주었다는 식으로 접근한다.

발전된 근대 문화와 과학기술을 이식해 주었다는 것이다. 그래서 서양인들이 식민 지배를 하지 않았다면 과거의 식민 지역인 제3세계는 지금보다도 더 못한 상태에 있었을 것이라고 주장한다. 또 식민 지배는 서양 식민자들만의 책임이 아니라 식민지인의 협력에 의해서만 가능했다고 주장하는 사람들도 있다. 식민 지배의 책임을 식민지인과 나누려고 하는 것이다.

그러나 이런 태도는 이 문제들에만 국한되는 것이 아니다. 사실 서양사의 거의 모든 주제들에 이런 요소들이 숨어 있다. 따라서 서양사의 서술들을 잘 살펴볼 필요가 있다.

불균형한 세계사

유럽사를 미화한다는 것은 그것으로 그치는 것이 아니다. 상대적으로 비유럽을 낮추어야 하기 때문이다. 그리스 문명을 치켜세움에 따라 그 상대방인 오리엔트 문명은 저평가될 수밖에 없다. 그래서 그리스 문명은 자유롭고 개방적인 문명으로, 다른 쪽은 전제적·노예적 문명으로 묘사된다. 그리고 그것은 그 후 전체 역사에 걸쳐 유럽과 비유럽을 구분하는 경계선이 된다. 유럽은 고대에서부터 자유로웠다는 것이다.

또 그리스를 잇는 헬레니즘적 문명의 의미와 비중은 축소된다. 알렉산드로스 대왕에 의해 그리스 문명이 오리엔트 문명과 결합함으로써 고전 그리스 문명의 퇴화 단계로 이해되기 때문이다. 그래서 헬레니즘적 문명은 고전기에 못지않은 문화 수준에도 불구하고 그리스인에 의해 계몽된 2류 문명으로 부당하게 격하된다.

중세 시대에 들어오면 유럽만이 부각되고 비잔틴제국이나 이슬람 문명권의 비중은 축소된다. 실제로 중세 시대에 이들 지역의 문화 수준은 유럽보다 훨씬 높았다. 그리하여 고대 그리스 문명의 전통을 물려받은 비잔틴 · 이슬람 · 유럽 문명 가운데 그리스와의 연결고리가 가장 약한 유럽이 그 권리를 독점적으로 주장하게 된다. 오늘날 근대 유럽 문명을 그리스 문명과 직접 연결시키는 일반적인 태도는 이런 역사 왜곡의 직접적 결과이다.

15세기 말 이래 유럽인들이 정복한 아메리카는 사람이 살고 있지 않았던 곳같이 취급된다. 그리하여 유럽인의 발견과 정복에 의해서만 세계사 속에 편입될 수밖에 없었다. 아프리카도 마찬가지이다. 아프리카는 문명이 없는 야만적인 곳, '검은 대륙'으로 규정된다.

아시아라고 다를 것도 없다. 아시아는 오리엔탈리즘에서 규정하고 있는 대로 야만적이고 무지몽매하고 법과 윤리, 창조성도 없는 정체된 지역으로 간주된다. 그러니 이런 식으로 쓴 세계사라는 것이 얼마나 뒤틀리고 불균형한 것이 될지는 말할 필요도 없을 것이다.

이런 서양사 지식은 서양 사람의 것만으로 그치는 것이 아니다. 비서양 세계의 역사 인식에까지 중대한 영향을 미친다. 오늘날 세계사의 인식 체계를 지배하고 있는 것이 서양 역사학자들이기 때문이다. 그러므로 서양사, 나아가 세계사의 많은 부분이 이렇게 서양 학자들에 의해 왜곡되어 있다는 사실을 아는 것이 우선 중요하다.

서양 역사학을 신주단지 모시듯 해서야 05

유럽 중심적 역사의 해체를 위하여

1990년대에 들어와 유럽 중심적으로 씌어진 세계사를 해체하고 세계사의 바른 모습을 회복시키려는 노력이 점차 본격화하며 다양한 연구 성과들이 나타나고 있다. 그러는 가운데 잘못 알려지거나 의도적으로 왜곡된 아시아의 모습을 고치는 일도 함께 이루어지고 있다. 그것은 아프리카나 라틴아메리카로도 확대되고 있다.

이런 작업은 유럽을 중심으로 하는 단일 중심의 세계사를 다중심주의로 대치하는 작업이다. 다른 말로 하면 유럽을 세계사의 중심 지위에서 밀어내어 다른 지역과 역사적 비중에서 비슷한 지역사로 낮추는 작업이라고 할 수 있다. 19세기 이전에는 유럽이 세계사의 중심이 아니었으므로 당연한 일이다. 따라서 이런 작업은 세계사를 바르게 쓰기 위해서는 매우 중요한 일이라 하겠다.

그럼에도 그것이 쉬운 일은 아니다. 유럽중심주의적 서양사나 세계사가 제멋대로 적당 적당히 꾸며 낸 그런 역사 서술은 아니기 때문이다. 그것은 지난 200년에 걸쳐 서양 역사가들이 사실들과, 그것을 설명하는 수많은 이론들로 최대한의 노력을 기울여 쌓아 올린 체계이다. 그러니 간단하게 허물어지지는 않는다.

그것의 해체를 위해서는 유럽중심주의적 세계사의 한가운데를 흐르는 기본적인 생각의 틀이나 이론들에 대한 철저한 비판이 필요하다. 그리고 이에 맞추어 온갖 역사적 사실들을 재해석하고 또 그것을 전체적으로 체계화해야 한다. 그러니 그 작업이 쉬울 리가 만무하다.

더구나 그 대안이 되어야 할 비서양 세계의 학문 체계와 전통은 식민지 시대를 지나며 거의 무너져 버렸다. 우리 조선시대의 유교를 중심으로 한 학문 전통이 흔적만 남은 채 거의 사라져 버린 것을 보면 잘 알 수 있다. 이는 비서양 세계 다른 나라의 경우도 비슷하다.

사실 지금 시작되고 있는 유럽중심주의에 대한 비판도 대체로 제3세계 출신이기는 하나 서양 학자들이 주도하고 있고, 서양 학문 체계 안에서 이루어지고 있는 것이다. 비서양 세계가 아직 지적인 독립성을 갖고 있는 것은 아니다. 그러니 이런 지적 예속 상태에서 벗어나는 일은 장기간에 걸쳐 큰 노력이 필요한 어려운 작업이 될 수밖에 없다.

서양 학자들의 권위에 감연히 맞서야

그렇다고 이런 일이 아주 불가능한 것은 아니다. 쉬운 일부터 차근차근 해 나가면 된다. 우선 서양 사람들과 우리 사이에는, 식민주의 문제 같은 것이 대표적이지만, 이해관계에서 차이가 나는 부분이 많다. 따라서 뚜렷하게 관점이 달라질 수 있는 이런 것에서부터라도 서양 학자들의 기존 해석을 비판적으로 검토하고 우리의 관점을 세울 필요가 있다. 그 위에서 다른 작업들이 차츰 이루어질 수 있을 것이다.

또 당장은 서양 사람들이 해 놓은 자기반성의 수준이라도 따라가는 것이 중요하다. 아직 우리의 수준이 그 정도도 되지 않기 때문이다. 전문적인 책인 경우는 좀 낫지만 개설서 같은 일반적인 서양사 책 가운데에는 이미 서양에서도 수십 년 전에 폐기 처분된 이론들이 실려 있는 경우도 적지 않다.

물론 이는 그동안 우리 연구자들의 수가 얼마 되지 않았다는 사실과도 관계가 있으나 학문에서의 이데올로기에 대한 문제의식이 비교적 적었기 때문이다. 이 문제는 서양사에만 한한 것은 아니다. 우리 학계 전체가 대체로 서양 이론이나 이데올로기가 갖고 있는 문제들에 큰 관심이 없었다. 또 서양 학자들의 주장을 옳은 것으로 여기는 한 그럴 필요 자체도 없었다. 그러나 그런 생각에서 벗어나지 못하는 한 자주적인 학문을 하는 것은 불가능하다.

브로델이나 르페브르, 홉스봄 등은 서양에서 대표적인 역사가로 평가받는 사람들이다. 또 그들이 수준 높은 일급 학자인 것도 사실이다. 그러나 그렇다고 그들의 주장이 반드시 보편타당성을 갖는 것도 옳은 것도 아니다. 자세히 들여다보면 잘못된 논리나 취약점을 얼마든지 발견할 수 있다.

따라서 그들의 주장이나 이론에 지레 겁을 먹고 주눅이 들 것이 아니라 감연히 맞서려는 용기가 필요하다. 물론 그러려면 보다 열심히 연구를 함으로써 그들의 학문적 · 지적 수준을 넘어서야 한다. 어려운 일이기는 하나 노력하지 않고 어떻게 우리 자신의 학문적 전통을 만들어 낼 수 있겠는가. 서양 학문을 신주단지 모시듯 하는 시대는 이제 영원한 과거로 사라져야 한다.

경북 영주시의 소수서원. 고려의 안향을 모시는 조선 최초의 서원으로 유학 발전에 기여했으나 오늘날에는 전통 학문의 단절로 그 명맥을 잇는 것조차 어렵게 되었다.

고대 그리스 문명에 대한 환상

고대 그리스 문명의 찬미

01

고전 문명으로서의 그리스 문명

고대 그리스 문명이라고 하면 사람들의 머리에 먼저 떠오르는 것이 무엇일까? 아마 아테네의 파르테논 신전이나 파리의 루브르 박물관에 있는 멜로스의 아프로디테 상 같은 것일 것이다. 사진이나 글로도 많이 소개되었고 그것들을 서양적인 아름다움의 극치로 배워 왔기 때문이다.

물론 파르테논 신전이나 아프로디테 상은 주목할 가치가 있다. 파르테논 신전은 규모가 아주 크지는 않으나 단순함과 경건함을 갖추고 있고 전체적으로 균형이 잘 잡힌 아름다운 건축물이다. 아프로디테 상은 아름다운 여인의 전형을 보여 주는 듯한 뛰어난 조각이다. 단아하며 육감적이나 천하지 않다.

이뿐이 아니다. 그리스는 많은 유적, 유물 외에도 신화나 문학, 정치, 철학, 과학 등 모든 면에서 뛰어난 업적을 남겼고 그것을 후대에 물려주었다. 그래서 서양 사람들은 그리스 문명을 로마 문명과 합쳐 고전 문명이라고 부른다. '고전적(classic)'이란 문학작품에서 최상의 수준에 이른 것을 가리키는 말이니 이는 높은 수준의 그리스 문명이 서양 문명의 기본적인 틀을 만들었다고 생각하기 때문이다.

그래서 이들은 그리스의 찬란한 문화적 업적을 찬양하기에 바쁘다. 민주주의, 자유, 법의 지배같이 서양 사람들이 좋아하는 가치들은 물론이고 미술, 문학, 신화 등 모든 것을 그리스에서 끌어 온다. 서양 근대 문명의 온갖 훌륭한 요소들을 고대 그리스와 연결시키려 하는 것이다. 심지어는 기원전 4세기의 아테네에서 자본주의가 처음 발전했다고 주장하는 사람까지 있을 정도이다.

이것은 서양 사람만이 아니다. 한국의 교과서들도 그런 점에서 별로 다르지 않다. 서양 사람들이 하는 대로 아테네 민주주의가 찬양되고, 그리스 문화의 모든 측면들이 긍정적인 평가를 받는다. 그럼에도 그리스 문명이 정말로 어떤 것인지, 그것이 오늘날의 우리와 어떤 관계에 있는 것인지는 별로 진지하게 따져 보지 않는다.

과연 우리가 고대 그리스 문명을 이런 식으로 일방적으로 받아들여도 되는 것일까? 서양 사람들의 주장을 과연 그대로 믿어도 되는 것일까? 한번 생각해 볼 필요가 있다.

멜로스 섬의 아프로디테. 이 조각은 1820년에 멜로스 섬에서 발굴되어 1821년부터 파리 루브르 박물관에 소장되어 있다. 보통 '밀로의 비너스'라고 부른다.

서양 역사에서 그리스의 위치

서양 역사에서 그리스는 매우 중요한 위치를 차지한다. 그것이 고대 그리스에서부터 시작하는 것으로 보기 때문이다. 물론 서양 사람들이 보다 오랜 역사를 지닌 오리엔트 문명을 이야기하지 않는 것은 아니나 그 영향은 어디까지나 부차적이다. 서양 문명의 본질을 이루는 것은 무엇보다도 그리스 문명이라고 믿는다.

이렇게 그들이 그리스 문명을 강조하는 것은 그리스 문명이 매우 독창적이며 인간 중심적이라고 생각하기 때문이다. 오리엔트의 과학이 실용적인 기술에 그친 반면 그리스인들은 추상적인 원리를 추구했고 그리하여 인류

파르테논 신전. 이 신전은 페르시아 전쟁 때 파괴된 후 페리클레스 시대인 기원전 438년에 재건한 것이다. 아테네의 아크로폴리스 언덕 위에 있다.

의 과학 수준을 한 단계 높였다. 미술에서도 사실주의적 태도가 나타났고 문학이나 다른 예술 분야에서도 뛰어난 성취를 보였다. 민주주의라는 새로운 정치제도도 고안해 냈다. 이런 점들에서 매우 독창적이라는 것이다.

또 오리엔트 문명이 종교에 매몰되어 있는 반면 그리스 문명은 신마저도 인간적인 모습을 하고 있을 정도로 인간 중심적인 문명이다. 따라서 인간과 자연의 모든 문제에 대해 보다 합리적으로 접근할 수 있었고 그것이 다른 문명과의 차이를 가져왔다는 것이다. 말하자면 그리스 문명은 서양 근대인들이 좋아하는 세속성과 합리성을 갖고 있다고 생각한다.

중세 시대에 잊혀졌던 그리스 문명은 르네상스 시대에 재발견되었고 그리하여 서양 근대 문명의 본질적 부분을 이루게 되었다. 그 뒤에 나타난 과학혁명, 계몽사상, 근대 민주주의 등은 모두 그것에 의존한 바가 크다.

888년에 비잔틴제국의 아레타스 주교가 편찬토록 한 『유클리드 기하학』의 한 페이지. 그리스 학문은 유럽이 아니라 비잔틴제국과 이슬람 문화권이 보존해 왔다.

그러나 이런 인식은 사실 큰 문제점을 안고 있다. 그리스 문명은 결코 독자적으로, 그리고 독창적으로 발전한 것이 아니기 때문이다. 오리엔트 문명으로부터 깊은 영향을 받고 있다. 또 유럽이 그리스 문명의 독점적인 후계자도 아니다. 오히려 비잔틴 문명이나 중세 이슬람 문명이 그 직접적 후예라고 할 수 있다. 게다가 그리스적 전통이 역사 속에서 자연스럽게 근대 서양으로 이어진 것도 아니다.

그럼에도 불구하고 왜 서양인들은 이런 잘못된 주장을 계속하는 것일까? 그것은 근대 서양인들이 스스로를 위대한 그리스 문명의 계승자로 만들려고 하기 때문이다. 그리스까지 올라가는 찬란한 역사를 통해 19세기 이래 세계를 지배하고 있는 자신들의 존재를 정당화하려는 것이다.

이런 면에서 고대 그리스는 근대 서양인들에 의해 매우 작위적으로 이용되고 있다. 그 결과, 많은 면이 과장되고 미화되고 있으며 이데올로기적으로 왜곡되고 있다. 그리고 이런 상황을 만들어 내는 데 결정적으로 중요한 역할을 하고 있는 것이 헬레니즘(Hellenism)이라는 이데올로기이다. 그러면 헬레니즘이 무엇인지부터 먼저 살펴보자.

헬레니즘 이데올로기란 무엇일까

문화적 이데올로기인 헬레니즘

고대 그리스인들은 자신들을 헬레네스(Hellenes)로 불렀다. 자신의 종족을 헬렌의 후손으로 여겼기 때문이다. 그러니까 헬레니즘이란 이 그리스인들을 하나로 묶는 생각을 의미한다. 그리스인과 그 문화의 독특성을 인식하고 그것을 다른 종족이나 그 문화와 구분하려는 태도이다. 말하자면 그리스 종족중심주의, 그리스 문화주의를 뜻한다.

이런 생각은 그전에도 존재하기는 했으나 강하게 나타나는 것은 기원전 5세기 후반 이후이다. 페르시아 전쟁에서의 승리와, 그 후 그리스 세계의 전반적인 문화 발전이 그리스인들에게 강한 종족적·문화적 우월감을 가져다주었기 때문이다.

그리스인들은 자신을 둘러싼 주변 종족들을 '바르바로이(Barbaroi)'라고 불렀는데 이는 원래 그리스 말을 못하는 사람들을 가리켰다. 이 단어가 단순히 그리스 말을 못하는 사람을 넘어 야만인이라는 경멸적인 뜻으로 사용된 것은 전쟁 후의 그런 분위기에서이다. 그래서 헬레니즘은 점차 그리스 문화를 최고로 생각하는 문화적 이데올로기로 변화한다.

기원전 4세기의 아테네 웅변가인 이소크라테스가 그런 태도를 잘 보여준다. 그는 "우리의 도시는 지성과 웅변의 영역에서 모든 다른 (나라) 사람들을 넘어섰고 그리스인이라는 말을 출생이 아니라 문화에 귀착시키게 만들었다. 우리는 그리스인이라는 이름을 (종족적) 기원이 아니라 우리의 교육을 받은 사람에게 부여한다"고 말하고 있다. 종족이나 출신이 문제가 아니고 그리스 문화를 받아들이기만 하면 다 그리스인이라고 할 수 있다는 것이다. 대단한 문화적 자부심을 보여 주고 있는 셈이다.

이런 생각은 나중에 알렉산드로스 대왕(기원전 356~323)이 오리엔트를 정복하고 그 지역을 그리스화하는 과정에서 절정에 달했다. 그는 정복지의 수십 개소에 알렉산드리아라는 이름의 도시를 세웠다. 대표적인 곳은 지금도 이집트에 남아 있는 알렉산드리아 시이다. 그리고 그 도시들에 그리스인을 이주시키고 그리스 말과 문화를 이식하려고 시도했다. 물론 그런 문화 이식은 별로 성공하지 못했다. 기껏해야 그리스인이 중심이 되는 도시 상층계급의 문화로 머물렀기 때문이다. 그럼에도 그리스 문화를 오리엔트 전역의 보편적 문화로 만들려고 시도했다는 점에서 강한 헬레니즘의 산물이라고 하겠다.

그리스인과 페르시아인 (그리스 도기 그림). 페르시아 전쟁 후의 많은 도기 그림에서 페르시아인은 겁먹고 위축된 모습으로 그려진다. 줄무늬 옷을 입은 쪽이 페르시아 병사. 페르시아에 대한 복수심의 산물이라고 하겠다.

근대의 헬레니즘

이렇게 헬레니즘은 원래 그리스인이 만들어 낸 것이다. 그러나 오늘날의
헬레니즘은 그것보다 훨씬 폭이 넓다. 고대 그리스인들이 헬레네스 대 바르
바로이로 구분한 그리스 중심적인 사고방식을 18세기 이후의 유럽 사람들

용맹스러워 보이는 페르시아 군인들. 다리우스 대왕(재위 기원전 522~486년)의 왕실 근위대 모습이다(수사에 있는 다리우스 대왕 궁전의 색채 부조 타일).
그리스는 대제국인 페르시아의 입장에서는 결코 적수가 아니었다. 그리스인들은 페르시아의 침입을 막았다고 매우 자랑스러워했으나 그리스 정복에 실패했다
고 페르시아가 큰 타격을 받은 것은 아니었다.

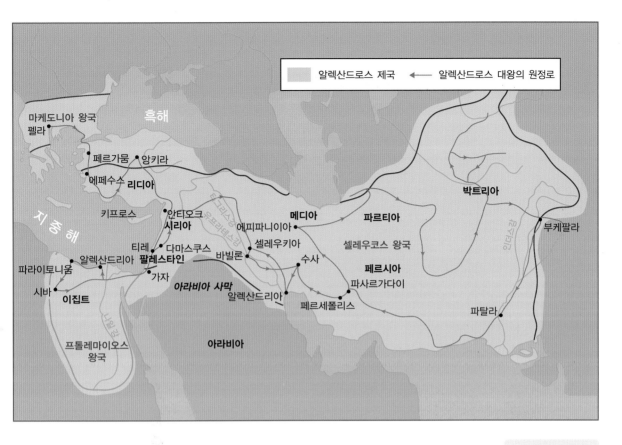

알렉산드로스 제국 ← 알렉산드로스 대왕의 원정로

마케도니아 왕국
펠라
흑해
페르가뭄 앙키라
에페수스 리디아
키프로스 안티오크
시리아
티레 다마스쿠스
알렉산드리아 팔레스타인
파라이토니움 가자
시바
이집트
프톨레마이오스
왕국
아라비아 사막
알렉산드리아
지 중 해
에피파니이아 메디아
셀레우키아
바빌론
수사
페르시아
파사르가다이
페르세폴리스
셀레우코스 왕국
파르티아
박트리아
부케팔라
파탈라
아라비아

알렉산드로스 대왕
의 원정로와 그 후
계 왕국들. 서양인
들이 대제국을 건
설했다고 자랑하는
알렉산드로스제국
의 판도는 사실은
다리우스 1세 시대
페르시아 제국의
판도 거의 그대로
이다.

이 유럽 대 비유럽, 나아가 서양 대 비서양이라는 훨씬 더 큰 틀로 확대했기 때문이다.

세계를 그리스 문명의 전통을 계승했다고 생각하는 서양과 그렇지 않은 비서양 세계로 나누어 차별화하기 위해서였다. 이것은 서양인들이 근대 유럽 문명을 그리스에서 시작해서 수천 년을 내려온 찬란한 문명으로 미화하려 했기 때문이다. 그래서 그리스 문화는 고대 세계 다른 어느 곳에서도 발견할 수 없는 합리적이고 세속적인 문화로 과장될 수밖에 없었다.

이런 태도는 그리스 문명을 외부의 영향을 받지 않은 독자적인 것으로 보려는 서양 역사가들의 태도에서도 잘 나타난다. 그리스 세계와 오리엔트 세계를 명확히 나누어 그 사이에 마치 아무런 문화적 교섭도 없었던 것처럼 주장하는 것이다. 그럼으로써 백인이 중심이 되는 유럽 문명의 우월성과 순수성을 지키려는 것이다. 이런 일을 주로 담당한 것이 서양에서 그리스 · 로

알렉산드로스 대왕(폼페이에서 발견된 로마 시대의 모자이크 그림). 그는 그가 정복한 오리엔트 지역을 그리스화하려는 야망을 품었으나 실패했다. 헬레니즘적 시대(기원전 323~30년)를 동·서 문화의 융합기로 보는 것은 과장된 태도이다.

마 시대를 주로 연구하는 학문인 고전학(古典學 : Classics)이다.

그러나 고대의 그리스 세계는 오늘날의 그리스 본토에 해당하는 곳만을 포함하는 것이 아니다. 그리스인들은 그 외에 지금의 터키 해안에서 에게 해의 무수한 섬들, 이탈리아 반도의 남부 해안 지역과 시칠리아 섬에 흩어져 살았다. 일부는 서부 지중해 지역이나 흑해 연안에도 곳곳에 식민 도시를 건설하여 살았다.

또 그리스와 오리엔트 세계는 지리적으로 인접해 있으므로 문화적으로도 오랫동안 깊은 영향을 주고받을 수밖에 없는 관계였다. 고전 그리스 시대의

66 2장_ 고대 그리스 문명에 대한 환상

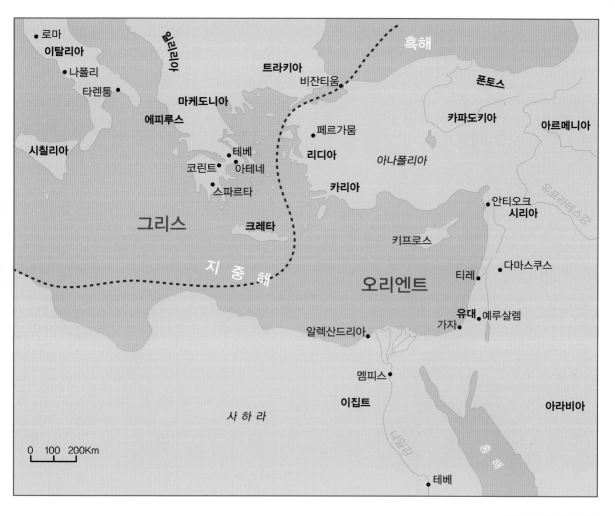

로마
이탈리아
나폴리
타렌툼
시칠리아

이오니아해
트라키아
비잔티움
흑해
폰토스
카파도키아
아르메니아

마케도니아
에피루스
그리스
페르가뭄
리디아
아나폴리아

테베
코린트
아테네
스파르타
크레타

카리아

유프라테스강

키프로스

안티오크
시리아

지 중 해
오리엔트

티레
다마스쿠스

유대
예루살렘
가자

알렉산드리아

멤피스

이집트
아라비아

사 하 라

나일강

홍해

테베

0 100 200Km

많은 유명한 학자들이 그리스 동쪽의 섬들과 지금의 터키 해안 지역까지를
포함하는 이오니아 지방 출신인 것으로도 그것을 알 수 있다.

　게다가 이집트인, 페르시아인들의 이야기는 기원전 5세기의 그리스 연극
이나 철학 책들에서도 자주 등장할 정도로 일상적이었다. 그럼에도 이렇게
밀접한 문화적 관계에 있는 두 지역을 전혀 다른 문화권으로 나누어 그 사
이에 마치 아무 관계도 없는 것처럼 말하는 것은 사리에 맞지 않는 일이다.

고대의 동부 지중
해 지도. 서로 인접
해 있는 동부 지중
해 지역에서 그리
스와 오리엔트 사
이에 장벽을 만들
고 두 지역 사이에
별 문화적 교섭이
없었던 것처럼 주
장하는 것은 비상
식적인 일이다.

이집트 나일 강 삼
각주에 있는 사이
스 시에서 숭배하
던 네이트 여신. 이
집트어의 네이트를
그리스식으로 읽으
면 아테나가 된다
고 한다.

『블랙 아테나』와 문화 전쟁

이와 관련해 1987년에 재미있는 책이 하나 나
왔다. 마틴 버널이 쓴 『블랙 아테나』가 그것이
다. 제목부터가 좀 묘한 느낌을 준다. 아테나 여
신은 아테네 시의 수호신이므로 백인의 용모를
가진 것으로 생각할 법한데 마치 흑인인 것처럼
암시하고 있기 때문이다. 그런데 원래는 아테나
여신이 이집트 북부의 사이스라는 도시에서 숭
배하던 네이트(Neith) 신으로 그 신격이 옮겨 온
것이라고 하니 아주 엉뚱한 이야기는 아니다.

제목에서 짐작할 수 있듯이 이 책은 고대 그리
스 문명이 독자적으로 발전했다고 하는 서양 학
자들의 전통적인 주장을 반박한다. 그리스가 기
원전 3,000년 이후 한때는 이집트의 식민지가 되
기도 하는 등 여러 차례 침략을 받았고 그러면서
언어와 제도 등에서 큰 영향을 받았다는 것이다.
또 페니키아인들의 영향도 주장한다.

언어만 해도 그리스 어휘의 3분의 1 정도가
페니키아계, 5분의 1에서 4분의 1 정도가 이집트에서 온 것이며, 그리스 신
의 이름은 거의 이집트에서 온 것이고, 여러 제도 등 문물도 거의 이집트에
서 왔다는 것이다. 그전에도 그리스사에서 기원전 8세기를 동방화 시대라
고 하여 이집트 문화의 영향을 어느 정도 인정하고는 있었으나 그것을 더
먼 고대까지, 그리고 그 영향의 폭도 크게 확대시킨 것이다.

이런 주장은 그리스 문명의 자생적인 발전을 주장하는 기존 학설에 도전
하는 것이지만 더 중요한 의미를 갖는 것은 그것이 근대 헬레니즘을 비판하
고 있기 때문이다. 고대 그리스인들은 오리엔트의 영향을 인정했고 그런 사

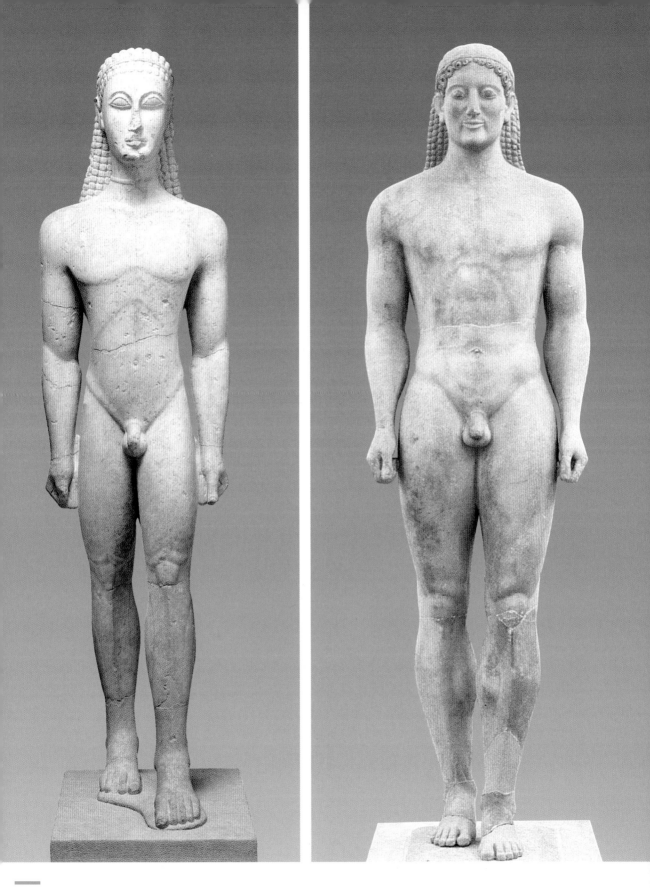

이집트 조각의 영향이 분명이 나타나는 그리스 청년상들. 머리카락의 표현, 정면을 보는 자세, 약간 경직된 몸의 표현에서 이집트의 영향을 분명히 보여 준다. 왼쪽은 기원전 600년경, 오른쪽은 기원전 530년경의 것이다.

실이 18세기까지도 받아들여져 왔는데 19세기의 유럽인들이 그것을 부인하기 시작했다는 것이다.

19세기는 인종주의가 한창 세력을 떨칠 때이므로 그 세계관에 맞추어 그리스 문명이, 열등한 햄계나 셈계 인종에 속하는 이집트나 페니키아인의 영향을 받지 않은 것처럼 꾸몄다는 것이다. 그리스 문명을 아리아족의 순수한 토착 백인 문명으로 포장하기 위해서라는 것이다.

이 책은 이렇게 그리스 문명의 성격과 관련해 매우 민감한 문제를 건드리고 있으므로 논란이 클 수밖에 없었다. 환영하는 사람도 많지만 그리스 문명의 순수성을 믿는 사람들에게는 참을 수 없는 폭거였다. 그래서 버널에 대한 인신공격은 물론이고 이것을 '문화 전쟁'으로까지 확대 해석하여 거칠게 비판하는 사람들도 있다.

물론 이 책이 아주 문제가 없는 것은 아니다. 버널의 주장들이 고고학적 증거보다 신화나 언어학에 많이 의존하고 있으므로 신뢰성이 좀 떨어지기 때문이다. 그래서 연구가 더 진행될 필요는 있다.

그럼에도 이 책은 매우 중요한 가치가 있다. 그리스를 연구한 19세기 서양 학자들의 인종주의적 편견을 적나라하게 폭로하고 있기 때문이다. 그들이 그리스 문화를 과대평가하고 고대 동부 지중해 지역의 역사에서 그리스사가 특권적인 지위를 차지하도록 만든 배경에 인종주의가 숨어 있다는 것이다. 그런 태도에 근본적인 의문을 제기한 것이다.

나아가 이 책은 사람들이 고대 동부 지중해 지역에서의 폭넓은 문화 교류에 눈을 돌리게 하는 데도 기여했다. 반드시 이집트에서 그리스로의 일방적인 영향은 아니라 하더라도 인접한 지역 사이에서의 문화적 교류를 부인하는 것은 자연스럽지 않은 일이기 때문이다. 그런 면에서 이 책은 헬레니즘 이데올로기의 독성에 대한 해독제로서 중요한 역할을 하고 있다고 할 수 있다.

이집트 스핑크스
(위)와 그리스 스핑
크스(아래). 이집트
에서 처음 만들어
진 스핑크스상은
페르시아, 그리스
로 옮겨지며 모양
이 많이 달라진다.
이는 고대 지중해
지역의 문화 교류
를 보여 주는 좋은
예의 하나이다. 사
진의 그리스 스핑
크스는 델포이에서
출토된 것으로 기
원전 575~550년
경의 것이다.

근대 유럽과 그리스 문명

03

그리스 문화와 단절되었던 근대 이전의 유럽

　그러면 근대로 들어오기 전 유럽과 그리스 문화와의 관계는 어땠을까? 관계는 있으나 직접적으로 긴밀한 관계는 없었다. 로마 사람들은 그리스 12주신(主神)의 신격을 받아들여 자신들의 신으로 삼았다. 아프로디테가 비너스로, 제우스가 유피테르 등으로 이름만 바뀌었을 뿐이다. 또 그리스의 서사시, 역사, 철학, 미술, 과학 같은 것에서도 많은 영향을 받았다. 이는 헬레니즘적 시대(Hellenistic Age : 이는 보통 '헬레니즘 시대'로 번역해 사용하나 정확히는 '헬레니즘적 시대'로 불러야 한다. 서양 학자들이 이 시기를 고전 그리스 시대보다 낮추어 보기 때문이다)뿐 아니라 로마 시대에도 그리스인들이 문화적으로 큰 활력을 보여 주었기 때문이다.

　그러나 3세기 이후에는 그 관계도 점차 약화되었다. 로마가 정치적·사회적 혼란에 빠졌기 때문이다. 게다가 로마가 3세기 말에 동·서로마로 나뉘고, 그중 서로마가 476년에 게르만족에게 멸망함으로써 그 관계도 완전히 끊어졌다.

반면 그리스를 포함하고 있는 동로마제국은 살아남았으나 6세기 이후에는 로마적인 성격을 잃고 언어나 문화에서 점차 그리스화했다. 그래서 이를 비잔틴제국이라 부른다. 또 이 지역에서는 11세기 중반 이후에 그리스 정교를 믿었으므로 서유럽과는 더 멀어지지 않을 수 없었다. 성상(聖像) 숭배 문제로 기독교 세계가 로마 가톨릭과 그리스 정교로 분리된 것이다.

1453년에 오스만 튀르크가 비잔틴제국을 멸망시킴으로써 결정적인 변화가 왔다. 이제 그리스 지역이 이슬람 문화권에 속하게 된 것이다. 그 결과 그리스와 유럽의 관계는 완전히 끊어졌다.

따라서 로마 말기부터 중세 때까지 근 천 년 동안 유럽인들은 그리스 문화와 거의 단절되어 있었다. 유럽인들이 그리스 문화를 다시 접하게 된 것은 12세기에 들어와서이다. 유럽의 중세 사회가 점차 안정되며 아라비아어판 고대 그리스 서적들이 다시 라틴어로 번역되기 시작한 것이다. 13세기 후반에야 아리스토텔레스의 모든 책들이 번역될 정도가 되었다.

그런데 이때 아리스토텔레스 철학을 받아들이는 데 주도적 역할을 한 알베르투스 마그누스(1193?~1280)나 토마스 아퀴나스(1224~1274) 같은 사람들은 자신들이 하는 일이 비난받을까 봐 몹시 두려워했다. 그 때만 해도 아리스토텔레스는 이슬람권의 철학자로 생각되었기 때문

이탈리아 출신 신학자인 토마스 아퀴나스. 토마스 아퀴나스는 아리스토텔레스의 철학을 받아들여 그것을 기독교 신학과 결합시킨 인물이다. 그는 그 과정에서 12세기의 저명한 이슬람 학자로 코르도바 출신인 이븐 루시드(유럽명은 아베로에스)가 아리스토텔레스 철학에 대해 쓴 글들로부터 많은 영향을 받았다. 독일 신학자인 알베르투스 마그누스는 그의 스승이자 평생의 동지였다.

이다.

사실 이슬람 문화권에서는 8세기의 압바스 왕조 때부터 많은 그리스 책
들을 아라비아어로 번역하고 그리스 학문을 열심히 연구하고 발전시켜 왔
다. 그 중심이 현재 미국의 점령하에 있는 이라크의 바그다드이다. 이때만
해도 그리스 문화의 전통은 유럽이 아니라 비잔틴제국과 이슬람 문화권에
서 이어지고 있었던 것이다.

유럽인이 그리스 문화에 보다 접근하게 된 것은 14세기 말부터 15세기에
들어와서이다. 비잔틴 학자들이 14세기 말부터 이탈리아에 초빙되어 와서
그리스 말이나 학문을 가르쳤고, 1476년에 비잔틴제국이 멸망한 후에는 많
은 학자들이 이탈리아로 망명함으로써 이제 고전 그리스 문화를 보다 깊이
있게 받아들일 수 있게 된 것이다.

그럼에도 18세기 말까지도 유럽 사람들은 자기네 문화가 로마적이고 기
독교적이라고 생각했지 그리스적인 것은 아니라고 생각했다. 그것이 그리
스 문명과 직접 연결되지도 않았지만 유일신을 믿는 유럽인들로서는 다신
교가 중심인 그리스 문화와 가까워지기도 쉽지 않았기 때문이다.

빙켈만이 이룬 대전환

이런 태도가 바뀌는 것은 18세기 후반에 들어와서이다. 이 시기에 어렵사리 그리스에 들어간 여행자들이 낸 책들이 출판되며 점차 그리스 문화에 대한 관심이 커졌다. 그러나 유럽 지식인들이 그리스를 본격적으로 받아들이게 된 것은 요한 빙켈만(1717~1768) 때문이다.

그는 원래 프로이센 출신이나 로마 바티칸의 교황청에서 고대 미술 수집품을 관리한 사람이다. 그 유물들은 그리스 시대 것도 있으나 대개 로마 시대에 그리스 것을 본떠 만든 모작품들로 르네상스 시대 이래 교황청에서 수집한 것이다. 그것을 양식에 따라 구분하고 연대별로 정리하여 1764년에 출판한 것이 그의 유명한 『고대미술사』이다.

이 책에서 그는 그리스 조각의 아름다움을 매우 높이 평가했다. 그가 헬레니즘적 시대의 조각인 라오콘에 대한 인상을 "고귀한 단순성과 조용한 숭고함"으로 묘사한 것이 대표적이다. 이것은 오늘날에도 그리스 조각의 특징을 간결하고 명쾌하게 보여 주는 표현으로 널리 사용된다.

그가 '아폴로 벨베데레'라는 조각상을 찬미하는 말은 한 단계 더 나아간다. "엘리시움의 행복한 들판을 지배하는 것 같은 영원한 봄이, 그의 몸을 젊음의 매력으로 뒤덮고 그의 자랑스러운 팔, 다리에서 부드럽게 빛난다. …… 핏줄이 없는 것 같은 이 몸은 신경이 아니라 천상의 영혼에 의해 움직인다. …… 이 예술의 기적 앞에서 나는 모든 우주를 잊어버리고 그 존엄에 어울리게 영혼이 고양됨을 느낀다."

더 이상 보탤 말이 없을 정도로 아폴로 상을 높이 찬양하고 있다. 또 그는 이런 위대한 작품들을 만들어 낸 그리스 시대도 매우 높게 평가했다. 여기에서부터 근대 유럽 문명이 발전했다고 믿었기 때문이다. 이런 의미에서 그에게 고대 그리스는 '유럽의 소년기'였다. 거기에서 나중에 성숙한 유럽이 성장했다고 믿은 것이다.

그리스 조각과 문화, 그 시대에 대한 빙켈만의 이런 높은 평가는 당시 유

아폴로 벨베데레 상(로마
의 바티칸 박물관 소장).
기원전 350년경의 것으
로 이것은 로마 시대의
모작품이다. 벨베데레란
이름은 16세기 이래 로마
의 벨베데레 궁전에 소장
되어 있어 붙여진 것이
다. 이 조각은 1797년에
나폴레옹에게 약탈되어
파리로 갔다가 나폴레옹
이 몰락한 후인 1816년에
다시 로마로 반환되었다.

럽의 지식인들과 교양 계층에게 큰 영향을 미쳤다. 그래서 많은 사람이 그의 책을 읽고 그리스와 그 문화의 열렬한 추종자가 되었다.

빙켈만의 주장이 이렇게 받아들여진 것은 당시 유럽 지식인 사회가 기독교에서 벗어나 세속적인 것을 지향하려 했던 분위기와 관련이 있다. 유럽 문명을 합리적이고 세속적인 것으로 만들려 했던 18세기 계몽사상 시대의 유럽 지식인들이, 빙켈만에 의해 종교적 색채가 벗겨진 그리스 미술을 자연스럽게 받아들이게 된 것이다.

그는 1768년에 여행을 하던 중 강도에게 살해당해 명성을 오래 누리지는

요한 빙켈만. 프로이센의 가난한 구두공의 아들로 태어난 빙켈만은 1755년에 그리스 미술의 모방에 대해 쓴 글로 고미술에 대한 식견을 인정받아 로마로 초청되었다. 그해에 알바니 추기경의 장서와 수집품의 관리를 맡게 되었고 1758년에는 로마 교황청의 고대 유물 수집품 관리인이 되었다. 그는 죽을 때까지 그리스·로마 조각에 대한 유럽 내 최고 권위로 인정받았다. 고대 미술에 대한 철저한 편년체계를 만든 것이 그의 가장 큰 업적이다.

못했다. 그러나 그 후의 유럽인들에게 엄청난 영향을 미쳤다. 그리스 문화 마니아들을 양산하며 그리스에 대한 유럽 사람들의 생각을 전면적으로 바꾸는 데 크게 기여했기 때문이다.

19세기의 그리스 문화 본격 수용

유럽 사람들이 그리스 문화를 보다 널리 받아들인 것은 19세기 초에 들어와서이다. 독일에서 오스트리아와 함께 가장 큰 나라였던 프로이센이 그 출발점이다. 당시 프로이센은 1806년의 예나 전쟁에서 나폴레옹에게 패배하여 프랑스의 통제와 간섭을 받지 않으면 안 되었다.

크게 떨어진 국민들의 사기를 다시 북돋기 위해서 프로이센은 대대적인 개혁을 필요로 했다. 그리하여 농노

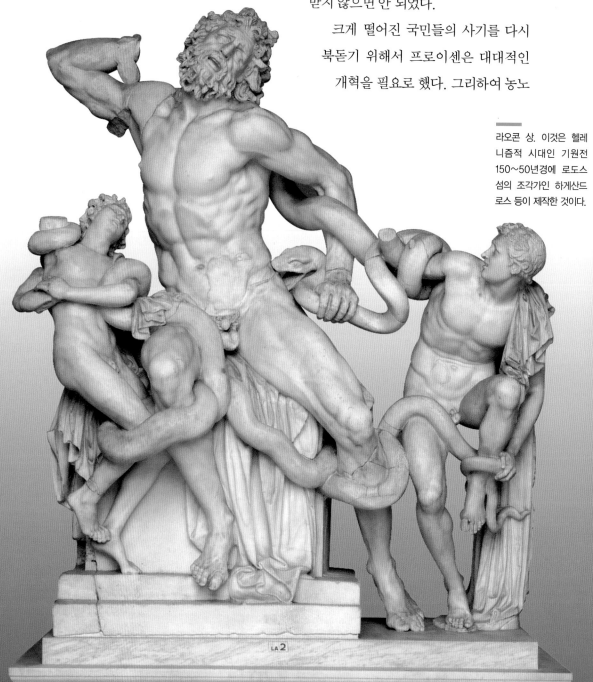

라오콘 상. 이것은 헬레니즘적 시대인 기원전 150~50년경에 로도스 섬의 조각가인 하게산드로스 등이 제작한 것이다.

를 해방하고 군사 제도를 개혁하고 베를린 대학을 새로 창설하는 등 개혁 작업을 벌였다.

그러나 개혁에는 정신적인 요소도 필요했다. 그들을 구원할 새로운 정신적 힘이 필요했던 것이다. 크리스티안 볼프(1679~1754) 같은 철학자나 당시의 문교장관인 빌헬름 폰 훔볼트(1767~1835)가 그리스 고전을 프로이센의 귀족 자제들이 다니는 중등학교인 김나지움의 교과과정에 집어넣은 것은 그 때문이다. 고전 공부를 통해, 그리스 사람들을 위대하게 만든 자기 절제나 이상주의 같은 덕성을 가르침으로써 젊은이들의 마음을 고결하게 만들 수 있다고 생각한 것이다.

프로이센에서 시작된 고전 교육은 독일 전체로, 나중에는 유럽 다른 나라나 미국으로도 퍼졌다. 그리하여 그리스 고전이 서양 사람들의 교양 교육의 중요한 부분으로 자리 잡게 되었다. 이제 서양 사람들은 어려서부터 그리스 신화나 서사시, 희곡을 듣고 배우며 그것을 자신의 문화로 받아들이게 되었다. 그리스 문화를 서양 문화의 뿌리로 느끼기 시작하게 된 것이다.

그리스에 대한 관심이 커짐에 따라 유럽 여러 나라들은 19세기 초부터 다투어 그리스 유물들을 수집하기 시작했다. 많은 조각 작품이나 유물들을 도굴하거나 헐값에 사들여 유럽으로 들여왔다. 그리고 그것을 새로 지은 대규

'영국 박물관'의 전면부. 그리스 신전 건축 양식을 본뜨되 규모를 크게 확대한 것이다. 19세기 이후 많이 지어진 이런 형태의 건축물들은 유럽과 미국에서 쉽게 찾아볼 수 있다. 이 건물은 로버트 스머크에 의해 1848년에 준공되었다(1851년의 동판화).

모 박물관들에 전시했다.

오늘날 유럽의 큰 박물관들 거의 대부분이 수많은 그리스 유물들을 수장하고 있는 것은 그 까닭이다. 그리스 문화유산을 자기네 것으로 여긴 것이다. 심지어 신전 건물을 통째로 뜯어 와 박물관 안에 전시하는 곳도 있다.

또 1820년대에 그리스인들이 터키로부터 벗어나기 위해 독립전쟁을 벌였을 때는 영국, 프랑스 등 유럽 국가들의 도움으로 승리를 거둘 수 있었다. 이에는 영국의 낭만주의 시인 조지 바이런(1788~1824)을 비롯하여 많은 유럽 사람들이 자원해서 참전했다.

이렇게 유럽 국가들이나 사람들이 그전에는 별 관심도 없던 그리스의 독립전쟁을 도와주고 목숨까지 내던진 것은 다른 이유 때문이 아니다. 자신들

페르가뭄의 제우스 제단. 페르가뭄 시는 헬레니즘적 시대에 있었던 페르가뭄 왕국의 수도이다. 아나톨리아 반도의 서쪽 해안가에 위치해 있고 지금도 도시 안에는 당시의 많은 유적이 남아 있다. 이곳에 있던 신전 건축물 전체를 뜯어 와 유럽의 박물관 안에 전시하고 있다(베를린의 페르가뭄 박물관).

1830년에 그리스가 독립한 후 영국, 프랑스, 러시아에 의해 초대 왕으로 옹립된 독일 비텔스바흐 가문의 오토(맨 앞의 말 탄 사람)가 1833년에 나우폴리온에 상륙하는 모습. 초대 왕 자리를 외국인이 차지한 데서 보듯이 현대 그리스의 성립에는 인위적인 성격이 강하게 나타난다. 서유럽인들이 만들어 낸 근대 헬레니즘에 의해서 거의 서유럽에 편입되었기 때문이다. 그래서 사멸 단계의 그리스어를 새로 살려 내 보급하고, 고대 그리스와의 관련성을 강화함으로써 비잔틴이나 이슬람 역사와의 결별을 시도했다. 그러나 그리스는 천 수백 년 동안 비잔틴제국과 오스만 튀르크의 동방적인 역사적·문화적 유산을 이어 온 나라이므로 자기 전통과의 분리가 그렇게 쉬울 리 없다. 이것이 독립한 지 180년이 지나도록 그리스인들이 아직도 자신의 정체성 문제로 고통 받는 이유이다.

을 이제 고대 그리스의 계승자로 생각한 것이다. 그러니 착각도 보통 착각
이 아니다.

　그래서 19세기 이후 그리스는 이제 서양의 역사 발전에서 빠뜨릴 수 없는
위치를 차지하게 되었다. 서양 문명의 근원으로서 철학, 문학, 역사, 의학,
과학, 미술 등 모든 문화가 그리스에서 시작된 것으로 생각했기 때문이다.

영국의 시인 바이런이 혁명 영웅인 마르코스 보차리스의 무덤에서 그리스에 대한 충성 맹서를 하고 있다. 19세기의 유럽인들은 그리스 독립전쟁
을 '자유의 찬가'로 미화했으나 실제로 그것은 오스만 튀르크를 약화시키려는 영국, 프랑스, 러시아 등의 국제 정치적 음모의 산물이다.

그리스 문화의 이상화

04

아름답고 건전한 그리스 문화

이렇게 그리스를 좋아하게 되었으니 유럽인들이 그 문화를 이상화하는 것은 당연했다. 그래서 그리스 문화에서 추하고 비참한 것, 어두운 것, 잔인함 등의 나쁜 요소들은 가능한 한 감추려고 노력했다. 대신 용감함, 지혜, 정의, 도덕성 같은 좋은 요소들은 크게 부각시켰다.

그리스는 민주주의의 원천으로, 법의 지배가 이루어진 곳으로, 인간 중심적이고 합리적인 문명을 만든 곳으로 높이 평가되었다. 반면 비합리적으로 보이는 면, 노예제나 성적인 문란함 같은 부정적인 요소들은 가능한 한 축소시켰다. 서양 사람들이 19세기 이후에 쓴 많은 그리스 역사책들은 이런 편견에서 벗어날 수 없었다.

또 그리스 문화는 대체로 아름다움이라는 관점에서 관찰되었다. 그러므

〈텔레마코스와 유카리스
의 이별〉(자크 루이 다비
드의 그림, 1818). 젊은
남녀의 순수한 사랑을 아
름답게 표현하고 있다.
그리스 신화를 제재로 하
는 많은 그림들은 이렇게
고대 그리스를 순수하고
깨끗한 세계로 정형화하
여 묘사하는 경향이 있다.

로 아프로디테나 많은 여신의 나신상들은 단지 옷을 벗은 여인의 아름다운
조각상만으로 받아들여졌고 파르테논 신전 같은 건축물들도 구조, 기둥 모
양, 비례 같은 아름다움을 나타내는 건축적인 요소만이 부각되었다.

그리하여 '푸른 지중해와 그것을 배경으로 서 있는 흰색의 아름다운 대
리석 신전'으로 상징되는 그리스의 아름답고 순수한 이미지는 19세기 이후
많은 문필가나 미술가들에 의해 끊임없이 재생산되었다. 특히 화가나 조각

〈세이렌과 오디세우스〉(레옹 벨리의 그림, 1867년). 오디세우스라는 거친 남자의 모험과 여신들의 에로티시즘을 잘 결합한 이 그림은 보는 사람들을 그리스의
몽환적인 세계에 빠져들게 한다.

가들은 그리스 신화를 모티브로 하는 수많은 작품들을 통해 그리스를 이상 화하는 데 중요한 몫을 했다.

시각적인 효과는 글보다 더 강력하고 직접적이다. 그래서 이들이 그리스의 서사시나 신화를 배경으로 근대에 그린 아름다운 그림들이나 조각들을 감상하노라면 그 순수하고 깨끗한 세계에 빠져들지 않을 수 없다.

이런 분위기에서는 그리스에게 부정적인 이미지를 만드는 것은 물론 상상하는 것만도 불경하게 생각될 수밖에 없었다. 이런 현상은 그리스 문화 해석의 모든 면에서 나타난다. 그리스 문화의 몇 가지 면에서 이 점을 간단히 살펴보자.

아테네 민주주의

서양 사람들은 보통 근대 민주주의의 근원을 아테네 민주주의로 놓는다. 이는 클레이스테네스가 중심이 된 아테네인들이 기원전 507년에 참주를 몰아내고 귀족정체 대신 민주정체를 만들었기 때문이다. 부족 제도를 고쳐서 귀족들의 영향력을 줄이고 500인회의(불레)가 민의를 대변하는 기관으로 중심적인 역할을 하게 만들었다. 참주가 될 만한 사람들은 투표를 통해 도시 밖으로 추방할 수 있었다.

5세기 후반의 페리클레스는 그것을 더 발전시켜 민회가 국정의 중심이 되도록 했다. 그래서 도시의 중요한 사안들이 모든 시민이 참여하는 민회에서 결정되었고 당시 행정을 책임진 열 명의 스트라테고스(장군)들은 정치를 잘못하는 경우 민회에 의해 쫓겨나거나 사형을 당하는 경우도 있었다.

아테네가 그리스 세계를 지배하는 제국이 되어 풍부한 재정을 갖게 된 다음에는 민회나 재판에 참여하거나, 심지어 연극 구경을 하는 시민들에게도 수당을 지불했다.

이리하여 '지배하는 자와 지배받는 자가 교대로'라는 원리에 따라 추첨으로 뽑힌 사람들은 보통 1년 임기로 대부분의 관직에 취임할 수 있었다. 모든 시민이 함께 정치에 참여할 수 있었다는 것이다. 근대 서양인들이 아테네를 민주주의의 발상지로 매우 중요하게 생각하는 이유이다.

그러나 아테네 민주주의의 실상은 이와는 상당히 달랐다. 우선 그 폭이 매우 좁았다. 거주 외국인, 노예, 여성을 빼고 전체 인구 45만 명 정도 가운데 시민인 약 4만 명의 성인 남자들만이 이에 참여할 자격이 있었다. 또 많은 사람이 생업에 총사해야 했으므로 민회에는 최대 6,000명 정도만이 참여한 것으로 보인다. 민회는 드물게 열리기도 했지만 많은 사람이 참여하므로 자세한 논의를 할 수도 없었다. 의사 결정도 투표수로 하지 않고 대충 손을 들어 했으므로 목소리 큰 편이 유리했다.

클레이스테네스 시대에 정치적으로 가장 중요한 기관이었던 500인회의는 민회에서 토의될 안건을 미리 준비하는 곳으로 그 구성원은 각 마을 단위인 데모스에서 인구에 비례하여 추첨으로 뽑는 것으로 알려져 왔다.

그러나 최근의 연구를 보면 500인회의 참석자가 반드시 추첨에 의해 선출된 것 같지는 않다. 어떤 사람들이 어떤 해에 500인회의에 뽑히려고 서로 싸웠다는 이야기가 전하고 있는 것으로 보아 뇌물이나 다른 영

오스트라시즘(도편추방
제) 도편. 기원전 5세기
전반의 정치가들인 키몬
과 테미스토클레스의 이
름이 적혀 있다. 도편추
방제는 참주가 될 가능성
이 있는 사람을 도편 투
표를 통해 국외로 추방함
으로써 민주 정치에 기여
했다고 보통 이야기 된
다. 그러나 그것이 민주
주의의 본질적인 요소였
는지는 잘 알 수 없다. 오
히려 정적의 제거에 남용
되었을 가능성이 크다.

향력이 작용했을 가능성이 매우 높다. 민
회나 500인회의가 반드시 민주주의
를 보증하는 기관이라고는 할 수 없
다는 것이다.

실제로 정치는 민중이 아니라
계속 부유한 귀족 출신들에 의
해 주도되었다. 이들은 파당
을 이루어 권력을 장악하
고 또 유지하려고 애썼
다. 이런 모습은 민주주의
가 가장 발전했던 시기에도
마찬가지이다.

기원전 5세기 말 이후의 아테네 정치는 선
동가들에 의해 매우 어지러워졌다. 기원전 4세기 사람
들인 플라톤이나 아리스토텔레스가 민주정을 별로 호의적으
로 보지 않은 것은 이 때문이다. 물론 민주정을 통해 하층민들의 권리
가 과거보다 더 신장되고 보호받았다고 할 수는 있겠으나 그것도 어느 한계
안에서의 이야기이다.

이런 의미에서 아테네의 민주정은 시민들의 의사가 민주적인 방식으로
결정되고 관철되는 그런 이상적인 정치의 형태가 아니다. 게다가 아테네 민
주정은 그리스에서도 예외적인 일이었다. 다른 도시들은 왕정이나 참주정
을 채택했다.

그러면 아테네 민주주의와 근대의 민주주의는 어떤 관계가 있을까? 이름
만 같을 뿐 사실상 아무런 관계도 없다. 서양에서 근대에 점차 발전한 민주
주의는 17세기 이후 영국의 귀족들이 왕과 권력다툼을 벌이는 가운데 나타
난 것으로 그리스로부터는 아무런 영향도 받지 않았다.

또 근대의 서양인들은 로마의 공화정을 중시했을 뿐 아테네의 민주정에

는 별 관심을 갖지 않았다. 아테네 민주
주의를 찬양하고 그것을 유럽의 근대
민주주의와 연결시키기 시작한 것은
19세기 중반에 들어와서이다. 그러니
근대 민주주의의 기원을 아테네에서 찾
는 것이 얼마나 허황한 일인지 잘 알 수
있을 것이다.

노예제도

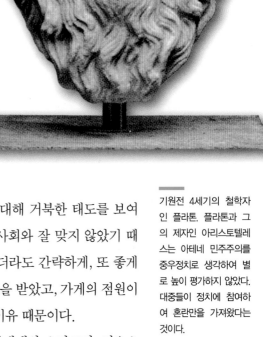

고대 그리스는 기본적으로 노예제 사회였
다. 그러므로 사람을 자유인과 노예로 구분하
는 것은 그리스 사회의 가장 기본적인 일로,
노예제는 그리스인의 생각이나 이데올
로기의 많은 부분에 깊은 영향을
미쳤다. 아테네의 경우도 마찬
가지이다.

기원전 4세기의 철학자
인 플라톤. 플라톤과 그
의 제자인 아리스토텔레
스는 아테네 민주주의를
중우정치로 생각하여 별
로 높이 평가하지 않았다.
대중들이 정치에 참여하
여 혼란만을 가져왔다는
것이다.

서양 학자들은 전통적으로 아테네의 노예제에 대해 거북한 태도를 보여
왔다. 그것이 그들이 그리는 민주적이고 평등한 사회와 잘 맞지 않았기 때
문이다. 그래서 가능하면 언급을 하지 않거나 하더라도 간략하게, 또 좋게
말하고 넘어갔다. 노예가 시민이나 마찬가지 대접을 받았고, 가게의 점원이
나 경영자가 될 수도 있었다고 주장하는 것은 그 이유 때문이다.

그러나 노예제에 대한 사료가 남아 있는 곳은 아테네와 스파르타, 키오스
정도이고 그 가운데 사료가 가장 많은 아테네의 경우도 그 전체 모습을 알
기에는 태부족이다. 많은 부분을 추정할 수밖에 없다.

이들은 대개 전쟁에서 붙잡혀 온 사람들로 노예를 잡을 수 있는 모든 곳

흑인 노예의 모습(도기 그림). 근대에 와서는 노예라고 하면 흑인을 떠올리나 고대에는 그렇지 않았다. 어떤 피부 색깔을 갖더라도 노예가 될 수 있었다.

에서 왔다. 기원전 468년의 에우리메돈 강 전투에서 아테네가 승리한 후에는 한꺼번에 약 2만 명의 노예가 붙잡혀 왔다. 이들은 그리스 주인들에게 팔렸다.

이들의 수는 가장 많았던 시기에 약 10만 명 정도로 추산된다. 기원전 5~4세기에는 노예 소유가 일반화되어 보통 가정은 2~3인의 노예를 소유했던 것 같다. 가내 노예들은 농사일이나 집안의 궂은일을 했으나 수공업 작업장에는 수십 명, 또 광산 같은 곳에서는 수백 명씩 일한 곳도 있는 것으로 보인다.

이들은 어떤 대접을 받았을까? 그들이 자유로웠고 시민과 같은 대접을 받았다는 주장은 어느 사료에 "자유인이 노예나 외국인 해방노예를 때릴 수 있도록 법이 허용했다고 해도 그는 자주 시민을 노예로 오인하고 때릴 수 있다. 왜냐하면 옷이나 일반적인 외양에서 일반인들은 노예나 외국인과 꼭 같아 보이기 때문"이라는 짧은 구절이 나오기 때문이다. 이것을 확대 해석한 것이다.

그러나 물건같이 사고팔리는 존재인 노예가 시민과 같은 대접을 받았을 가능성은 별로 없다. 실제로 아리스토텔레스는 노예는 '살아 있는 도구'로서 주인이 하고 싶은 대로 할 수 있는 존재라고 말하고 있다. 법정은 노예에게 고문을 가해서 얻은 증거를 합법적으로 받아들였다.

또 라우리온 은광산 같은 곳에서는 대규모로 노예를 부렸다. 그 지하 100미터의 갱도에서 발견된 족쇄나 유골, 여러 생활 흔적으로 보면 이들의 참상을 짐작할 수 있다. 인간적인 대접을 받기는커녕 채찍을 맞으며 강제 노동에 시달렸던 것 같다. 물론 특별한 경우에 신분적으로 해방된 해방노예가

있기는 했으나 일반적으로 노예가 다른 도시에서보다 특별히 나은 대접을 받았던 것 같지는 않다. 아테네 사회의 이런 어두운 측면을 무시하거나 경시하는 것은 문제이다.

그리스 미술

그리스 미술은 근대 서양인에 의해 미화되고 왜곡된 대표적인 예 가운데 하나일 것이다. 그리스 미술은 보통 그 인간중심주의, 자연주의로 평가를 받는다. 이집트에서와 같이 동물을 형상화한 신상 조각들이 별로 나타나지 않고 또 사실적인 표현을 하고 있기 때문이다. 특히 기원전 5세기 이후의 고전기 조각에서 그렇다. 그래서 고전기 조각은 일반적으로 사실적인 묘사를 통해 자율적인 미술을 발전시켰다든가 오리엔트 문화를 특징짓는 종교적 억압에서 해방된 것으로 이해된다.

『서양미술사』로 유명한 에른스트 곰브
리치(1909~2001)가 이런 주장을 하는 대
표적인 사람의 하나이다. 그는 "아테네인
들이 자기가 눈으로 관찰한 것을 그대로 사
실적으로 표현하기 시작하며 미술사 전체
를 통해 가장 위대하고 놀라운 혁명이
결실을 맺었다"고까지 주장한다. 이렇
게 서양 학자들이 그리스 미술의 자
연주의를 강조하고 그것을 종교와
분리시키는 것은 그리스 문화를
세속적 · 합리적인 것으로 보
려는 일반적인 태도와 맥을
같이하는 것이다.

그러나 고전기 조각
역시 종교적 신상 조
각이라는 것을 고려
한다면 이런 해석은
오해를 가져온다.
실제로 그리스의
조각들은 인간의
모습을 하고 있
더라도 신의 모
습을 형상화한
종교적인 조각
들이다. 인간적
인 아름다움을
표현하려고 한

것이 아니다.

그리스 미술을 탈종교화하는 이런 태도는 오늘날 서양의 많은 박물관에서 그대로 표현된다. 신상을 그것이 만들어지고 이용되던 사회적·문화적 환경과는 완전히 차단한 채 다른 배경 속에 진열함으로써 단지 아름다운 미술품으로만 감상되기 때문이다. 그렇게 보면 그것들은 20세기 로댕의 조각과 별 차이가 없어 보인다.

또 그리스 조각이 반드시 인간 중심적인 것은 아니다. 동물숭배의 흔적도 나타난다. 파르테논 신전에 있었다고 하는 기원전 5세기 말의 아테나 여신상은 우리가 일반적으로 보아 온 그리스 신상들과는 모양이 많이 다르다. 그 머리에는 스핑크스가 올라가 있으며, 몸과 방패에도 뱀들이 묘사되어 있다. 이는 뱀을 숭배한 고대인들의 모습을 보여 주는 것으로 이집트의 신상과 상통하는 점이 많다.

에페소스의 아르테미스 상은 사람 모습을 하고 있으나 매우 기괴하다. 가슴 부분에 젖으로 보이는 십여 개의 돌기가 달려 있다. 그것이 보통의 인간 모습을 하고 있지는 않으나 당시 사람들에게는 아무 문제도 안 되었다. 이 신상은 오랫동안 소아시아 지역 그리스 주민들에게 사랑을

에페소스의 아르테미스 여신상.

받아 온 예배의 대상물이었다. 또 이집트 조각에도 매우 사실적으로 표현된 것들이 남아 있으므로 자연주의를 그리스 미술에만 한정할 수는 없다.

그리스 문명이 인간 중심적이고 합리적이라는 것은 서양 근대인이 만들어 낸 편견에 불과하다. 그리스 문명도 기본적으로 종교가 지배한 문명으로 다른 어느 곳의 고대 문명과도 별 차이가 없다.

기원전 2500년경의 이집트 서기(書記)의 상. 사람의 모습을 사실적으로 잘 표현하고 있다. 이집트인이 인체를 경직되게 도식적으로 표현한 것은 사실적인 묘사를 할 수 없어서가 아니다. 그들 나름의 미술적 표현 방식일 뿐이다.

그리스 문명을 제대로 알아야 할 이유 05

　지금까지 살펴본 대로 그리스 문명은 서양인들에 의해 매우 과장되고 이상화되었다. 또 인종주의에 의해서도 색칠되어 있다. 따라서 그리스사를 이렇게 왜곡하는 데 결정적인 역할을 한 헬레니즘 이데올로기에 대해 잘 인식할 필요가 있다. 그래야만 그리스뿐 아니라 고대 오리엔트 문명, 나아가 근대로 이어지는 서양사 전체의 모습을 올바로 이해할 수 있기 때문이다.

　이렇게 그리스를 바로 보는 것이 중요한 것은 서양인들에 의해 그 역사적인 진실이 왜곡되어서만은 아니다. 오히려 더 큰 문제는 서양인들이 그리스를 지렛대로 하여 세계를 보는 방식을 만들어 낸 것과 관련이 있다. 그리스의 전통을 잇는 유럽과 그렇지 못한 비유럽을 둘로 나누어 세계사를 보는 인식의 틀을 만들어 낸 것이다.

　이런 관점에서 보면 유럽 지역은 항상 문명된 곳이, 비유럽 지역은 야만스런 곳이 될 수밖에 없다. 또 자연히 유럽 문명, 나아가 서양 문명 전체를

WHAT WE OUGHT TO DO IN CHINA.

〈우리가 중국에서 해야 할 일〉이라는 제목의 이 삽화는 영·불 연합군이 중국의 북경을 공격한 1860년에 영국의 풍자 잡지인 『펀치』에 실린 것이다(1860년 12월 22일자). 중국을 흉측한 용으로, 영·불 연합군을 그리스 복장을 한 기사로 그리고 있다. 유럽인을 그리스인으로, 비유럽인을 괴물로 묘사한 이 그림은 근대 헬레니즘의 성격이 무엇인지를 잘 보여 주고 있다.

2장_ 고대 그리스 문명에 대한 환상

우월하게 보고 비서양 세계를 비하하는 태도를 가져올 수밖에 없다. 그러나 이것은 매우 잘못된 세계사 인식으로, 반드시 고칠 필요가 있다.

몇 년 전 한국 사회에서는 그리스 신화 열풍이 지나갔다. 어린이들마저 그리스 신 이름을 줄줄 외우는 것이 신기한 일도 아니게 되었다. 그러나 한국인의 정신세계를 어렸을 때부터 이렇게 그리스적인 요소로 채운다는 것은 별로 좋은 일이 아니다. 그리스 신화도 헬레니즘의 본질적인 한 요소로서 그리스를 미화하고 잘못 이해하게 하는 데 중요한 역할을 해 왔기 때문이다.

이처럼 고대 그리스를 멋모르고 동경하고 칭송하는 데에는 큰 함정이 숨어 있다. 헬레니즘이라는 이데올로기의 성격에 비추어 그런 행동은 비서양인인 우리가 자기 자신을 부정하는 것으로 나타날 수도 있기 때문이다. '서양인 따라하기'가 그것을 넘어서서 자신의 존재에 대한 부정으로까지 나아간다면 이는 심각한 문제가 아니겠는가.

자유로운 유럽 중세도시라는 신화

유럽 중세도시에 대한 신화

아름다운 유럽의 도시들

한국 사람들이 유럽에 가서 가장 깊은 인상을 받는 것 가운데 하나가 아름다운 도시의 모습들일 것이다. 세월의 자취를 느낄 수 있는 붉은 기와지붕의 오랜 건물들, 좁은 골목길, 대로변의 웅장한 석조 공공건물, 거대한 고딕 성당, 기념물들이 즐비한 드넓은 광장과 노천 카페, 기하학적인 모양의 아름다운 정원들, 게다가 여유 있어 보이는 유럽인들의 생활 속에 스며들어 있는 음악과 춤, 이런 것들을 연상하며 한번 지나쳐 온 유럽 도시를 돌이켜 보노라면 입가에 살포시 미소가 감돌 수밖에 없다.

유럽의 이런 도시들을 온통 콘크리트 범벅에다가 아름답지도 않으며 역사와 문화의 향기를 거의 찾아볼 수 없는 우리의 도시들과 비교하면 저도 모르게 탄식과 함께 한숨이 나오는 것이다. 한국 같은 나라에 사는 사람들로서는 부럽기 짝이 없는 일이다. 그래서 한번 유럽 도시들을 구경하고 그 숨결을 느끼고 온 사람들은 유럽의 많은 도시들을 사랑하지 않고는 못 배긴다.

그러나 유럽 도시의 매력은 이런 외면적인 모습으로 끝나는 것이 아니다. 도시가 그 나름의 독특한 정신을 갖고 있다고 생각하기 때문인데 그것이 외면적인 것보다 아마 더 중요할지도 모른다.

자유와 자본주의의 고향

서양인들은 중세도시가 유럽인의 자유를 만드는 데 크게 기여한 것으로 생각한다. 이미 중세 시대에 유럽의 도시민들은 하나의 공동체를 이루어 왕이나 봉건영주와 싸워 자유를 확보했다. 그래서 도시는 자유를 상징하는 곳이었다. 또 18세기 말 프랑스혁명 때에는 그 전통을 이은 파리 시민들이 절

체코의 수도인 프라하 시와 시민들. 프라하 시는 중세 시대 옛 문물을 그대로 간직하고 있는 매우 아름다운 도시이다. 과거 신성로마제국 시대에는 빈에 이어 제2의 도시였다. 서울을 비롯해 아시아, 아프리카의 많은 도시들이 볼품없게 된 데에는 식민 통치의 영향이 크다. 전통을 유지하며 자생적으로 발전하지 못했기 때문이다.

대왕정에 대항해 혁명을 일으켰고 민주주의를 확립했다. 그러니까 유럽 도시들은 이런 역사 발전의 생생한 현장인 셈이다.

그뿐 아니라 유럽의 중세도시는 자본주의의 고향이기도 하다. 도시에는 상인들과 수공업자들이 모여들어 상공업을 발전시켰으므로 봉건제가 지배하는 주변의 농촌 지역과 전혀 다른 곳이 되었다. 이렇게 만들어진 자본주의적 태도는 주위의 농촌으로 퍼져 나가며 근대에 들어와 봉건체제를 무너뜨리고 자본주의를 확립하는 데 크게 도움이 되었다. 그러니까 유럽의 도시들은 인류의 문화적 자산 가운데에서도 보석과 같은 존재로 소중하게 간직할 가치가 있어 보인다.

반면 중동이나 다른 아시아 지역의 도시들은 이와 매우 다르다고 믿는다. 우중충하고 독특한 냄새를 풍기는 더러운 거리들, 그 위에 사는 거칠고 야만적인 사람들, 자유의 공기라고는 맡아 보지도 못한 억압과 착취의 고장, 종교적 광신과 문맹이 지배하는 낯선 땅이다. 이 정도가 되면 이런 도시들을 거니는 것조차 역겹게 느껴질 것이다.

말하자면 유럽의 도시들은 비유럽의 이런 도시들과는 질적으로 다르다. 그리고 그것이 유럽 문명의 기초로서 오늘날의 우월한 서양 문명을 만드는 바탕이 되었다는 것이다. 또 민주주의나 인권, 시민적 자유와 같은 서양의 정치적·시민적 가치들도 도시와 밀접하게 연결되어 있다고 생각한다.

이런 정신적인 면은 사실 서양인들이 계속 주장하는 것이고 또 우리도 계속 그렇게 배워 온 것들이다. 이런 이야기는 과연 어느 정도나 사실과 부합하는 것일까? 그것은 사실일까, 신화일까?

02

중세도시는 자유로웠는가

11세기부터 발전한 중세도시

그러면 서양 사람들이 그렇게 자랑하는 중세도시는 언제부터 나타나는가? '도시의 국가'라고 부를 정도로 로마 시대에는 도시가 발전했었다. 그러나 5세기에 서로마제국이 멸망하며 점차 그 활력을 잃게 된다. 게르만족의 이동으로 정치적 불안정이 계속되며 경제가 위축됐기 때문이다.

7세기에 아라비아 반도에서 일어난 이슬람 세력도 유럽 경제에 크게 부정적인 영향을 미친다. 이슬람 세력이 동부 지중해와 아프리카 북부 해안뿐 아니라 이베리아 반도까지 지배하며 지중해의 해상권을 장악했기 때문이다. 이것이 지중해를 중심으로 하던 유럽의 경제활동에 치명적인 타격을 가한 것이다. 그래서 9세기에는 많은 도시들이 이름만 남기고 사라지거나 살아남는다 해도 그 규모가 크게 작아진다.

유럽에서 도시가 다시 발전하게 된 것은 11세기에 들어와서이다. 오랜 정체 끝에 11세기에 와서 인구가 늘고 농업이 발전하기 때문이다. 이에 상업도 다시 활기를 띠며 도시도 성장하게 된다. 이 시기에 이슬람 세력이 약화되며 지중해 무역이 되살아난 것도 유럽 안에서 장거리 교역이 발전하는 데 중요한 역할을 했다.

그래서 축소되었던 과거의 도시들이 다시 확대되고, 왕이나 영주들이 사

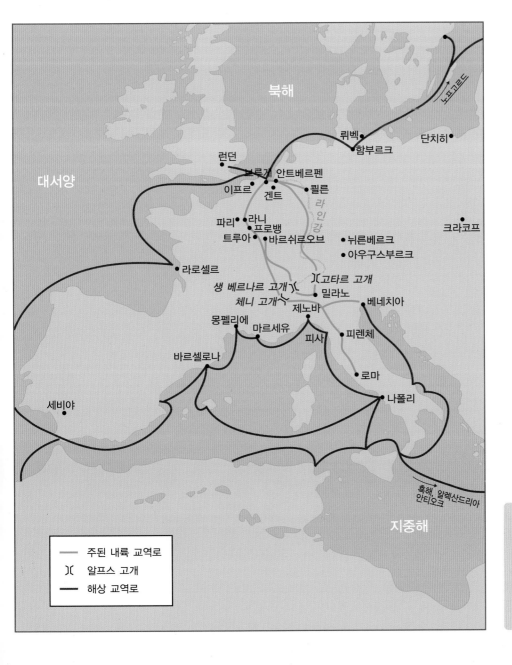

12~13세기 유럽의 교역로 지도. 중세 말 유럽의 교역로는 플랑드르-이탈리아 북부의 주된 축이 동방무역로와 연결된다.

는 성 부근, 또는 중요한 교역 중심지에 도시들이 만들어지기 시작했다. 여러 종류의 상인들이 모여들고 여기에 신발, 옷가지, 그릇, 가구 등 각종 생활용품이나 무기 등을 만드는 수공업자, 양조업자, 제빵공 등 다른 많은 직업의 사람들이 합쳐지며 도시가 형성되는 것이다.

피렌체 시(15세기 말). 유럽 중세도시 가운데 이탈리아 북부 도시들은 특히 다른 면이 있다. 그것은 12~13세기에 정치적으로 자율적인 도시국가들을 만들 수 있었기 때문이다. 로마 시대인 기원전 1세기에 창설된 피렌체는 그 가운데 가장 중요한 도시의 하나이다. 아르노 강가에 위치한 이 도시는 중세 말에는 모직물 산업과 상업으로 크게 번성했다. 메디치 가문이 집권한 때인 15세기 중·후반에는 르네상스 예술이 활짝 꽃피어 오늘날에도 그 문화적 향기를 느끼게 해준다.

이렇게 도시가 자연발생적으로 만들어지는 경우도 많았으나 한편에서는 왕이나 영주들에 의해 새로 건설된 도시들도 많다. 그것은 도시로부터 각종 세금이나 점포세, 거래세 등 여러 가지 수입을 거둘 수 있었기 때문이다. 그러면 이 도시들은 어떻게 자유를 얻었을까?

'도시의 공기가 자유를 만든다'

일반적인 설명에 의하면 이렇게 만들어진 많은 도시들에서는 도시민들이 힘을 합쳐 왕이나 봉건영주와 싸우거나, 또는 돈을 주고 자유를 얻는다. 시간이 흐름에 따라 시민의 수가 늘어나고 이들의 힘이 커지며 왕이나 영주들의 간섭에서 벗어나는 것이다. 그리하여 각 도시는 나름의 행정 기구를 갖추고 재판소도 운영하며 자치를 하게 된다.

도시에서는 보통 12인으로 구성되는 위원회가 도시 안의 여러 업무에 대해 최종 결정을 하고 그들이 대표로 선출하는 시장이 최고의 책임을 진다. 또 살인 같은 중범죄는 다룰 수 없으나 사기나 절도 같은 사소한 범죄들은 도시 재판소에서 처리할 수 있게 된다.

이렇게 자율성을 가지므로 도시는 주변의 농촌과는 전혀 성격이 다른 곳이 된다. 농촌 지역에는 봉건적 예속과 착취가 있지만 도시에는 그런 것이 없기 때문이다. 따라서 농촌에서 도망쳐 온 농노라 할지라도 도시로 들어와 일정 기간이 지나면 시민으로서 자유로운 신분이 될 수 있었다.

'도시의 공기가 자유를 만든다(Stadtluft macht frei)'는 독일 속담은 이런 모습을 잘 보여 주는 예이다. 따라서 이 중세도시에서 발전한 시민의 자유가 근대에 들어와 유럽에서 민주주의와 정치적 자유가 발전하는 기틀이 될 수 있었다는 것이다.

이런 주장은 그럴듯해 보이나 사실은 상당 부분 잘못된 것이다. 중세도시를 그럴듯하게 미화하려 한 근대 서양 학자들이 이데올로기적으로 해석한 결과이기 때문이다. 따라서 사실을 심각하게 왜곡하고 있다. 그러면 어떤 사람들이 이런 식의 해석을 해왔을까?

앙리 피렌의 『중세도시』

유럽의 중세도시를 '도시의 자유'라는 면에서 보기 시작한 것은 19세기부터이다. 프랑스 학자들이 프랑스혁명의 기원을 중세도시에서 찾았기 때문이다. 1789년에 파리 시민들이 도시 자치체인 코뮌을 만들어 루이 16세의 왕정을 무너뜨리고 공화국을 세우려고 한 시도를 바로 중세도시의 전통과 연결시키려 한 것이다.

그러나 이런 주장을 학문적으로 잘 뒷받침한 것은 20세기 초에 널리 활동한 벨기에의 중세사학자 앙리 피렌(1862~1935)이다. 그가 1925년에 쓴『중세도시』라는 책은 그 점에서 매우 중요하다.

13세기 말 부르주아지의 모습(파리 국립 도서관)

그는 중세도시의 상업적 성격을 강조하고 있다. 따라서 상업적이고 자유로운 도시와, 농업적이고 봉건적인 틀에 묶여 부자유스런 주변의 농촌을 분명하게 구분하고 있다. 중세 시대에 도시와 농촌의 성격이 확연히 달랐다는 것이다. 이는 중세도시가 진보적이고 해방적인 성격을 가졌다고 말하기 위해서이다.

피렌은 도시의 발전에서

중요한 사실은 '부르주아지'라고 불리는 도시민들이 생겨난 것이라고 생각한다. 부르주아지(Bourgeoisie)란 불어로서 말 그대로 도시(불어의 bourg, 독일어의 burg, 영어의 borough : 이것의 어원은 군사적 요새이다)에 사는 사람들을 의미하나 피렌이 이것을 강조하는 것은 이들이 신분적으로 농민들과는 달랐다고 생각하기 때문이다.

중세 시대의 유럽 농민들 가운데에는 자유농이나, 노예, 품팔이꾼도 있으나 일반적인 형태는 영주가 다스리는 장원에서 사는 농노들이다. 농노는 땅의 소유권을 가질 수는 없으나 다른 농노들과 공평하게 분배받은 땅에서 농사를 짓고 그것을 자손에게 물려줄 수 있었다. 이를 소유가 아닌 '보유(保有)'라 한다. 따라서 최소한의 생활은 보장받을 수 있었다.

그 대신 영주에게 묶여 살았다. 영주가 직접 관할하는 직영지에서 일주일에 사나흘, 심지어는 엿새를 꼬박 일해야 하는 경우도 있었다. 또 영주의 허락 없이는 장원을 떠나 다른 곳으로 이사 갈 수도 없었다. 영주에게는 농사지을 노동력이 중요했기 때문이다. 농노의 딸이 다른 장원으로 시집가는 경우 영주에게 허락받아야 하는 것도 그 이유 때문이었다.

영주는 이들에 대해 이렇게 몸을 구속했을 뿐 아니라(이것을 인신적(人身的) 지배라고 한다) 재판권이나 경찰권을 행사할 수 있었다. 또 여러 가지 세금도 내야 했고 성을 쌓는 등 필요할 때에는 노동력도 제공해야 했다. 따라

앙리 피렌. 피렌이 중세도시에 대한 글을 쓰기 시작한 것은 1895년부터이고 그것이 그의 필생의 작업이 되었다. 제1차 대전 당시에는 벨기에를 점령한 독일군에게 비폭력 저항운동을 벌이다가 투옥되기도 했다. 독일 대학에서 공부한 그가 독일군 심문관에게는 독일어를 잊어버렸다며 끝까지 불어로만 답변했다는 일화가 전해진다.

중세의 농노. 장원 관리인의 감독 속에 농사짓는 모습. 장원은 보통 약 30~40가구의 농노로 구성되는 중세의 마을 단위이나 유럽의 농촌이 모두 장원으로 구성되어 있었던 것은 아니다. 토지가 비옥하고 생산력이 높은 평야 지역에는 장원이 많이 들어섰지만 척박한 곳이거나 산간 지역에는 그렇지 않았다.

서 농노들은 신분이 높은 귀족인 영주에게 예속되어 결코 자유롭지 못했다.

피렌은 농노들의 이런 상황에 비추어 영주에게 묶여 있지 않은 도시민들은 행동을 자유롭게 할 수 있었다고 생각했다. 영주들의 봉건적 관할권에서 벗어나게 해줄 자신만의 도시법과 재판소가 있었기 때문이다. 또 집이나 토지를 소유할 수도 있고 그것을 마음대로 매매하고 또 자손에게 상속시킬 수도 있었다. 이런 점에서 도시는 봉건적 질서에 얽매인 주변의 농촌과는 완전히 다른 세계였다는 것이다. 말하자면 도시란 왕이나 영주들의 간섭을 받지 않는, 상인들을 중심으로 하는 자율적인 공동체인 셈이다.

막스 베버의 '도시'

피렌의 이런 생각을 받아들여 그것을 더 정교한 이론으로 꾸민 인물이 막스 베버이다. 그도 피렌과 마찬가지로 도시는 정치나 행정적인 기능만 있어서는 안 되고 상업적인 성격이 주된 위치를 차지해야 한다고 믿었다.

그가 유럽 중세도시의 특징으로 들고 있는 것은 다섯 가지이다. 우선 도시에는 성벽이 있어야 한다. 그래야 주변의 농촌과 분리되기 때문이다. 다음에는 시장이 있어야 한다. 그래야 상업적인 성격이 생기기 때문이다. 세 번째로는 도시만의 법과 그것으로 재판을 할 도시 재판소가 있어야 한다.

그래야 왕이나 영주의 법적 관할권에서 벗어날 수 있기 때문이다. 네 번째로는 도시의 행정을 담당할 조직이 있어야 한다. 시장직과, 시정을 담당할 12인위원회가 같은 것이다. 도시의 자율성을 위해서이다. 마지막으로는 도시 대표를 선출할 때 시민들이 참여할 수 있어야 한다.

그러니까 베버는 상업적인 성격을 띠고 자치를 함으로써 자율성을 가져야 도시가 될 수 있다고 생각한 것이다. 물론 베버도 중국을 포함하는 동양의 도시들이 유럽의 도시보다 엄청나게 크다는 사실은 잘 알고 있었다. 그러나 동양의 도시들은 유럽에서 볼 수 있는 도시의 이런 중요한 요소들을 갖추고 있지 않으므로 진짜가 아닌 '가짜' 도시라고 생각했다.

성벽으로 둘러싸인 남프랑스의 중세도시. 중세 유럽의 봉건제도 아래서는 국왕의 힘이 매우 미약했으므로 영주들 사이에 전쟁이 끊임없이 벌어졌다. 성곽 도시들은 그래서 발전한 것이지 농촌 지역과 분리하기 위해 만들어진 것이 아니다.

중국의 거대 도시들은 경제 발전에 따른 자연적 결과가 아니라, 행정이나 군사적 필요에 의해 왕이나 지배계급에 의해 인위적으로 만들어진 것이라는 것이다. 따라서 도시의 자율성이 허용될 수 없었으므로 크기는 하되 도시라고는 할 수 없다는 것이다.

이런 생각은 20세기 후반의 서양 역사가들에게서도 쉽게 찾아볼 수 있다. 그래서 프랑스의 페르낭 브로델은 1995년에 쓴 『문명의 역사』라는 책에서 "13~14세기에 지어진 서양 도시의 석조 성벽은 독립과 자유를 향한 의식적 노력의 외적인 상징"이며 "도시는 결코 꺼지지 않는 엔진이었다. 그것이 유럽의 첫 진보를 이끌었고 자유로 보상을 받았다. …… 이 특권적인 중심들에서 초기 자본주의가 원거리 교역의 결과로 승리를 거뒀다"고 말한다.

1990년대에조차 이런 이야기를 계속하고 있는 것은 피렌과 베버가 만든 중세도시에 대한 신화가 아직도 잘 유지되고 있기 때문이다. 그래서 이런 옛날 사람들의 낡아 빠진 주장을 아직도 되풀이하고 있는 것이다. 그러면

15세기 말 뉘른베르크 시(『뉘른베르크 연대기』, 1493). 독일 남부의 뉘른베르크 시는 이탈리아에서 북유럽으로 올라가는 교역로상에서 아우구스부르크와 함께 가장 중요한 상업 도시이다. 그렇다고 이 도시가 상업적 성격만을 갖고 있었던 것은 아니다. 신성로마제국의 제국회의(봉건영주들의 회의체)가 이곳에서 열렸으므로 행정적으로 매우 중요했고 거의 수도 역할을 했다. 또 1219년에 프리드리히 2세에 의해 '제국 도시'가 되었으므로 도시 안에서 황제의 힘은 매우 강했다. 유럽 도시가 상업적 성격만을 가진 것이 아니라는 것이다.

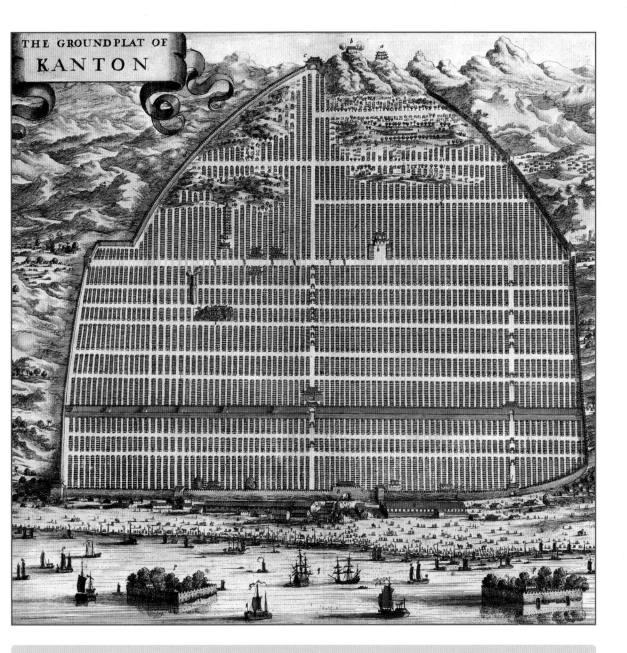

THE GROUNDPLAT OF KANTON

17세기의 중국 광동시(지금의 광주시). 중국 남부의 가장 중요한 항구인 광동시는 16세기 이후 해외 무역이 급증하며 크게 성장했다. 그것은 특히 중국 정부가 1842년의 남경조약 때까지 해외 무역을 이곳에만 제한했기 때문이다. 그래서 한 조사에 의하면 광동시와, 불산(佛山)시 등 그 주변 지역 인구는 1800년에 약 150만 명에 달했다.

유럽 중세도시들의 실제 모습은 어땠을까? 최근의 연구 성과들을 받아들여 한번 살펴보자.

유럽의 중세도시들

03

도시의 형성과 규모

중세 시대에 유럽에서 도시가 가장 발달한 지역은 이탈리아 북부 지방과 함께 지금의 프랑스 북부 해안 지역과 벨기에가 포함되는 플랑드르 지역이다. 이 지역이 중세 시대에 유럽에서 상공업이 가장 발전한 지역이기 때문이다. 반면 다른 지역에서는 도시들이 별로 발달하지 못했다.

당시 이탈리아 북부는 특이한 지역이었다. 이 지역은 신성로마제국의 판도 안에 들어 있었으나 황제가 독일 지역에 거주했으므로 관리가 잘 되지 않았다. 그래서 이 지역의 도시들은 거의 독립적인 존재로 발전할 수 있었다. 이것은 한편에서 이탈리아 중부의 교황령에 자리 잡고 있던 로마 교황이 황제를 견제하기 위해 도시들을 부추겼기 때문이다.

11세기에 100여 개였던 도시들은 14세기가 되면 점차 병합되어 30여 개로 줄며 주변의 넓은 농촌 지역까지 포함하는 상당히 큰 규모의 도시국가들로 발전했다. 그리하여 알프스 이북 지역에서는 봉건영주들에 의한 봉건체제가 유지된 반면 이탈리아 북부에서는 귀족이 그 중심이 되는 도시국가 체제가 만들어졌다. 도시들이 거의 독립국가나 마찬가지의 성격을 갖게 된 것이다.

그 결과, 당시 피렌체나 베네치아, 밀라노, 제노바 같은 도시들은 주변 농촌 지역을 빼고도 인구가 10만 명 수준으로 당시 유럽에서는 가장 큰 도시가 되었다. 그 외에도 인구가 수만 명인 도시가 많다. 따라서 이탈리아의 도

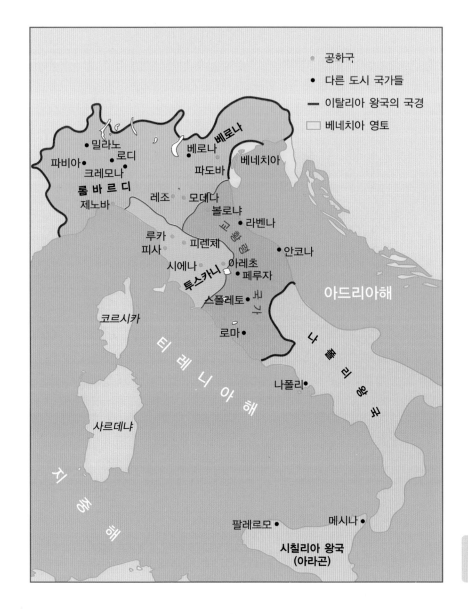

12~13세기 이탈리아 지도.

시는 다른 지역의 도시와는 크게 다르다.

플랑드르 지방 겐트의 인구는 13세기 중반에 8만, 브루게는 4만 정도로 비교적 많은 편이었다. 이 지역에서는 중세 시기에 모직물 산업이 발전했고 또 금융, 무역 등 상업 도시로서도 발전했기 때문이다. 그러나 이 지역도 다른 곳에 비하면 특이한 예에 속한다.

알프스 이북에 있는 그 외의 다른 도시들의 규모는 비교적 작다. 프랑스의 경우, 가장 큰 도시인 파리가 14세기에 10만 정도였다. 그 외에 큰 도시

독일의 쾰른 시 (『뉘른베르크 연대기』, 1493). 라인 강가에 위치한 쾰른 시는 10~15세기 사이에 독일에서 가장 큰 도시였다. 원래 로마 시대의 요새 도시로 출발했으나 중세 시대에는 수륙 교통·상업의 중심지로 번성했기 때문이다. 이 도시의 길드는 1396년에 스스로 시장을 선출했고, 1475년에 '자유 도시'가 되었으나 실제로 그 자유는 이름뿐이었다. 신성로마제국 황제를 선출하는 선제후(選帝侯)인 쾰른 대주교의 힘이 워낙 막강했기 때문이다. 중세 독일에는 '자유 도시'라는 이름을 가진 도시가 몇 개 있으나 실제로 그 도시들은 거의 자유를 누리지 못했다.

로는 1300년에 몽펠리에의 인구가 4만, 리옹이 3만, 나르본, 툴루즈, 스트라스부르, 오를레앙이 각각 2만 5,000명 정도로 추산된다.

영국의 도시는 1377년의 기록에 의하면 가장 큰 런던의 인구가 4만 5,000~5만 명 수준이었다. 그 외에 인구 8,000~1만 5,000명이 4개, 5,000~8,000명이 8개, 2,000~5,000명이 27개이고 500명~2,000명 정도의

15세기 말의 런던. 앞의 흰 건물이 런던탑. 안에 앉아서 정사를 보는 사람이 헨리 7세이다. 그림에서는 그럴듯해 보이나 그 인구는 같은 시기인 조선시대 초기 한양 인구의 절반밖에 되지 않았다.

도시가 500개 정도였던 것으로 보인다. 대부분의 도시는 인구 1,500명 이하의 작은 도시들이다. 특히 이렇게 작은 도시들은 시장이 열리는 시골 마을들로서 도시라고 하기도 어려운 수준이다.

독일에서 가장 큰 도시는 쾰른과 프라하였으나 이 도시들의 인구도 14세기에 4만 정도에 불과했다. 15세기 초에 인구 2만 5,000명 이상이 되는 도시는 네 개밖에 되지 않았다. 평균 인구가 400명이었다는 주장도 있다. 이것을 보면 중세 시대에 유럽 도시들의 규모가 매우 작은 것을 알 수 있다. 이런 유럽 도시들은 인구가 수십만 이상에 이르는 아시아 지역의 대도시들과는 뚜렷하게 비교되는 것이다.

도시의 구조와 상업적 성격

그러면 이 도시들은 서양 학자들이 주장하는 대로 상업적인 것인가? 상공업이 특히 발전한 북이탈리아와 플랑드르 도시들의 경우는 그렇다고 할 수 있다. 이 지역에서는 모직물 산업이 발전했고 그 외에 상업이나 금융업 등이 번성했다. 그러나 다른 지역들은 별로 그렇지 않다.

행정 도시, 주교 도시, 군사 도시로서 발전한 곳도 많으며 상업이나 수공업이 발전한 곳도 주로 도시 내부나 주변 지역의 수요를 만족시키기 위한 것이었으므로 큰 의미는 없다.

예외가 있다면 북프랑스 상파뉴 지방의 정기시(定期市) 도시들인 트루아, 프로뱅, 바르쉬르오브, 라니이다. 이 네 도시들은 11세기부터 시작하여 12~13세기에 전성기를 맞았고 각 도시에서는 매년 두 달씩 돌아가며 한두 차례 정기시장이 열렸다. 여기에는 프랑스, 이탈리아 상인뿐 아니라 잉글랜드, 스칸디나비아, 이베리아 반도의 상인들까지 모여들어 국제적인 중개무역 도시로 발전했다.

그러나 도시의 규모는 가장 큰 트루아의 인구가 1만 5,000명 정도에 불과

príntes telles choses prouffitables selon le langaige du puis
instruit toute les affistens. Donc cestes choses ainsi tractees
regime de maison en passent soub: silance. auance choses ʒ
aillerce dignes de narration. Nous faison fin de ce second li
ou quel nous auons baille art du regime domestique selon
saience par saide de celsi dont toute saience et bonte bient.

Pʒ fine le second liure du regime des príntes ou quel est tra
du gouuernemet de maison. Et comance le tras liure le quel
du regime de ate et rouaulsme. Dont le premier chapitre decla
que la comunite de ate est auancmet principale et est consti
pour cause de bien.

15세기 어느 프랑스 도시의 시장 모습. 재봉사, 이발사, 식품 가게들이 보인다.

했다. 상파뉴 정기시들은 13세기 말에 가면 쇠퇴하는데 그것은 상파뉴 백작이 다스리던 이 지역이 프랑스 국왕의 왕령지에 병합되며 독립성을 잃게 되기 때문이다. 그러니까 도시의 운명이 경제가 아니라 정치 정세에 의해 결정된 셈이다.

도시 내의 상업이나 수공업은 길드 제도에 의해 묶여 있었다. 런던 시의 경우를 보면 금세공인, 재봉사, 비단 상인, 포목상, 생선 장수, 모피상, 소금 상인, 잡화 상인, 채소 상인, 가구업 등 70개의 길드가 있었다. 작은 도시에는 길드가 없는 경우도 많았다.

그러나 여하튼 길드는 도시 내에서 어느 업종의 독과점을 위한 기구였다. 따라서 작업 시간이나 작업의 종류, 상품의 질 등이 세세하게 규정되었다. 길드에 속하지 않은 사람은 물건을 만들지도 팔지도 못했다. 그러므로 이것은 자본주의와는 아무 관계가 없다. 따라서 중세도시를 자본주의와 관련시키는 것은 지나친 과장이다. 자본주의는 18세기에 길드 제도가 점차 해체되며 발전할 수 있었다.

법적 관할권과 도시의 자유

또 도시에 따라 다르기는 하나 도시민들은 주변 영주들의 지배를 받는 경우도 많았다. 농노와 같지는 않으나 영주들에게 여러 가지 부담을 져야 했던 것이다. 왕이나 영주들에 대한 예속은 법적 관할권을 통해 잘 알 수 있다.

법적 관할권은 법을 통해 도시민을 직접 지배할 수 있고 또 재산의 몰수나 벌금, 수수료를 통해 많은 수입을 얻게 해주는 수단이었으므로 왕이나 주요 봉건영주들 사이에서 치열한 다툼의 대상이 되었다.

그러나 한 도시가 한 사람의 왕이나 봉건영주에 의해 다스려지는 경우는 거의 없었다. 도시 안에 여러 봉건적 관할권들이 겹쳐 있었기 때문이다. 잉글랜드의 노리치(Norwich) 시는 그 좋은 예이다. 1377년의 기록에 의하면

이 도시는 잉글랜드에서 네 번째로 인구가 많고 여섯 번째로 부유한 도시였다.

도시 한가운데 서 있는 성은 형식적으로는 왕의 소유물이었으나 실제로는 베네딕트 수도원의 소유로 도시 안에서 가장 큰 관할권을 갖고 있었고 캐로 수도원, 웬슬링 수도원, 성 베네딕트 히름 수도원도 상당한 관할권을 갖고 있었다.

노리치 대성당과 캐로 수도원은 정기시장에 대한 권리를 갖고 있었는데 여기에서는 통행세와 점포세를 통해 상당한 수입이 들어왔다. 또 도시 안에 있는 다른 두 개의 시장에 대한 권리는 작은 수도원들이 가지고 있었다. 그 외 여러 세속 영주들도 여러 관할권을 나누어 가지고 있었다.

도시민들은 1158년에 왕으로부터 시민권 특허장을 받았고 1194년에는 도시 내에서 왕을 대리하여 세금을 거둘 수 있는 권리를 부여받았다. 그러

특허장을 받는 플랑드르 어느 도시의 시민들.

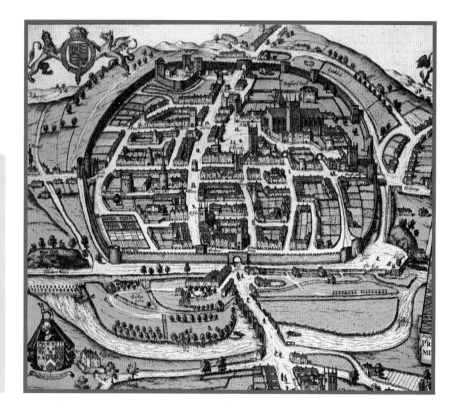

근대 초 엑서터 시의 모습(1563년의 그림). 잉글랜드 서남단에 위치한 엑서터 시는 현재 인구 10만 정도의 조그만 대학 도시이다. 로마 시대에 처음 만들어졌고, 지금 남아 있는 성벽의 많은 부분은 앨프리드 왕이 9세기에 바이킹을 막기 위해 쌓은 것이다.

면서 조금씩 자율적인 행정을 발전시켰다.

　그러나 주교, 수도원장 등의 교회 영주나 세속 영주와 끊임없이 갈등을 벌였다. 왕은 교회와 도시민과의 다툼에서는 도시민의 편을 든 것이 아니라 교회의 편을 들었다. 따라서 도시의 자율성은 매우 좁은 한계 안에 있었고 그것도 끊임없이 위협을 받는 상태에 있었다.

　프랑스의 리옹 시도 크게 다르지 않다. 전체 도시의 영주는 대주교였으나 도시의 관할권은 대주교가 성당 참사회와 나누어 가졌다. 14세기 초에 도시 안팎에는 다른 수도원 아홉 개와 여러 개의 기독교법 학교들이 있었다. 그 밖에 성당 기사단, 병원 기사단 외에 다섯 개의 탁발 수도사 교단, 또 여러 개의 작은 교단들이 있었다. 이 기구들이 모두 나름의 법적인 관할권을 가지고 있었고 지대·벌금·시장으로부터 얻는 이익, 주조권, 십일조를 받는 권리 등을 통해 경제적 이익을 취했다.

　시민들의 저항이 커지며 대주교는 제한된 것이나마 도시민들에게 특허장을 수여했다. 이에 의해 도시민들은 어느 정도의 자율적인 행정을 보장받았다. 그래도 재판권은 제외되었다. 14, 15세기에 오면 대주교의 힘이 약화되었다. 또 15세기 중반에는 다른 대부분의 프랑스 도시들과 같이 왕의 관할 아래에 들어가고 그 행정은 관리들에게 인수되었다.

　중세의 전 시기를 통해 리옹의 도시민들은 부유했고, 교회가 지배하는 행정에 참여하기도 했지만 전체 도시를 지배한 적은 없다. 리옹에서는 노리치보다 봉건적–교회적 성격이 훨씬 강했고 이는 왕에게 병합된 후에도 크게 달라지지는 않았다. 이렇게 하나의 도시가 여러 영주권에 의해 분할되는 것은 다른 도시들도 마찬가지였다.

도시민의 자격과 계급적 구분

　서양 학자들 가운데에는 지금도 중세도시들이 매우 자유로운 곳이었던 것처럼 주장하는 사람도 많다. 그래서 어떤 외부 사람이 도시로 들어온 지 1년 1일이 지나면 자유롭게 되었다고 말한다. 시민권을 얻어 자유롭게 된다는 것이다. 앞에서 말한 '도시의 공기가 자유를 만든다'는 것은 그래서 하는 소리이다. 아마 그런 때가 있었을 수는 있다. 14세기에 흑사병으로 많은 사람이 죽었을 때는 어디에서나 노동력이 필요했으니 가능한 일이었을 것이다. 그러나 그것은 특수한 예이지 일반적으로 이야기하기는 어렵다. 실제로 도시 생활은 엄격하게 통제되었으며 도시는 결코 자유로운 곳이 아니었기 때문이다.

　우선 아무나 도시에 들어오면 시민권을 얻어 자유롭게 되는 것은 불가능했다. 잉글랜드의 엑서터(Exeter) 시에는 중세 말의 자료가 남아 있는데 14세기 말의 인구는 약 3,000명 정도였다. 그런데 이 도시에서 시민권을 가진 자유인은 1377년의 경우 전체 가장(家長)의 19퍼센트로서 전체 인구의 3퍼센트에 불과했다. 가장의 5분의 1 정도만이 자유로운 신분이었던 셈이다. 이것은 다른 도시도 거의 마찬가지이다.

14세기 초 런던의 자유인은 4만 인구 가운데 2,000명에 불과했다. 5퍼센트 정도인 것이다. 피렌체 시의 경우 1494년에 인구 9만 명 가운데 자유인은 3퍼센트가 조금 넘는 정도인 3,000명에 불과했다.

베네치아도 2,000~2,500명 정도만이 시민권을 갖고 있었다. 이렇게 중세 도시에서 시민권을 갖는 자유인은 일반적으로 인구의 고작 2~3퍼센트에 불과했다. 그러니 도시를 자유로운 공동체라고 말할 수는 없다. 그것은 특권이 지배하는 사회였고 소수의 귀족적인 지배층이 다스리는 사회였다.

또 자유인들은 대개 그 신분을 자식들에게 대물림했다. 따라서 어떤 사람이 새로 시민권을 얻는 것은 쉬운 일이 아니었다. 우선 도시에 들어와 상당히 오랜 기간을 경과해야 했다. 그것이 몇 대를 지날 수도 있었다. 그러는 가운데 상당한 규모의 재산을 모아야 했고 도시 내 유력자들의 후원을 얻어야 했다. 아무나 시민권을 얻을 수 있는 것은 결코 아니었다. 제멋대로 도시로 들어온 사람은 처벌을 받고 추방당했다. 그러니 농노라도 도시로 도망쳐 오면 자유를 얻었다는 것은 있을 수 없는 이야기이다.

또 도시민은 여러 계급으로 구분되어 차별 대우를 받았다. 계급에 따라 사는 지역도 달랐다. 도시민이기는 하나 시민권이 없는 경우에는 성안에 살지 못하는 사람도 많았다. 또 계급에 따라 입는 옷, 심지어 착용하는 장신구까지 세세히 규정되어 있었다. 근대 초인 1621년에 독일의 프랑크푸르트 시는 도시민을 다섯 계급으로 나누는 법을 만들어 일상생활을 엄격하게 규제했다. 도시는 결코 평등한 곳이 아니었다. 도시민이 '죽어서야 평등해진다'는 말은 여기에서 나온 것이다.

04 다른 대륙의 도시들

이슬람권의 도시들

　서양 학자들은 이슬람권의 도시들을 전통적으로 매우 경시해 왔다. 이들 지역의 사람들은 기본적으로 유목민들로 도시적인 성격을 가지고 있지 않으며, 유목민들은 표류하는 종족들로 생산은 하지 않고 소비만 한다고 보기 때문이다. 그래서 이슬람 도시들에는 경제활동이 있다 해도 생산적인 것이 아니라 기생적인 것이라고 본다. 주변의 농촌을 뜯어먹고 산다는 것이다. 그러나 이런 주장은 사실 별로 믿을 만한 것이 아니다.

　상업 활동에 큰 가치를 두지 않은 기독교 사회와 달리 이슬람 사회는 처음부터 상업의 존재를 인정했고 상인에게 높은 도덕적 가치를 부여했다. 그것은 그 창시자인 무함마드(570~632)가 상인 출신인 것에서도 알 수 있다. 이슬람교가 상업 활동에 제약이 되지는 않았다.

이미 10세기에 우마이야 왕조의 수도로서 이베리아 반도에 있었던 코르도바의 인구는 50만 명 정도로 추산되며 이는 유럽에서는 콘스탄티노플과 함께 최대의 도시였다.

또 14세기 전반에는 이집트의 카이로가 크게 번성했다. 이 도시도 중국의 항주(杭州)와 함께 당시 세계 최대의 도시로 인구도 약 50만 명에 달했다. 그래서 이슬람권 사람들은 카이로를 '세계의 어머니 도시'라고 불렀다. 이집트에는 이 외에 알렉산드리아 등 여러 개의 대도시가 나일 강을 따라 발전했다.

카이로의 발전은 경제적 발전과 함께 세계 무역로에서 차지하는 중요한 위치 때문이었다. 십자군 전쟁이 끝난 후 이집트가 유럽과 인도, 중국을 잇는 동방무역을 독점했던 것이다. 이것은 1258년에 이슬람 세계의 중심 도시였던 바그다드가 몽골 군대에게 정복당하고 거의 완전히 파괴되었기 때문이다.

그리하여 카이로와 인근 지역에는 상업, 국제 무역 외에 수공업도 매우

카이로 시의 술탄 하산 마드라사와 모스크(일부). 맘루크 시대인 1356~1363년에 건축된 이 사원은 이슬람권 최대의 모스크 가운데 하나이다. 경제적으로 번영했던 맘루크 시대를 반영한다. 이슬람권의 교육기관인 마드라사는 9세기에 처음 만들어졌고 아라비아어, 코란, 이슬람법, 논리학, 이슬람 역사 등을 가르쳤다. 유럽의 중세 대학은 마드라사를 본뜬 것이다.

발전했다. 면직이나 리넨 같은 직조업이 발달하여 대량으로 유럽으로 수출되었다. 그 밖에 설탕 산업이나 야금업, 무기 제조, 유리, 도자기, 가죽 제품 등 많은 산업이 발전했다.

또 당시 이집트를 지배하던 맘루크 정권(1250~1517)은 각종 산업을 일으키려고 노력을 기울였다. 따라서 경제에 약간의 통제를 가한 것은 사실이나 이집트인의 경제활동에 제약을 가할 정도는 아니었다.

또 이슬람권에서는 계약, 동업, 중개 제도, 장부의 기장, 신용 제도 같은 상관습이 잘 발달했고 그중 많은 것이 유럽으로 들어갔다. 따라서 이슬람 지역을 반자본주의적으로, 이슬람 도시를 정치적·종교적 도시로 보는 것은 잘못된 생각이다.

시리아의 다마스쿠스 시(1688). 카이로에서 북쪽 소아시아의 알레포를 연결하는 교역로 상에 위치한 다마스쿠스는 일찍부터 경제가 발전한 곳이다. 맘루크 정권 하에서도 각종 사치품, 견직물, 유리 제품, 구리 제품 등의 생산으로 이름 높았고 카이로 다음으로 중요한 도시였다.

중국의 도시들

서양 사람들은 중국 도시의 경제적 성격을 부정하고 그 정치적·행정적 성격만 강조하는 경향이 있다. 이슬람 도시들의 경우보다 더 부정적인 태도를 보여 준다. 그러나 이것은 그들이 중국 도시에 대해 선입견이 있을 뿐 아니라 잘 모르기 때문이다.

중국에서는 9~10세기에 인구가 증가하며 남부 해안 지역에 급격한 도시화가 이루어졌다. 이는 산업 발전과 무역의 증가 때문이다. 특히 13세기인 남송 시대에는 농업 생산성, 산업 기술, 상업이 크게 발달하여 세계에서 가장 인구가 많고 기술적으로 발전한 나라가 되었다.

이에 따라 도시도 발전했다. 당시 양자강 하류의 항주는 세계 최대의 도시였을 뿐 아니라 가장 발전한 도시였다. 전국에서 상인들이 몰려들었을 뿐 아니라 외국에서도 많은 무역업자들이 몰려들었다. 이는 이븐 바투타의 여행기를 통해서도 잘 알 수 있다.

송대에도 상공업이 발전했으나 더 중요한 변화가 나타난 것은 명나라 때로 생각된다. 이 시기에 곡물이나 면, 견 같은 상업 작물의 교역이 활성화되며 전국적 시장이 형성되었기 때문이다. 따라서 도시들도 상품 생산과 분배의 거점으로서 주변 지역과 밀접하게 연결되었던 것으로 보인다.

청대에도 경제 성장은 지속되었고 따라서 인구 증가, 도시화도 계속된 것으로 생각된다. 17세기 남경의 인구는 100만, 북경은 그 이상이었던 것으로 보인다. 명·청대에는 행정과 전혀 관계없는 상업·산업 도시도 많다. 경덕진(景德鎭) 같은 도시는 유럽에 자기를 수출한 세계적으로 이름 높은 산업 도시이다. 또 양자강 하류 지역과 태호(太湖) 지역에는 면직물, 견직물을 주로 생산하는 수십 개의 산업 도시들이 있었다.

특히 양자강 하류의 큰 도시인 한구(漢口)에 대한 최근의 연구를 보면 베버와 같은 식으로 중국 도시를 보는 것은 더 이상 불가능해진다. 이 도시는 행정과는 전혀 관계가 없으며 전적으로 상인들이 중심이 되어 발전시킨 상

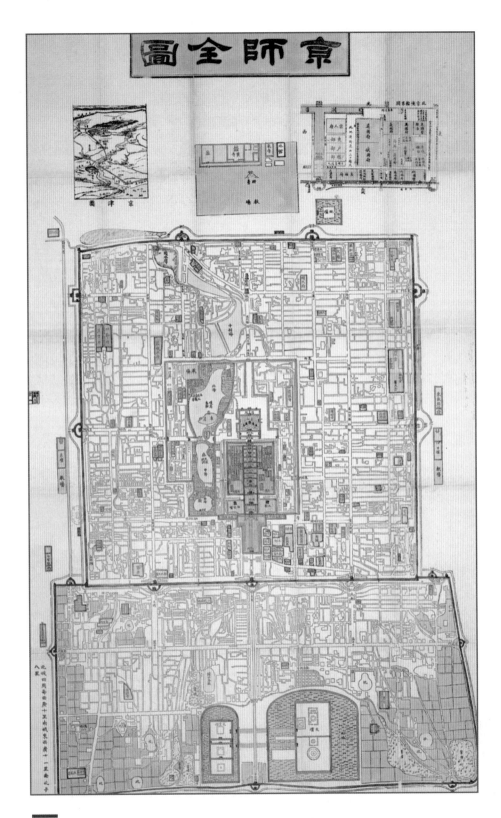

청 말의 북경시 전도(1900년경의 목판 지도). 북경시는 원래 원나라 수도인 대도(大都)가 있던 곳에 자리 잡았다. 1368년에 몽골족이 북의 초원 지역으로 물러나고 명(明)이 1421년에 이곳으로 천도한 후 지금에 이르렀다. 16세기 초의 인구는 약 70만 명이고 1425~1825년까지 세계 최대의 도시로 생각된다. 높은 성벽으로 둘러싸여 있고 외부에는 해자(적이 접근하지 못하도록 성벽을 둘러싼 못)가 둘러쳐져 있는 거대 도시이다. 가운데의 붉은 선 안이 중국 황제의 궁궐인 자금성 권역이다. 맨 밑 부분 오른쪽의 붉은 선으로 된 권역이 황제가 하늘에 제사를 지내던 천단(天壇)이다.

업 도시로 크게 번성했기 때문이다.

일본, 인도, 아프리카의 도시들

일본의 도시도 경제 발전에 따라 16세기 이래 크게 성장했다. 그리하여 1825년에 이르면 인구 1만 이상의 도시가 82개에 이르고 도시 인구는 모두 367만 명으로 추산된다. 이런 도시화율은 18세기의 서유럽과 별로 차이가 나는 것이 아니다. 19세기에 오사카와 교토의 인구는 40만~50만 명이고 지금의 도쿄인 에도(江戸)의 인구는 근 100만 명에 달했던 것으로 보인다.

일본의 도시화도 경제 발전과 함께 나타나는 현상으로 그 도시들 가운데 많은 것이 봉건영주가 자리 잡았던 성곽 도시이기는 하나 그것을 반드시 행정 도시로 보기는 어렵다. 경제적 성격도 강하기 때문이다.

18세기 에도의 강변 풍경. 게이샤를 데리고 유흥을 즐기는 모습을 볼 수 있다. 에도는 당시 세계에서 가장 큰 도시의 하나였다.

인도도 인도양 지역의 중심 국가로 일찍부터 경제가 발전하며 도시도 발달했다. 17세기에 아그라, 델리, 라호르 같은 무굴제국 주요 도시들의 인구는 50만 명에 육박했고 인구 20만 명을 넘는 무역항도 많았다.

아프리카의 경우도 우리가 보통 생각하는 것과는 다르다. 아프리카가 원래 미개하여 지금 보이는 아프리카의 도시들은 아마도 유럽 사람들이 식민지를 만들며 건설했을 것이라고 생각할 수 있으나 실제로는 그렇지 않다.

서양의 중세에 해당하는 시기에 이미 많은 도시들이 자생적으로 발달해

아프리카 콩고의 로안고(Loango) 시(17세기). 아프리카 서남부 콩고 강 하구의 로안고 시는 강력한 집권 국가인 로안고 왕국의 수도이다. 이곳의 빌리(vili) 화폐는 서남아프리카에서 수 세기 동안 사용될 정도로 공신력이 있었다. 사치품, 동, 직물, 상아, 목재들을 교역했고 17세기에는 노예 수요가 늘어남에 따라 노예 무역에도 손댔다. 유럽 중세도시와 모양에서 큰 차이가 없음을 알 수 있다.

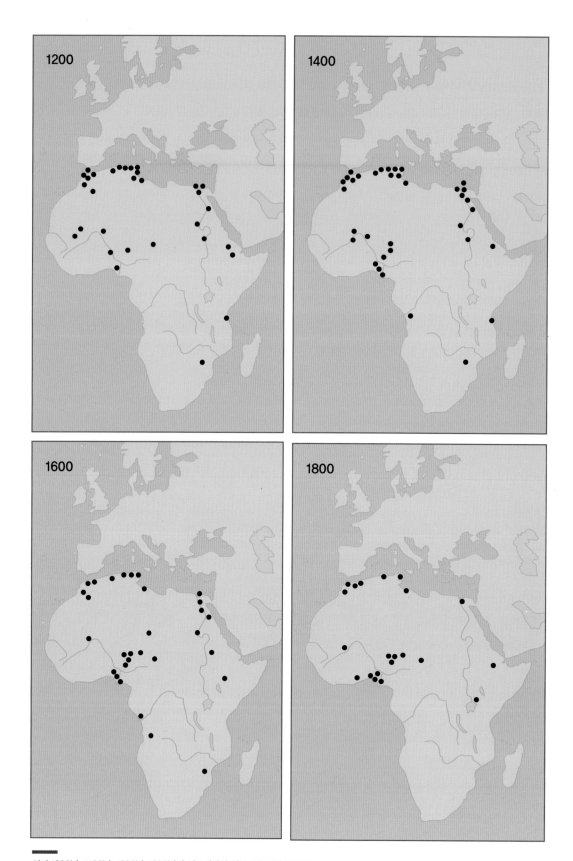

서기 1200년, 1400년, 1600년, 1800년경 아프리카의 인구 2만 이상 도시들.

있었다. 1200년경에 인구 2만 이상의 도시가 31개 있었던 것으로 추정된다. 그것이 1400년에는 35개로 늘었고 1600년에 30개로 약간 줄었다가 1800년이 되면 21개로 크게 줄어든 것으로 보인다.

1200~1400년 시기의 이런 도시 수는 아프리카가 도시화라는 점에서 유럽에 크게 뒤떨어지는 곳이 아니라는 것을 보여 준다. 1600년에 신성로마제국의 판도 안에 있던 인구 2만 이상의 도시는 16개에 불과했다. 따라서 유럽인들이 진출하며 아프리카인의 자생적인 정치·경제활동이 위축되고 그리하여 도시도 크게 줄어든 것으로 생각된다.

유럽의 중세도시를 어떻게 보아야 하나 *05*

빈약한 유럽 도시들

지금까지 유럽의 중세도시가 어떤 성격을 갖고 있는지, 또 다른 지역의 도시들이 어땠는지 간략히 살펴보았다. 유럽 도시들의 특징은 우선 그 규모가 작다는 것이다. 이탈리아 도시들만이 10만 정도의 인구를 가지고 있었고 알프스 북쪽에서 이에 비견할 만한 도시는 파리 시밖에 없었다.

그러면 이렇게 규모가 작은 유럽 도시들이 근대에 들어와 어떻게 급격하게 성장했는지 런던을 예로 들어 보자. 런던은 17세기에 들어와 유럽 최대의 도시로 발전한다. 그러나 중세 시기에는 잉글랜드에서 가장 큰 도시임에도 인구가 4만 정도였다. 조선 초인 14세기 말의 한양 인구가 10만 이상이었으니까 그보다 훨씬 작은 도시였다.

1563년에도 9만 3,000명에 불과했다. 그러나 엘리자베스 여왕(1553~1603)

시기의 본격적인 해외 진출에 힘입어 급성장하기 시작한다. 1580년에 12만 3,000명, 1593~1595년 사이에 15만 2,000명, 1632년에는 31만 7,000명으로 급격히 늘어나고 1700년에는 70만 명으로 유럽 최대의 도시가 된다.

잉글랜드가 1588년에 스페인의 무적함대를 물리치고 대서양의 패권을 장악했고, 아메리카로 진출하여 경제적으로 큰 이익을 얻었으므로 런던 시의 급성장은 잉글랜드인의 해외 진출과 밀접한 상관관계가 있는 것을 알 수 있다. 17세기에 대서양 무역이 활성화되며 노예무역 등을 통해 잉글랜드 경제가 크게 성장했기 때문이다.

런던 시가 대표적이지만 많은 유럽 도시들의 규모가 점점 커지며 본격적으로 발전하는 것은 17세기에 들어와서이다. 따라서 오늘날과 직접 연결되는 유럽 도시의 역사는 17세기에 시작된다고 할 수 있다. 반면 그 이전 유럽 도시들의 모습은 별로 인상적이지 않다. 아시아의 도시들과 비교하면 빈약하기 짝이 없다. 도시의 규모도 작고 인구도 훨씬 적다.

이렇게 도시가 빈약했다는 것은 중세 시기에 유럽에서 상공업이 발전하지 못했다는 사실과 관련이 있을 것이다. 그러니 이렇게 규모도 작고 수도 많지 않은 유럽 도시들이 봉건체제를 무너뜨리고 자본주의를 발전시켰다는 것은 별로 설득력이 없다. 그래서 규모로 이야기하기 어려우니까 도시의 자유니 뭐니 하며 성격 문제를 들고 나오는 것이다.

1616년의 런던(일부). 엘리자베스 여왕 시대를 지나 이제 막 경제가 본격적으로 성장하기 시작한 때의 모습이다.

유럽 도시의 특수성은 잘못된 주장

그러나 이탈리아를 제외한 유럽의 도시들이 봉건적 체제에서 벗어나 있었던 것은 아니다. 많은 도시가 왕이나 영주로부터 특허장을 얻어 약간의 자율성을 얻었지만 오랜 역사 속에 수백 개의 특허장을 확보한 도시라 해도 그것이 도시의 완전한 자율을 보장해 주는 것은 아니었다.

전에는 특허장을 도시민이 왕이나 영주와 싸워 얻은 결과로 보았으나 오늘날에는 그렇게 보지 않는 학자들도 많다. 그것이 영주들의 이해관계와 어긋나는 것이 아니었으며 어떤 경우에는 영주들이 강요한 결과이기도 하다는 것이다. 말하자면 특허장과 도시의 자유와는 큰 관계가 없다는 것이다.

게다가 중세도시들은 왕이나 영주들의 소유권, 법적 관할권에 의해 복잡하게 분할되어 있었다. 그러니 도시가 누리는 자율이라는 것이 그 가운데 남겨져 있는 작은 틈새에 불과한 것이었고 그것도 끊임없이 위협을 받았다. 15세기 이후에는 유럽에서 왕권이 강해지며 도시의 행정권, 사법권이 점차 왕의 관리들에게 넘어간다. 따라서 그나마의 자율성마저 잃게 된다.

이렇게 중세 유럽 도시에 자율성이라는 것이 부분적이라도 있었던 것은 봉건제도의 특성 때문이다. 왕권이 미약하여 왕의 통제력이 미치지 못한 부분이 많았던 것이다. 특별히 유럽인들이 뛰어나서가 아니다. 또 그렇다고 그것이 도시민의 자유를 의미하는 것은 결코 아니다.

근대 유럽의 정치적 자유는 프랑스혁명을 비롯한 18세기 말 이후의 산물이다. 또 유럽 도시가 국가로부터 상당한 자치권을 부여받는 것은 19세기 이후의 일이다. 따라서 이런 것들을 중세도시의 전통과 직접 연결할 수는 없다.

최근의 연구에 의하면 아시아 도시의 성격은 유럽중심주의자들이 주장하는 것과는 많이 다르다. 정치적 성격이 그렇게 강한 것도 아니고 아시아 경제가 18세기까지도 유럽보다 훨씬 발전했으며 활력 있었다는 주장도 점점 설득력을 얻고 있다. 또 유럽 도시의 경제적 성격을 지나치게 강조하는 것도 불가능하다.

그러므로 약간의 차이는 있을지라도 유럽 도시와 아시아 도시 사이에 질적인 차이는 없었다고 보는 것이 옳을 것이다. 이것은 아프리카 도시의 경우도 마찬가지이다. 따라서 너무 지나치게 유럽 도시의 특수성을 강조하는 것은 균형을 잃은 태도라고 생각한다.

4

부르크하르트와 르네상스

르네상스, 무엇이 문제인가

01

근대의 시작으로서의 르네상스

오늘날 르네상스는 매우 일반적으로 사용되는 단어이다. 외국뿐 아니라 한국에서도 그렇다. 호텔이나 술집 등 갖가지 업소들 이름에도 붙어 있을 정도이다. 그것은 르네상스라는 단어가 세련된 것, 아름다움, 근대적인 것 등 긍정적인 의미를 담고 있다고 믿어지기 때문일 것이다.

잘 알려져 있듯이 르네상스(Renaissance)는 프랑스어로 '재생', '부흥'이라는 의미이다. 이 단어는 그와 같은 의미를 갖는 이탈리아어 '리네시타(Rinescita)'에서 온 것으로 19세기 중반부터 하나의 시대를 나타내는 개념으로 사용되었다.

서양사에서 르네상스란 보통 14세기에서 16세기 사이에 그리스·로마의 고전고대 문화에 기초해 새로운 근대 문화가 발전한 시기를 가리킨다. 유럽

보티첼리의 《비너스의 탄
생》(1486). 이 그림과 같
은 르네상스 미술에서 보
이는 세련된 아름다움은
르네상스 문화에 대한 환
상을 불러일으키기에 족
하다.

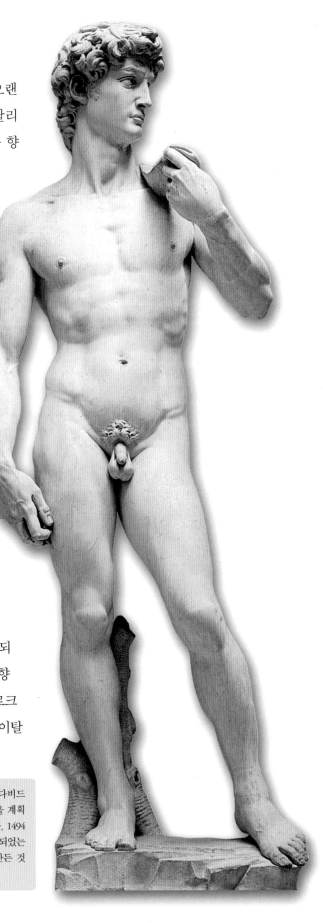

에서는 5세기에 로마제국이 몰락하고 나서 오랜 문화적 암흑시대가 있었는데 14세기에 이탈리아에서 고대 문화가 되살아남으로써 근대를 향한 근본적인 변화가 시작되었다는 것이다.

　이런 의미에서 서양인들은 르네상스를 중세에서 근대로 넘어가는 역사의 전환점으로 받아들인다. 또 18세기의 계몽사상과 함께 유럽의 정신문화 발전에서 하나의 결정적인 단계로 생각한다. 그러니 서양 사람들이 르네상스를 좋아하지 않을 수 없는 것이다.

　르네상스 시대의 이탈리아인들이 매우 독특한 사람들이었던 것은 틀림없다. 자신들이 살고 있는 시대가 그들이 방금 빠져나왔다고 믿은 중세의 '암흑시대'와는 다르다고 생각했기 때문이다. 중세 시대에는 자신들이 발전시키고 있던 위대한 웅변이나 시, 조각, 회화들이 없었다고 생각했기 때문이다.

　그러나 르네상스를 중세와는 완전히 구분되는 새로운 시대로 규정하는 데 결정적인 영향을 미친 사람은 스위스 역사가인 야코프 부르크하르트(1818~1897)이다. 그가 1860년에 낸 『이탈

르네상스를 대표하는 조각 가운데 하나인 미켈란젤로의 다비드상(1501~1504). 이 조각상은 원래 피렌체 대성당 앞에 세울 계획이었으나 1504년에 완성된 후 피렌체 행정청 앞에 세워졌다. 1494년에 메디치 가문이 권좌에서 밀려나고 새로 공화국이 수립되었는데 골리앗과 싸우는 다윗(다비드)을 공화국의 상징으로 만든 것이다.

리아의 르네상스 문화』라는 책에서 르네상스를 중세와는 완전히 구분되는 새로운 시대로, 또 근대의 출발점으로 규정했기 때문이다.

그의 이런 규정은 후대의 역사가들에게 큰 영향을 미치게 되며 르네상스는 그 후 하나의 시대 개념으로 자리 잡기에 이르렀다. 따라서 우리가 오늘날 보통 '르네상스 시대'라고 부르는 것은 주로 부르크하르트의 영향이라고 할 수 있다.

서양인들은 르네상스를 어떻게 받아들이나

그러면 부르크하르트는 르네상스를 어떻게 보았을까? 그는 르네상스 시대 이탈리아인들이 새로운 근대국가를 만들었고, 인문주의라는 학문을 통해 고대의 세속적인 가치를 다시 받아들임으로써 기독교의 억압을 분쇄했다고 보았다. 또한 신분제를 해체함으로써 인간 중심적이고 자유로운 사회를 만들었으며 근대 자연과학의 기초를 다졌을 뿐 아니라 새로운 근대적 예술 양식도 만들어 냈다고 주장했다.

부르크하르트의 노년 모습(1892년경). 그는 평생 검소하게 살며 고고한 학자의 길을 걸었다.

이런 주장이 비판을 받지 않은 것은 아니다. 20세기 초의 요한 하위징아(1872~1945)라는 유명한 네덜란드 역사가를 비롯하여 오늘날의 많은 중세사가들은 르네상스를 근대의 시작으로 보는 데 반대한다. 르네상스 시대에도 중세적 특징들이 많이 나타난다고 생각하기 때문이다.

그래서 오늘날 부르크하르트가 처음 주장한 그대로 르네상스를 받아들이기는 어렵다. 전문 역사가 사이에는 옹호하는 사람보다는 비판하는 사람이 더 많다. 그럼에도 그가 만든 틀의 큰 테두리는 상당 부분 그대로 유지되고 있다.

"매혹되지 않으면 르네상스가 아니다"라는 말이나 "유럽은 그들(인문주의자)이 부르짖은 인간성의 능력과 지성에 대한 신뢰를 결코 잃은 적이 없다. 그리고 그것은 서양의 삶과 사상에 가장 큰 영감으로 남아 있다"는 최근 서양 학자들의 말은 그것이 어느 정도인지를 잘 보여 준다.

이런 상황이 만들어진 것은 부르크하르트의 주장이 기본적으로 서양 사람들의 자부심을 만족시켜 줄 소지를 많이 갖고 있기 때문이다. 이미 14세기부터 유럽에는 근대 문화적 요소가 나타났고 그 결과, 유럽은 세계의 다른 어느 곳보다도 빨리 근대로 진입할 수 있었다고 믿고 싶어 하는 것이다.

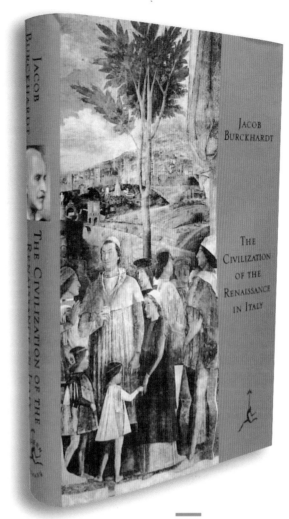

부르크하르트의 『이탈리아의 르네상스 문화』(현대의 영어판 표지) 이 책은 나온 지 150년이나 되나 아직도 끈질긴 생명력을 갖고 있는데 그것은 책이 전하는 유럽중심주의적 메시지 때문이다.

르네상스가 바로 근대 세계에서의 서양 문화의 우위를 정당화해 주는 것이다. 그의 주장의 큰 생명력은 이렇게 그의 주장 속에 담겨 있는 유럽중심주의적 이데올로기 때문이라고 할 수 있다.

한국에서도 르네상스는 아직 부르크하르트의 주장을 대체로 그대로 받아들이는 경향을 보인다. 그래서 르네상스를 대체로 긍정적으로 받아들이고 있으며 찬양하기도 한다. 그러나 그런 일은 과연 정당화될 수 있을까?

02
부르크하르트가 역사를 보는 태도

보수적인 역사가 부르크하르트

부르크하르트는 1818년에 스위스의 바젤이라는 작은 도시에서 태어났다. 그는 청년기에 독일의 베를린 대학으로 유학을 떠나 그곳에서 역사학자로서의 길을 시작했다. 나중에 고향으로 돌아와 바젤 대학의 역사학 교수가 되었고 80세라는 긴 수명을 누렸다.

그를 저명한 역사가로 만들어 준 책이 40대 초에 쓴 『이탈리아의 르네상스 문화』이다. 이 책은 쉽고 재미있으며 한 시대로서의 르네상스의 특징을 그 나름으로 잘 표현하고 있다. 따라서 오늘날에도 르네상스를 공부하는 사람은 반드시 읽어야 하는 기본 서적에 속한다.

그는 어떻게 보면 매우 까다로운 사람이었다. 평생을 독신으로 검소하게 살았으며 정치를 믿지 않았고 돈에 무심했다. 또 작지만 코즈모폴리턴적인 분위기가 가득 차 있었던 바젤을 매우 사랑했다. 그 도시가 유럽 문명의 진정한 요소들을 품고 있다고 생각한 것이다.

르네상스에 대한 부르크하르트의 태도는 그의 타고난 정신적인 기질이나 역사를 연구하는 방식과 깊은 관계가 있다. 그는 성격적으로나 정치적으로 상당히 보수적인 인물이었다. 당시 유럽에서 진행되고 있던 국가 사이의 군사적 경쟁이나 민주주의를 좋아하지 않았다. 또 산업화에 따른 물질적 진보를 매우 싫어했다. 그러한 것들이 그가 역사에서 높이 평가하는 문화적 가치들을 파괴한다고 생각했던 것이다.

따라서 그는 예술이나 문화에 깊은 관심을 보였다. 그가 이탈리아의 도시 국가들에 강한 애착을 보인 것도, 또 문화사를 연구의 주된 주제로 삼은 것도 이런 관심 때문일 것이다. 반면 경제와 관련된 사항들은 별로 다루지 않았다. 이것은 그의 역사 연구에서 하나의 결함이다. 경제와의 관계를 빼고 문화를 제대로 이해하기는 어렵기 때문이다.

유럽 사회는 19세기에 들어와 군사적 경쟁이 심화되며 점점 더 군사화한다. 1814년 빈에서 신성동맹을 위해 모인 오스트리아의 프란츠 2세, 러시아의 차르 알렉산드르 1세, 프로이센의 프리드리히 빌헬름 3세.

또 그가 역사를 연구하는 방식도 일반 역사가들과는 좀 다르다. 역사 연구를 좀 더 창조적인 작업으로 만들려고 했기 때문이다.

직관적인 역사 쓰기

그는 베를린 대학에서 헤겔의 제자들에게 헤겔 철학을 배우고 랑케에게는 직접 역사학을 배웠다. 그러나 당시 독일 지식인 사회에 거의 절대적인 영향력을 갖고 있던 이들의 학문에 별 자극을 받지 않았다. 학문적인 성향이 그들과 달랐던 탓이다.

그는 우선 헤겔식의 '역사철학'을 거부했다. 헤겔은 역사란 '자유의 정신'이 스스로 발전해 나가는 과정을 보여 주는 것으로 생각했는데 이렇게

르네상스기 이탈리아의 어느 축제. 부르크하르트는 축제를 비롯해 예절, 농담, 음악 등 문화의 많은 부분에 관심을 보였다. 당대의 다른 역사가들이 주로 정치사, 외교사에 관심을 가졌던 것과는 다른 태도이다. 그는 훨씬 뒤에야 발전하는 문화사 연구의 선구자라고 할 수 있다.

역사를 철학적으로 해석하는 태도를 거부한 것이다. 헤겔에게는 역사의 주인공이 사람이 아니고 철학적 개념이니 그럴 만하다.

또 객관적 역사 쓰기를 목표로 하는 랑케의 실증주의적 연구 방법도 거부했다. 랑케의 목표는 과거의 일어났던 사실을 그대로 재현하는 것이었다. 그래서 역사적 사건들의 원인과 경과, 결과를 사료를 뒤져 꼼꼼하게 따지는 방식을 택했다. 그러면 객관적인 역사 쓰기가 가능하다는 것이다.

부르크하르트는, 역사는 그런 종류의 것이 아니라고 생각했다. 그는 역사를 오히려 예술에 가까운 것으로 보았다. 그래서 자신이 다루는 시대의 정신을 생생하게 상상 속에서 불러내는 것이 역사가가 할 수 있는 가장 훌륭한 일이라고 믿었다.

그러므로 그는 일반적인 역사가들이 하듯이, 역사책에 사료의 출처를 밝히기 위해 주(註)를 꼼꼼히 붙이는 지루한 일 따위에는 거의 관심이 없었다. 그렇게 해 봤자 과거의 역사를 제대로 구성하지도 못한다는 것이었다. 오히려 어떤 사물을 보고 순간적으로 얻는 느낌인 직관이 역사를 이해하는 데 더 중요하다고 생각했다.

물론 이렇게 역사를 쓰는 방식에 장점이 없는 것은 아니다. 역사가의 창조적이고 독특한 시각을 보여 줄 수 있기 때문이다. 그러나 사료에 근거해서 엄격하게 쓰지 않으므로 역사가의 주관적인 관점이 많이 나타나게 된다. 잘못하면 역사의 모습을 크게 왜곡할 가능성도 있다.

그의 주장이 독창적이고 그래서 많은 사람들을 매료시키지만 학문적 설득력이 떨어지는 것은 이 이유 때문이다. 이런 아마추어리즘은 당대에도 많은 비판을 받았으나 그는 개의치 않았다. 그러니 오늘날 그의 연구가 심각한 비판대 위에 서 있다 해도 하나도 이상할 것은 없다. 그러면 르네상스에 대한 그의 주장과 문제점들을 간략히 살펴보자.

부르크하르트가 보는 03
르네상스와 그 문제점

예술품으로서의 이탈리아 도시국가

14~16세기의 이탈리아 반도는 크게 세 부분으로 나뉘어 있었다. 북부 지역은 많은 도시국가들로 구성되어 있었고, 중부는 로마 교황이 다스리는 교황령이었으며, 남부는 나폴리 왕국의 영토였다.

북이탈리아 지역에서는 14세기에는 약 30개 정도의 도시국가들이 서로 경쟁하고 있었다. 이 도시들 가운데 가장 큰 곳은 밀라노, 피렌체, 베네치아, 제노바 같은 곳들로 유럽의 다른 국가들과 거의 맞먹는 경제력과 군사력을 갖추고 있었다. 지중해 무역과 모직물 산업이 발전했기 때문이다. 프랑스, 신성로마제국 등 봉건국가의 왕들은 권력을 영주들과 나누어 갖고 있었으므로 큰 영토에도 불구하고 그에 걸맞은 군사력을 동원할 수 없었다.

부르크하르트는 이 시기의 이탈리아 도시국가들이 유럽 최초의 근대국가

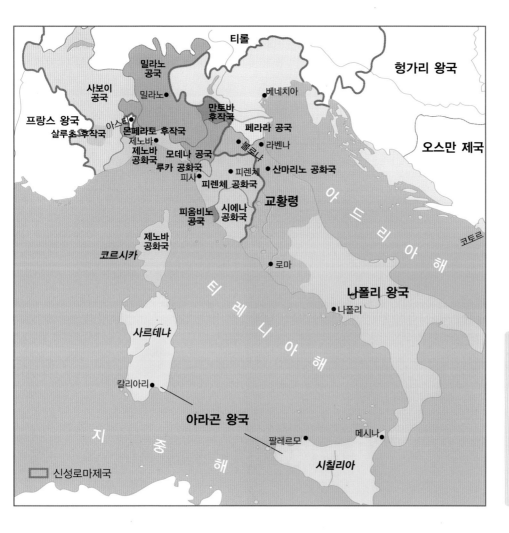

티롤

헝가리 왕국

밀라노
공국

사보이
공국

밀라노●

베네치아●

만토바
후작국

페라라 공국

오스만 제국

프랑스 왕국

살루초 후작국

아스티●

몬페라토 후작국

제노바●

제노바
공화국

라벤나

볼로냐

루카 공화국

모데나 공국

피사●

●피렌체

●산마리노 공화국

피렌체 공화국

시에나
공화국

교황령

피옴비노
공국

아
드
리
아
해

코토르●

제노바
공화국

코르시카

티
레
니
아
해

●로마

나폴리 왕국

나폴리●

사르데냐

칼리아리●

지
중
해

아라곤 왕국

팔레르모●

메시나●

시칠리아

□ 신성로마제국

15세기 이탈리아의 도시국가들. 공화국들과 공작·후작들이 다스리는 나라들이 뒤섞여 있다. 공화국이라고 해도 대체로 소수의 가문들이 지배하는 과두정치의 형태를 취했다.

라고 주장한다. 그 통치자들이 중세법이나 관습, 기독교 교리에 의지하지 않고 냉정한 정치적 타산에 따라 행동했기 때문이라는 것이다.

특히 15세기 말에 들어와 프랑스와 스페인의 간섭이나 군사적 침입이 잇따르며 이탈리아의 정세가 혼란스러워졌다. 수많은 전제군주들이 몰락했고 용병대장들이 권력을 찬탈하는 일도 자주 있었다. 그래서 군주들이 더욱 긴장하고 신중하며 계산적으로 행동하지 않을 수 없었다는 것이다.

부르크하르트는 이런 근대국가를 만드는 일에 가장 앞선 도시가 피렌체와 베네치아이며 특히 피렌체가 세계 최초의 근대국가라고 믿었다. 그곳에서 새로운 정치적 원리와 이론들이 생겨나고 그것들이 실험되었기 때문이라는 것이다.

이에는 날카로운 현실 정치를 주장한 니콜로 마키아벨리(1469~1527) 같은 인물이 중요하다. 그가 자신의 『군주론』에서 군주들에게 사자와 같은 용맹함과 여우의 교활함을 주문하며 정치에서 도덕적인 고려를 제거하도록 요구했기 때문이다.

이렇게 그는 르네상스의 이탈리아 도시국가들을 최초의 근대국가로 규정하고 그것을 예술품으로까지 추어올렸으나 근대국가가 무엇인지에 대해서는 분명히 밝히지 않았다. 단지 도덕에서 벗어나 냉정하고 계산적으로 정치를 했으니 근대국가라는 것인데 그런 식의 막연한 주장은 별로 설득력이 없다.

당시 이탈리아에서는 수십 개의 도시국가들이 서로 경쟁했으므로 권모술수나 계산이 더 따를 수밖에는 없었으나 정치

16세기 초에 밀라노, 제노바, 나폴리 왕국 같은 이탈리아 국가들에 간섭한 프랑스의 프랑수아 1세(재위 1515~1547). 1494년에 프랑스의 샤를 8세가 이탈리아에 침입한 것을 시작으로 이탈리아는 프랑스, 스페인, 신성로마제국의 각축장이 되었다. 신성로마제국은 1527년에 로마를 약탈하기까지 했다.

를 하는 데 종교적·도덕적 명분이 필요 없는 것은 아니었다. 또 중세 시대에 유럽 다른 지역의 왕이나 봉건영주들이 반드시 종교나 도덕적 가르침에 따라 행동한 것도 아니다. 종교적·도덕적인 명분과 정치적 실용주의는 어디에나 섞여 있었다. 따라서 이탈리아를 특별한 경우로 볼 수는 없다.

또 근대국가가 되기 위해서는 제도 면에서 중앙집권화, 행정의 합리화 등이 따라야 한다. 이념적으로도 국가주권의 개념이 분명하게 나타나야 한다. 그러나 그것은 17세기 이후의 일이다. 이런 의미에서 당시 이탈리아의 도시국가들은 근대국가라고 하기는 어렵다.

근대적 개인의 탄생

부르크하르트는 또 당시 이탈리아의 정치적 조건이 근대적 개인주의가 나타날 완전한 조건을 만들어 주었다고 주장한다. 그리고 이 근대성을 중세의 지적·문화적 후진성과 대비시키고 있다.

그는 중세 사람들은 신앙심, 어린아이 같은 선입견, 망상에 싸여 있었고 자신을 오직 종족, 민족, 정파, 가족 등 집단 속의 존재로만 생각했다고 믿었다. 그런데 이탈리아에서 이러한 한계가 가장 먼저 사라지고 사람들이 개인으로서 등장하게 되었다는 것이다.

이렇게 이탈리아에서는 13세기 말부터 인간의 개성이 넘쳐나기 시작하며 개인주의를 향한 길이 열리게 되는데 그것은 이탈리아가 중세의 억압에서 가장 자유로웠기 때문이라는 것이다. 이런 개인이 강력하고 다방면의 재능을 가진 본성과 어울려 최고의 개성을 만들어 낸 것이 바로 부르크하르트가 말하는 '만능인(l'uomo universale)'이다.

단테 알리기에리(1265~1321) 같은 시인, 레온 알베르티(1404~1472) 같은 건축가, 레오나르도 다빈치(1452~1519) 같은 화가들이 그런 사람들이다. 이렇게 개인주의 위에 서 있는 르네상스 시대의 이탈리아인들은 코즈모폴리

턴적이고 자유로운 정신을 가졌고 개인의 업적에 따라 명성을 얻으려고 하는 근대적인 태도를 갖고 있었다는 것이다.

그러나 여기에서도 부르크하르트는 '개인'이나 '개인주의'에 대해 분명히 정의하지는 않았다. 그는 자신이 주장하는 개인성의 개념이 반드시 스스로가 개인이라는 것을 의식하는 것은 아니라고 말한다. 대신 인간의 개인성은 완전성, 명예의 달성이라고 주장한다.

마키아벨리. 전통적으로 그는 권모술수만 아는 파렴치한 인물이라는 비난을 받아 왔다. 그러나 그의 주장은 그렇게 단순한 것이 아니다. 15세기 말 이후 이탈리아 도시국가들이 부딪힌 위기 상황의 산물이다. 15세기에 중앙집권화로 힘이 커진 프랑스와 스페인이 이탈리아 정세에 개입함으로써 이들이 존망의 기로에 서게 된 것이다. 그래서 마키아벨리는 군주들이 이탈리아를 지키기 위해 어떻게 해야 더 강한 권력을 행사할 수 있는가에 관심을 가졌을 뿐이다. 결코 정치에서 도덕을 완전히 제거하려고 한 것은 아니다. 사실 그는 이웃 나라들로부터 이탈리아의 독립성을 지키려 한 애국자이다.

그러나 자기의식이나 자기반성 없이 개인성이
나타나기는 어렵다. 실제로 당시 이탈리아 사회에
서 사람들이 스스로를 개인으로서 의식했다는
증거는 거의 나타나지 않는다. 당시 사람
들은 계속 집단 속에서 정체성을
느꼈다. 또 부르크하르트가
일찌감치 사라졌다고 생
각하는 길드나 가문,
교회 등은 14, 15세기
에도 계속 중요한 역
할을 했다. 따라서 르
네상스 시대에 '근대적 자
아'가 나타났다는 주장은 사실로
받아들여지기 어렵다.

  게다가 이름을 내고 싶어 한
다는 것은 자아의식과는 별
관계가 없다. 이름을 내거나
자기를 과시하고 싶어 하는
태도는 어느 시대 인간들
에게서나 공통으로 나타
나는 현상이기 때문이다. 결과
적으로 그가 개인성을 말하며
그 주된 증거로 내세우는 것은
그들의 천재적인 능력에 의해
크게 유명해진 위의 몇몇 예술
가들의 예이다. 특별한 소수의 사람

미켈란젤로 부오나로티(1475~1564). 미켈란젤로는 어렸을 때부터 뛰어난 예술적 천품을 보였다. 15세가 되었을 때 당시 피렌체
의 실질적 지배자인 로렌초 데 메디치의 눈에 띄어 그 후원을 받으며 예술가로서의 길을 본격적으로 걸었다. 〈바쿠스〉, 〈피에타〉,
〈다비드〉 등 뛰어난 조각들이 모두 20대 때의 작품들이다. 그림, 건축에서도 시스티나 성당 벽화나 베드로 성당 등 걸작들을 남겼
으나 그는 항상 자신이 본질적으로 조각가라고 생각했다. 반면 다빈치는 그가 화가로서 재능이 더 뛰어나다고 생각했다.

미켈란젤로의 〈시스티나 성당 천장화〉(로마 바티칸, 1509~1512). 『구약성서』의 창세기를 주된 제재로 그린 프레스코화로 미켈란젤로의 예술적 천재성을 잘 보여 준다.

들에게서 나타나는 개인성을 일반화하고 있는 것이다.

부르크하르트도 자신의 주장에 근거가 별로 없다는 사실을 잘 알고 있었다. 그래서 자신에게는 분명해 보이는 것이 다른 사람들에게는 그렇게 보이지 않을지도 모른다고 한발 빼고 있다. 그렇다면 그렇게 근거도 부족한 이야기를 다른 사람들에게 믿으라고 요구하는 것은 무슨 심보에서일까?

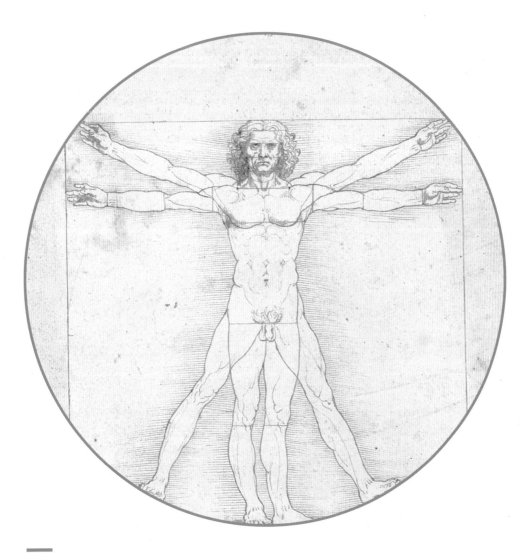

인체의 비례를 기하학적으로 묘사한 다빈치의 노트(1490). 1452년에 토스카나에서 어느 공증인의 사생아로 태어났고 교육도 제대로 받지 못한 다빈치는 만능인이라는 수식어에 가장 적합한 인물이다. 그는 훌륭한 화가일 뿐 아니라 건축, 조각, 군사기술, 공학 등 다방면에 뛰어난 재능을 보였다. 사람 모습을 정확하게 묘사하기 위해 인체를 세심하게 해부하기도 했다. 위의 그림은 사람의 몸을 원과 사각형 안에 집어넣어 신체의 기하학적 완전성을 보여 주려고 의도한 것이다. 고대 로마의 건축가인 비트루비우스가 이야기한 것을 그림으로 나타낸 것이다. 그래서 '비트루비우스 맨'으로 불린다.

고대의 부활과 인문주의

우리는 보통 르네상스에서 고전고대의 역할이 매우 중요한 것으로 이해하고 있다. 고대 문화를 받아들임으로써 르네상스 문화가 새롭게 꽃필 수 있었다고 보는 것이다. 그러나 부르크하르트가 반드시 그렇게 이야기한 것은 아니다.

오히려 그는 고대의 부활과 고전 세계의 재발견이 르네상스의 본질적인 요소는 아니며 그리스·로마 문화는 이탈리아인들의 천재성을 드러내기 위한 수단에 불과하다고 주장한다. "르네상스는 단편적인 모방이나 편집이 아니라 새로운 탄생"이라고 말하는 것은 그런 의미이다. 르네상스인의 창조성을 강조하는 것이다.

그러나 이런 주장에도 많은 문제점이 있다. 사실 르네상스 문화에서는 그리스·로마 시대의 고전을 연구하고 가르치는 인문주의가 핵심적 요소이기 때문이다. 르네상스 시대에 그것은 구체적으로는 문법, 수사학, 시, 역사, 도덕철학의 다섯 개 주제를 가르치고 연구하는 것을 의미했다. 오늘날의 의미와는 많이 다르다.

그리고 당시에 이런 주제를 연구하고 가르친 이탈리아의 학자, 시인, 성직자, 법률가, 관리, 공증인 들을 인문주의자(humanist)로 불렀다. 르네상스 시대의 거의 모든 주요 인물들은 이런 인문주의자들이거나 그에 의해 깊은 영향을 받은 사람들이다.

그런데 그동안 인문주의는 상당히 잘못 이해되어 왔다. 그것을 신이 아니라 인간적인 면을 강조하고 종교가 아니라 세속성을 강조하는 '철학'으로 보려고 한 것이다. 그러나 인

최초의 인문주의자로 알려진 프란체스코 페트라르카. 그는 로마 시대의 문학작품들에서 영감을 받아 이탈리아어로 서정시를 썼다. 그가 불러일으킨 고대 문헌에 대한 관심이 후대의 학자, 예술가, 사상가들에게 그리스·로마 고전을 수집하고 연구, 교육하게 만들었다.

문주의는 결코 세속적인 경향을 가진 것은 아니다.

　14세기 시인인 프란체스코 페트라르카(1304~1374)를 포함해 지도적인 인문주의자들은 거의 모두 종교적인 가치에 의해 행동했다. 또 르네상스 시대에 인문주의는 실용적인 교과목이었다. 결코 철학으로 생각되지도 않았고 심각한 학문적인 주제로도 생각되지 않았다.

　이 시기에 인문주의가 등장하고 호응을 받은 것은 당시 이탈리아의 도시 국가 체제가 로마 공화정과 비슷한 면이 있었고, 따라서 지배계급의 자식이나 형제들을 위한 교육에 그리스나 로마의 많은 저술들이 쓸모가 있었기 때문이었다. 그래서 고대의 문헌들이 다시 각광을 받아 수집, 번역되고 연구되기 시작했다. 그러면서 고대 문물에 대한 전반적인 관심이 생겨난 것이다.

　그러나 이 시기에 대학에서 가르친 것은 주로 중세 기독교 철학인 스콜라 철학이다. 그리고 그런 경향은 17세기까지도 유지되었다. 인문주의가 중세 철학에 근본적인 변화를 가져왔다고는 할 수 없다. 따라서 부르크하르트나 그 제자들처럼 인문주의를 철학으로 보고 철학에 새로운 변화를 가져온 것으로 생각하는 것은 오해의 산물이다. 인문주의는 당시 사람들에게 새로운 세계관이나 사회적 이상을 제공하지는 못했다.

자연의 과학적 인식

부르크하르트는 또한 르네상스 시대 이탈리아인들이 세계와 인간을 발견했다고 생각했다. 그것도 역시 이탈리아 사람들에게 깃들어 있는 타고난 재능 덕이었다. 제노바 사람들은 이미 1291년에 대서양의 카나리아 군도를 발견했고 또 인도로 가는 항로를 찾으려는 시도를 했다.

그렇게 된 것은 그들이 고대 문헌을 잘 알기 전에도 이 세상의 사물을 객관적인 눈으로 보고 다룰 수 있었기 때문이라는 것이다. 그렇다고 해도 부

제노바 시(『뉘른베르크 연대기』, 1493) 제노바는 일찍부터 지중해 무역에서 중요한 역할을 한 해양 국가이다. 콜럼버스가 제노바 출신인 것은 결코 우연이 아니다.

르크하르트는 고대의 지리학자들이 길을 알려 주지 않았다면 그들이 그렇게 빨리 완전성에 도달하지는 못했을 것이라고는 생각했다.

이것은 지리학뿐 아니라 자연과학 전체에 해당하는 일이었다. 그리하여 사람들은 이제 책과 전통의 억압에서 벗어나 본격적으로 자연의 탐구에 나설 수 있게 되었다. 그리고 교회는 당시의 세계관에서 벗어난 이런 사이비 과학들에 대해 거의 언제나 관용으로 대했다는 것이다.

또 그는 이탈리아인들이 자연을 보고 아름다움을 느낀 첫 번째 근대인들이라고 믿었다. 『신곡』을 쓴 단테가 첫 인물이고 서정시인인 페트라르카, 『데카메론』을 쓴 조반니 보카치오(1313~1375)도 마찬가지이다. 인간의 발견도 마찬가지이다. 이 시기에 개인과 인간 본성을 인식하고 표현하는 방식이 고대 문헌의 영향을 통해 새롭게 정의되고 채색되었다는 것이다.

그러나 부르크하르트는 과학에 대해서는 잘 모르는 인물이었으므로 이러한 그의 주장은 별로 설득력이 없다. 르네상스 시대의 이탈리아인들은 중세 시대 사람들과 마찬가지로 세계를 물활론적으로 바라보았다. 살아 있는 생물체로 본 것이다. 근대인처럼 기계론적으로 본 것이 아니다. 이는 다빈치, 단테나 알베르티 모두 마찬가지이다.

또 이들은 자연도 중립적으로 보지 않고 가치 판단을 집어넣어 생각했다. 따뜻한 것이 추운 것보다 좋고, 나무가 돌보다 좋으며, 변화하지 않는 것이 변화하는 것보다 좋은 것으로 생각했다.

물론 르네상스 말기에 들어서서 수학적 방법에 의해 자연현상의 진실을 찾으려는 노력이 없었던 것은 아니다. 그러나 이는 자연현상 안에 숨어 있는 수학적 구조를 밝히려는 의도가 아니라 간결과 아름다움을 추구하려는 인문주의적 전통에서 유래한 것이다.

1543년에 『천구의 회전에 관하여』라는 책을 통해 지동설을 주장한 니콜라스 코페르니쿠스(1473~1543)도 17세기 이후의 수학적 정신이 아니라 르네상스 인문주의의 전통 속에 있었고, 당시 유행하던 점성술을 믿은 인물이다.

OVI COELVM CECINIT MEDIVMQVE IMVMQVE TRIBVNAL · LVSTRAVITQVE ANIMO CVNCTA POETA SVO · DOCTVS ADEST DANTES SVA QVEM FLORENTIA SAEPE
SENSIT CONSILIIS AC PIETATE PATREM · NILPOTVIT TANTO MORS SAEVA NOCERE POETAE · QVEM VIVVM VIRTVS CARMEN IMAGO FACIT

단테와 그의 시(詩)
(도미니코 미켈리
노 작, 1465, 피렌
체 대성당 벽화).
단테가 그의 『신
곡』에 나오는 내용
과 피렌체의 건물
들을 배경으로 서
있다. 그가 가리키
는 것이 지옥이고
뒤의 계단형 언덕
이 연옥이다. 오른
쪽의 피렌체 대성
당은 천국을 상징
한다.

그는 당시 사람들이 받아들이던 프톨레마이오스의 지구중심설 체계가 천
체의 움직임을 제대로 설명할 수 없다고 믿어 아리스타르코스의 태양중심
설을 받아들이려 했으나 프톨레마이오스 체계를 완전히 버린 것은 아니다.
다만 프톨레마이오스의 체계가 후대의 천문학자들에 의해 너무 복잡하게
변형된 것을 단순화, 순수화하려 한 것뿐이다.

이런 태도는 17세기에 실험과 관찰을 보다 중시한 갈릴레이나, 자연 세계
를 수학적 원리로 설명하려는 시도를 본격적으로 한 데카르트, 뉴턴에 오면
달라진다. 이렇게 르네상스 과학은 17세기의 과학과 직접 연결되지는 않는다.

계급의 해체와 종교적 요소의 쇠퇴

부르크하르트는 신분의 해체가 분명히 이 시대의 일반적인 특징이라 믿었다. 그것은 특히 12세기 이후 귀족과 시민이 도시의 성벽 안에서 함께 살게 되었기 때문이라는 것이다. 알프스 이북에서는 영주들이 도시 밖에 성을 쌓고 살았으니 이탈리아와는 다른 점이 있다.

그래서 그는 주교나 수도원장·수녀원장 직들이 본질적으로 출신에 따라 주어지지는 않았다고 주장한다. 또 최고 수준의 사교 생활에서는 신분의 구분이 모두 무시되었고 교육 수준과 교양이 중요했다고 말한다.

어느 신분이나 가문에서 출생했느냐 하는 것은 그가 상속 재산을 받아 노닥거릴 여유를 갖는 것 외에는 사회적으로 영향력이 없었다는 것이다. 또 여성은 남성과 대등한 지위에 있었고 교육을 받은 상층계급의 여성은 남자들과 같은 방식으로 자신의 개성을 발전시켰다고 생각했다.

말하자면 이 시기 이탈리아의 사회적 지위가 신분과 가문보다 교육과 능력에 따라 결정되었으며 여성도 남성과 동등한 지위를 갖는 근대적인 평등한 사회였다는 것이다. 그가 신분 대신 계급이라는 말을 쓰는 것은 그런 이유로 보인다.

그러나 이런 주장도 사실과는 맞지 않는다. 당시의 이탈리아가 이웃 국가들보다 경제가 발전했고 더 복잡한 사회였던 것은 사실이나 아직 신분제도에 크게 예속되어 있었기 때문이다.

여성에 대한 차별도 여전했다. 여성은 가부장제의 굴레에서 벗어날 수 없었으며 이것은 부르크하르트가 주장하는 여성 인문주의자들의 경우도 마찬가지였다. 군주나 귀족 가문의 교육받은 일부 여성들도 결혼을 하면 그것으로 글 쓰는 생활을 접어야 했다. 그러니 여성이 남성과 같이 개성을 발전시킬 수 있었고 남녀가 평등했다는 말은 상상의 산물에 불과하다.

이런 면을 아는 데는 개인의 일기나 세금 장부, 여러 기관들의 사료가 풍부하게 남아 있는 피렌체를 살펴보면 도움이 된다. 그런데 실제 연구에 의

피렌체 대성당. 여러 색깔의 대리석으로 아름답게 치장한 이 성당은 피렌체를 대표하는 건물이다. 대성당의 큰 돔은 지름이 40미터가 넘는다. 기술적 어려움으로 오랫동안 완성하지 못하다가 브루넬레스키가 1436년에 완공시켰다. 오른쪽의 사각형 탑은 종루이다.

하면 르네상스 시기의 피렌체는 별로 진보적인 변화가 있었다는 느낌을 주지 않는다.

경제의 발전이나 자선단체 같은 데에서 약간의 근대적인 모습이 나타나지 않는 것은 아니나 옛날 모습이 대체로 유지되었다. 대가족제는 일반적이었고, 귀족들과 평민의 상호부조를 목적으로 하는 피호 관계라는 독특한 사회제도도 그대로 유지되었다. 또 피렌체인의 가치관이 더 세속화된 것도 아니고 더 합리화되지도 않았다. 따라서 15세기 피렌체 시를 근대화나 진보라는 단순한 논리로 설명하는 것은 불가능하다.

또 부르크하르트는 르네상스 시대에 들어와서 이탈리아에서 종교적 요소가 약화되고 세속성이 강화되었다고 주장한다. 르네상스인들이 고대를 알

ARS VTINAM MORES
ANIMVM QVE EFFINGERE
POSSES PVLCHRIOR IN TER
RIS NVLLA TABELLA FORET
MCCCCLXXXVIII

르네상스기의 이탈
리아 여인들은 주
로 집 안에서 생활
했고 창을 통해서
만 밖을 내다볼 수
있었다. 〈지오반나
데 토르나브오니의
초상〉(도메니코 기
를란다요의 그림,
1488).

15세기 말 베네치아의 종교 행사. 정면에 보이는 광장이 베네치아의 중심인 산마르코 광장이고, 뒤의 건물이 고색창연한 산마르코 성당이다. 젠틸레 벨리니의 〈산마르코 광장의 행렬〉(1496).

게 된 이후 신성한 기독교적 이상을 '위대한 역사를 숭배'하는 것으로 대치했기 때문이라는 것이다.

이는 교회가 영적·도덕적으로 타락하여 사람들을 비신앙과 절망의 품으로 내몰았기 때문이기도 했다. 따라서 이 시대의 이탈리아인들이 점성술, 마법 같은 미신적인 행위에서 구원을 얻으려 한 것은 놀랄 일이 아니라는 것이다.

앞에서도 보았듯이 인문주의자들이 고대의 비기독교적 문화에 접하기는 했으나 그렇다고 비종교적인 인물들은 아니었다. 일반인들의 태도도 마찬가지였다. 종교개혁 이전 이탈리아의 교회가 많이 부패하고 타락한 것은 사실이지만 부르크하르트가 주장하는 것보다는 훨씬 나은 상태에 있었다. 그의 이런 반종교적 태도는 자신이 무신론자였던 것과 함께 19세기 후반 유럽 지식인들의 일반적인 탈기독교적 풍조와 관련이 있는 것 같다.

이상으로 부르크하르트가 『이탈리아의 르네상스 문화』에서 주장하는 여러 내용들이 많은 문제점들을 갖고 있다는 것을 알았을 것이다. 그의 책에서 다루지는 않았으나 르네상스의 근대성을 뒷받침하는 다른 두 주제가 있다. 인간의 존엄성 문제와 르네상스 미술에 관한 것이다. 그것들을 살펴보자.

〈광장에서 설교하는 성 베르나디노〉(사노 디 피에트로의 그림, 1445~1447). 시에나 시의 성 베르나디노(1380~1444)는 당시의 매우 열정적인 설교가로서 군중들을 몰고 다닌 유명한 인물이다. 교회가 타락하기는 했어도 르네상스 시대 이탈리아 사람들의 종교적 열정은 아직 매우 높았다.

인간의 존엄성과 04
르네상스 미술의 근대성

인간의 존엄성

부르크하르트는 르네상스 시대에 인간의 존엄성이 강조되었다고 주장하고 있는데 이것은 인문주의를 인간 중심적인 철학으로 보았기 때문이다. 그러나 인간을 찬미하는 이러한 태도는 르네상스의 새로운 발견은 아니다. 고대 그리스인들도 이미 예술의 창조자로서의 인간을 찬양했기 때문이다.

플라톤은 인간의 정신을 육체적 세계와, 순수한 형태인 초월적 세계의 중간에 놓았다. 후대의 신플라톤주의자나 많은 중세 사상가들이 이런 생각을 받아들였다. 헬레니즘적 시대의 초기 스토아 학파도 우주를 신과 인간의 공동체로 보았으며 이런 생각은 로마 시대 학자들에게 큰 영향을 미쳤다.

다른 피조물에 대해 인간이 우월하다는 생각은 『구약성서』의 '창세기' 등 여러 곳에서도 분명히 나타난다. 초기 기독교 사상에서도 분명히 말하지는 않으나 역시 인간의 존엄성을 인정했다. 그러나 중세 기독교 사회에서 인간의 존엄성이 받아들여진 것은 인간이 신의 이미지를 본떠서 만들어졌으며 또 구원될 수 있다고 믿었기 때문이지 자연적 존재로서 인간이 가치를 가졌다고 믿었기 때문은 아니다.

르네상스 시기에 와서 인간의 존엄성에 대한 주장은 지속적으로, 보다 체계적으로 나타난다. 페트라르카나 레오나르도 브루니(1369~1444), 알베르티, 지아노초 마네티(1396~1459) 같은 많은 사람들이 인간과 그 존엄성에 대한 관심을 표시했다. 그러나 이들은 대체로 인간이 현세에서 이룬 뛰어난 업적을 그 존엄성의 증거로 내세웠다. 철학적 깊이가 있는 이야기는 아니다.

반면 마르실리오 피치노(1433~1499), 조반니 피코 델라 미란돌라

만능인 알베르티의 〈성 안드레아 성당〉(만투아 시, 1427년 기공). 이 건축은 크지는 않으나 외관이 장엄하고 당당해 보인다. 삼각형의 박공 모양과 중앙의 큰 아치를 잘 조화시키고, 높이와 너비를 일치시키는 등 건물 비례에 큰 공을 들였기 때문이다. 내부도 시원하고 밝은 공간과 호화로운 장식으로 이름 높다. 15세기 이탈리아 르네상스의 기념비적 건축의 하나이다.

(1463~1494) 두 사람은 그런 이야기를 우주에 대한 철학적 체계 속에서 발전시켰다는 점에서 주목을 끈다. 피치노는 15세기에 플라톤의 모든 책들을 번역한 피렌체 사람이다. 그는 플라톤의 생각을 받아들여 이 우주의 가장 높은 곳에는 순수한 정신적인 존재인 신이 위치해 있고, 그 밑에 세상의 모든 존재들이 정신적인 것으로부터 물질적인 것까지 차례로 배열되어 있다고 믿었다.

피치노(왼쪽 끝에 서 있는 사람). 피치노는 15세기 후반 피렌체의 대표적인 학자로 플라톤 철학을 연구했다. 진·선·미의 추구를 통한 정신적인 교감을 나타내는 '플라토닉 러브'라는 말은 그가 만들어 낸 것이다. 그의 연구 활동은 당시 피렌체의 실질적 통치자였던 코시모 데 메디치(재위1434~1464)의 강력한 후원을 받았다.

인간은 정신과 육체를 다 갖고 있으므로 이 계층 질서에서 정신적 세계와 물질적 세계를 연결하는 접점에 위치해 있다. 따라서 두 세계에 모두 영향을 미칠 수 있고 노력 여하에 따라 어느 쪽에도 다다를 수가 있다. 그래서 그는 이 질서 안에서 인간의 이런 중심성과 보편성이 바로 인간 존엄성의 주된 근거가 된다고 믿었다.

피코 델라 미란돌라는 1496년의 『인간 존엄성에 대한 연설』이라는 글에서 피치노보다 한 걸음 더 나아갔다. 그는 신이 완전한 우주를 만들기 위해 모든 정신적·물질적 존재를 창조했으나 인간은 맨 마지막에 창조되었으므로 인간은 이미 완성된 질서 안에 어떤 정해진 자리도 갖고 있지 않다고 생각했다.

따라서 인간은 다른 어떤 피조물의 성질도 가질 수 있는 자유가 있으므로 그가 무엇을 발전시키느냐에 따라 식물, 동물, 천체, 천사, 나아가 신과도 일체가 될 수 있다고 믿었다. 정신적인 존재가 되는 것도, 본능을 추구하여 짐승 같은 존재가 되는 것도 마음먹기에 달려 있다는 것이다.

피코 델라 미란돌라의 이 주
장은 신이 인간에게 무제한의
자유를 준 것을 말하며, 따라서
신의 은총을 통해 구원받는다
는 기독교적 원리를 부정하는
예로 자주 인용된다. 부르크하
르트도 이 점에서 피코 델라 미
란돌라를 매우 높이 평가한다.
그러나 피코 델라 미란돌라는
결코 기독교적 원리를 부정한
적은 없다.

이들은 다른 르네상스인들
과 마찬가지로 기본적으로 이
우주에는 초월적 힘이 존재하
고 천상계와 지상계의 존재 사
이에는 신비한 감응 관계가 있
다고 가정하는 점성술이나 다른 비학(秘學)을 믿은 사람들이다. 그러므로
이들이 현대인들과 같이 인간을 그야말로 자유롭게 행동할 수 있는 자유의
지를 가진 존재로 생각하지는 않았다.

또 피치노나 피코 델라 미란돌라의 영향력은 별로 크지 않았다. 피치노의
영향은 그가 속한 좁은 집단에만 한한 것이었다. 피코 델라 미란돌라의 글
은 다른 사람들이 보았는지조차 의심스러운 개인적인 생각이었다. 그러니
서양철학사에서 논리의 발전이라는 측면에서만 보아 이들을 크게 부각시
키는 것은 이런 역사적인 현실을 도외시하는 것이다.

피코 델라 미란돌
라. 그는 자신이 이
탈리아에 있는 모
든 책을 다 읽어 보
았다고 호언할 만
큼 학문적 호기심
이 큰 사람으로 피
치노와도 가까이
지냈다. 그리스·로
마 고전뿐 아니라
이슬람·유대 서적
에도 관심을 보였
다. 박학하기는 했
으나 학문적 종합
능력은 떨어진다.

르네상스 미술과 진보

르네상스 시대 이탈리아의 문화적 성취 가운데 가장 중요한 것 가운데 하나가 미술인 것은 틀림없다. 이 시기에 수많은 화가, 조각가, 건축가가 등장하여 풍요한 결실을 이루기 때문이다. 부르크하르트는 『이탈리아의 르네상스 문화』에서는 미술을 다루지 않았으나 다른 많은 글에서 르네상스 미술을 다루고 있으므로 그의 견해에 대해서는 잘 알 수 있다.

르네상스 시대 이탈리아 미술이 뛰어나다는 주장을 처음 한 것은 16세기에 『미술가 열전』을 쓴 조르조 바사리(1511~1574)이다. 이 책은 르네상스 시대 많은 미술가들의 전기인데 이 책에서 그는 미술의 3단계 진보론을 주장했다. 그는 이전의 미술인 비잔틴 미술과 중세 고딕 미술을 비잔틴 양식, 게르만 양식이라는 말로 경멸했다. 또 르네상스 미술에서도 16세기에 비해 14, 15세기 미술은 낮추어 보았다. 미술사를 진보의 관점에서 본 것이다.

뒤의 사람들이 바사리의 주장을 그대로 받아들임으로써 서양미술사에서도 진보라는 관점이 정착되었다. 이는 19세기에 들어와 더욱 강화되었는데 부르크하르트도 기본적으로 그런 관점을 받아들였다.

특히 이 진보는 르네상스 미술이 '과학적'이라고 보는 주장과 결부되어 있는데 그것은 르네상스 시대에 원근법이 발전되었고 그것이 기하학적 원리를 채용하고 있다고 믿었

조르조 바사리. 그는 르네상스 미술을 유아기, 청년기, 성숙기의 3단계로 나누어 르네상스 미술 연구의 기초를 놓았다. 그는 세 번째 단계가 미켈란젤로로부터 시작된다고 주장했는데, 미켈란젤로는 그와 같은 고향 출신으로 친한 친구 사이였다.

<동방박사의 경배>(도메
니코 베네치아노의 그림,
1430년대). 르네상스 시
대 그림의 원경에서 보이
는 도시들이나 중경의 들
판은 많은 경우 상상의
산물로 상투적인 그림들
이다. 있는 그대로의 실
경을 보고 사실적으로 그
린 것이 아니다.

기 때문이다. 명암법도 마찬가지이다.

그래서 에른스트 곰브리치 등 많은 현대 서양미술사가들은 원근법에 기
초한 사실주의, 세속주의, 개인주의가 르네상스 미술을 중세와 단절시키고
근대의 문을 열었다고 생각한다. 즉, 르네상스 미술의 근대성을 강조하는
것이다.

르네상스 시대에 원근법이 사용되고 명암법이 널리 사용되어 3차원적인
묘사가 어느 정도 가능해진 것은 사실이다. 그리고 자연과 인간에 대한 세

마사초의 〈삼위일체〉(피렌체의 산타마리아 노벨라 성당, 1428). 처음으로 원근법을 채용하여
그린 그림이나 아직은 좀 불완전한 형태이다. 본명이 토마소 구이디인 마사초(1401~1428)는
28세의 젊은 나이로 죽은 조숙한 천재이다.

세한 묘사가 이루어지기도 했다. 그래서 근대적인 자연적 사실주의가 발전
했다고 주장하는 것이다.

그러나 대상의 모습을 사실적으로 그렸다고 근대적이라고 할 수는 없다.
자연 사물에 대한 세세한 묘사는 어느 시대에도 존재했고 그것이 미술을 더
완전하게 만드는 것도 아니기 때문이다. 또 르네상스인들은 상상력을 사용
하는 종교화나 역사화에 비해 대상을 직접 모사하는 데 의존하는 정물화,

〈아뇰로 데 도니의
초상〉(라파엘로 산
치오의 그림, 1505~
1506년) 당시 사람
들은 초상화나 정
물화를 종교화나
역사화보다 낮게
평가했다.

바톨로메오 파사로티의 〈고깃간〉(1580년대). 시장의 모습을 그린 세속적인 주제의 그림으로, 르네상스 시대에 이런 그림은 그렇게 많지 않다.

풍경화, 초상화는 격이 떨어진다고 생각했다. 그러니 사실적으로 그렸다고 근대적이라는 주장은 근대인의 편견일 수 있다.

르네상스 미술가나 미술 이론가들이 그림을 그릴 때 중요하게 생각한 것은 오르나토(ornato)와 릴리에보(rilievo)라는 두 가지 요소이다. 오르나토는 눈에 보이는 대로 그리는 것이 아니라 그림을 아름답게 꾸며 그리는 것을 의미한다. 당시 미술가들은 이를 계속 강조했다.

릴리에보는 그림의 주된 대상을 부조와 같이 도드라지게, 입체적으로 보이게 하는 효과를 말한다. 선 원근법이나 대기 원근법, 명암법은 릴리에보를 나타내기 위한 수단들이다. 앞에 있는 대상을 크고 뚜렷하게, 뒤에 멀리 있는 대상을 작고 흐릿하게 그림으로써 앞에 있는 대상을 부각시킬 수 있기

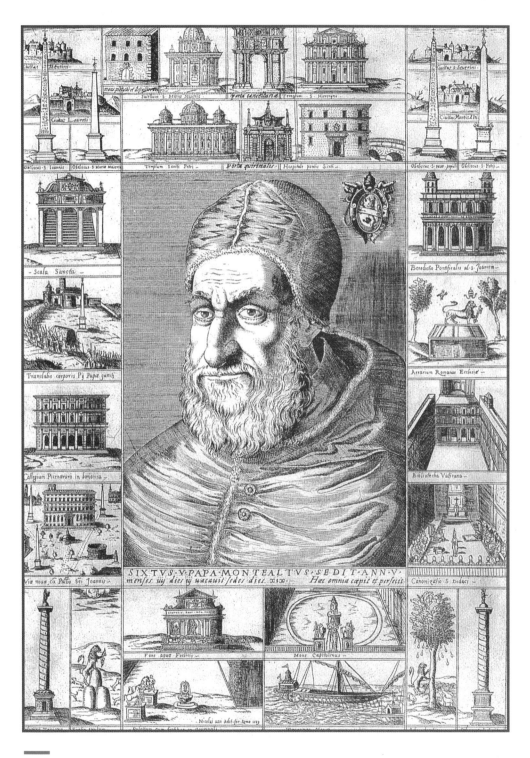

예술의 후원자로서의 교황 식스투스 5세(재위 1585~1590). 주위에 있는 그림들은 그의 건축 프로젝트들이다(1589). 르네상스 시대에는 이 외에도 로렌초 데 메디치 등 예술의 후원자들이 많았다.

때문이다. 또 빛이나 색깔의 명암도 대상을 뚜렷하게 표현하는 데 동원된다.

그러니까 원근법이나 명암법은 그것이 주된 표현 수단인 것이 아니라 오르나토와 릴리에보를 나타내는 보조 수단에 불과하다. 그것들은 르네상스 시대에 불완전하게 사용되었다. 17세기 화가들이 공간 자체에 관심을 가졌던 것과는 태도가 다르다.

세속주의 문제도 마찬가지이다. 세속적 주제를 가진 그림은 1420년대에는 전체 그림의 약 5퍼센트 정도였으나 1520년대에 가면 20퍼센트 정도로 증가할 뿐이다. 따라서 후기에 가서 세속주의가 보다 강해지는 것은 사실이나 그 비율은 그렇게 높은 것이 아니다.

개인주의도 그렇다. 미술사가들은 르네상스의 예술 작품이 중세와 달리 개인적 스타일에 따라 만들어졌다고 주장한다. 또 그림에 화가가 서명을 하기 시작했으므로 그것을 개인의 예술 작품으로 보려고 하는 경향도 있다.

그러나 중세 그림들에도 개인적

예찬(倪瓚, 1301~1374)의 〈우산림학도(虞山林壑圖)〉의 일부. 원나라 말기 사대가의 한 사람인 예찬은 제관(題款)이나 화찬(畵讚)을 쓴 다음 자신의 인장을 찍었는데 그 후 낙관이 일반화되었다.

스타일이 나타나지 않은 것은 아니다. 또 르네상스 시대 미술가들의 그림은 거의 권력자나 부자들의 주문에 따라 만들어진 것이지 개인의 예술 작품으로 그려진 것이 아니다.

　게다가 중국 회화에서는 당(唐)나라나 육조(六朝) 시대부터 이미 낙관이 일부 사용되었고, 14세기인 원(元)대에 와서 일반화되었다. 따라서 이런 것으로 르네상스 미술의 근대성, 개인주의적인 특성을 너무 강조할 수는 없을 것이다.

르네상스의 새로운 인식

05

르네상스 문화의 절충성

르네상스 문화를 전체적으로 어떻게 평가해야 할까? 미술 부분의 업적은 뛰어나다. 회화, 조각, 건축에서 모두 대단한 성과를 이루었다. 새 양식, 새 기술, 새 장르가 등장했다. 그러나 그리스·로마적인 것을 모방하려는 경향도 강하게 나타났다.

이탈리아어 문학의 경우는 단테나 페트라르카 이후 시(詩) 없는 한 세기가 왔고 그 후 폴리치아노, 아리오스토 등이 등장한다. 이탈리아 산문도 14, 16세기는 뛰어나나 15세기는 비어 있다. 여기에서도 로마 시대의 테렌티우스, 플라우투스, 세네카, 베르길리우스가 모범이 되었다.

사상의 영역에는 조르다노 브루노(1548~1600), 피치노, 마키아벨리 같은 유명한 인물들과 인문주의라는 주된 운동이 있다. 그러나 인문주의의 등장이 중세 스콜라철학을 밀어낸 것은 아니다.

또 당대인들은 자신들이 고대의 전통을 이어받았다고 생각했으나 사실은 고대와 중세 양쪽 전통에서 불완전하게 빌려 왔다. 새로운 진보적 변화가 있었다 해도 그것은 반동적 요소와도 결합했다. 그런 의미에서 르네상스 문화는 절충적인 성격을 갖고 있는 것으로, 근대적인 문화라고 하기는 어렵다.

게다가 부르크하르트가 주장하는 근대적인 여러 변화들은 모두 몇 세기 후의 일들이다. 개인의 발견이나 신분제의 해체는 모두 18세기 말 이후 19세기의 일이다. 자연과학의 근대적인 발전은 17세기 이후의 일이다. 인문주의는 중요하나 그것이 새로운 형태로 서양 근대 문화 속에 녹아드는 것도 19세기 이후이다. 근대국가도 18세기에 절대주의 국가들이 만들어지며 본격화한다. 세속 문화의 발전도 18세기 계몽사상 시대 이후의 일이다.

이렇게 근세의 명백한 특징들이 17, 18세기 이후에야 나타나기 시작한다는 사실을 받아들인다면 이런 변화들을 몇 세기나 앞당겨 르네상스의 시대적 성격을 규정하는 것은 역사적으로 정당화되기 힘들다.

게다가 르네상스 문화는 독자적으로 발전한 것도 아니다. 13세기 후반부터 비잔틴제국에서 나타난 사실주의적인 그림 양식이나 고대 그리스 문학, 철학, 과학에

이 근엄해 보이는 인물이 1397년에 피렌체 시의 초청을 받아 피렌체로 가서 그리스어와 학문을 가르친 비잔틴 학자 크리솔로라스이다. 15세기 전반의 유명한 피렌체 학자인 레오나르도 브루니는 그의 수제자라고 할 만한 사람이다. 브루니는 『정치학』 등 아리스토텔레스의 여러 책들을 라틴어로 새로 번역했다.

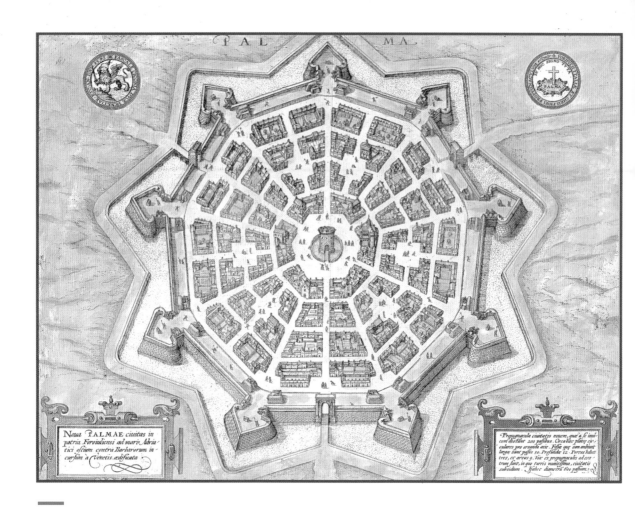

르네상스 시대 이탈리아의 대표적인 계획 도시인 팔마노바 시. 이것은 오스트리아와 터키의 침입을 막기 위해 베네치아가 1593~1603년에 건설한 요새 도시이다. 점점 발전하는 대포의 강력한 화력에 맞서기 위해 성벽을 두텁게 두르고 방어를 쉽게 하기 위해 하트 모양의 포진지들이 해자 안으로 돌출해 있다. 이런 요새 도시는 이탈리아인의 창의성의 산물로 곧 유럽 전역으로 펴졌다.

대한 집약적 연구가 큰 영향을 주었다. 이것이 이미 14세기 후반부터 크리솔로라스 같은 비잔틴 학자들의 초빙을 통해, 또 비잔틴제국이 망한 1453년 이후에는 많은 망명 학자들에 의해 전달되는 것이다. 따라서 르네상스 문화의 독창성을 너무 강조하는 태도에는 문제가 있다.

르네상스 이데올로기를 넘어서서

사실 부르크하르트의 여러 주장들은 그가 처음 생각해 낸 것도 아니다. 계몽사상 이후 많은 사람들의 생각을 체계적으로 종합하여 하나의 강력한 이데올로기적 주장으로 묶어 낸 것이다. 말하자면 그가 완성한 르네상스의 모습은 18, 19세기의 세속적이고 자유주의적인 유럽 지식인들이 만들어 낸 역사적 신화라고 할 수 있다.

르네상스는 이렇게 서양 학자들의 이데올로기적 태도에 의해 오랫동안 의식적·무의식적으로 영향을 받아 왔다. 또 그 과정에서 역사가 끊임없이 일직선적으로 발전한다고 믿는, 18세기 이후 서양인들이 만들어 낸 진보사관과 굳게 결합하였다. 그리하여 르네상스가 서양 역사의 발전에서 뺄 수 없는, 본질적으로 중요한 한 단계를 차지하게 된 것이다.

그러나 지금까지 보았듯이 부르크하르트를 포함해 서양인들의 이런 주장은 이제 더 이상 그대로 받아들이기가 어렵다. 그런 주장들의 많은 부분이 사실의 검증을 이겨 내기 힘들기 때문이다.

그래서 요즈음 서양의 일부 역사학자들은 '전체 서양 전통 안에서 르네상스의 위치에 대한 우리의 가장 기본적인 역사적 가정들이 고쳐질 때가 되었으며 점점 많은 역사가들이 이를 의식하고 있다'고 이야기하고 있고 더 극단적인 역사가들은 아예 르네상스의 존재 가치까지도 부정한다.

더욱이 다른 문화권과의 비교 작업은 부르크하르트적 해석의 타당성을 더욱 의심하게 한다. 서양인들은 세속주의나 인간중심주의를 르네상스 이후 서양 문화의 산물로 이야기하나 실제로 동아시아 유교 문화권은 일찍부터 세속적이고 인간 중심적인 우주관, 인간관을 발전시킨 곳이다. 종교적인 요소가 크지 않으며 이는 서양의 기독교 사회와는 비교도 할 수 없는 수준이다.

서양인들의 전통적인 견해를 받아들인 우리는 무심코 오늘날 동아시아의 세속주의나 인간중심주의마저도 서양의 산물인 것처럼 생각하는 경향이 있으나 이는 근본적으로 다시 검토해 보아야 할 일이다.

이렇게 '서양 근대 문명의 흥기'라는 큰 논의 틀의 일부로 연구되어 온 르네상스 연구는 이제 심각한 저항에 직면해 있다. 따라서 시대를 규정하는 이름만으로는 당분간 르네상스를 받아들인다 해도 부르크하르트가 강조하는 '근대성'이나 '진보'라는 관점에서 르네상스를 규정하는 일은 더 이상 받아들이기 어렵다. 르네상스에 대한 전적으로 새로운 인식이 필요하다는 말이다.

아메리카 정복과 유럽의 해외 팽창

아메리카와 아시아 항로의 개척

01

동방무역과 인도 항로

15세기 말은 유럽인에게 매우 뜻 깊은 역사의 전환점이다. 이때 크리스토퍼 콜럼버스가 인도로 가려다가 우연히 아메리카로 가는 항로를, 바스코 다가마는 아프리카를 돌아 인도로 가는 항로를 개척했기 때문이다. 이리하여 유럽인들은 유럽을 벗어나 넓은 외부 세계로 진출할 수 있는 발판을 마련하였다.

이렇게 두 사람이 모두 인도로 가는 항로를 찾아 나선 것은 물론 아시아의 특산품 때문이다. 중국의 비단이나 자기, 인도나 동남아시아 각지에서 나는 후추·정향·육두구 등의 여러 향신료, 보석 등 유럽에서 비싼 값에 팔리는 동방 물산을 직접 수입함으로써 큰 이익을 내기 위해서였다.

1453년에 오스만 튀르크가 비잔틴제국을 무너뜨리고 중동 지역 전체와

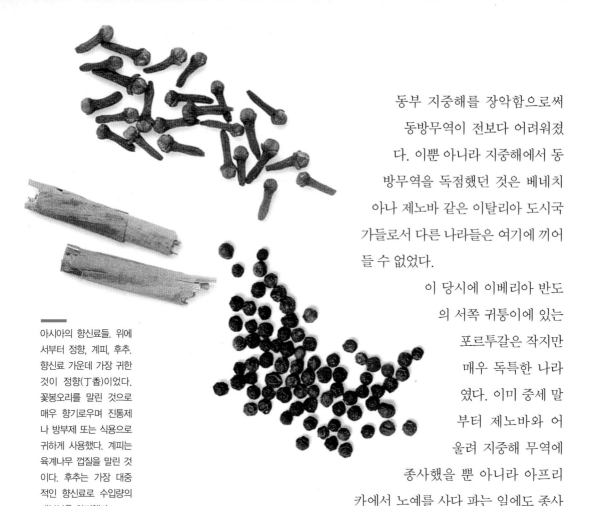

동부 지중해를 장악함으로써 동방무역이 전보다 어려워졌다. 이뿐 아니라 지중해에서 동방무역을 독점했던 것은 베네치아나 제노바 같은 이탈리아 도시국가들로서 다른 나라들은 여기에 끼어들 수 없었다.

이 당시에 이베리아 반도의 서쪽 귀퉁이에 있는 포르투갈은 작지만 매우 독특한 나라였다. 이미 중세 말부터 제노바와 어울려 지중해 무역에 종사했을 뿐 아니라 아프리카에서 노예를 사다 파는 일에도 종사

아시아의 향신료들. 위에서부터 정향, 계피, 후추. 향신료 가운데 가장 귀한 것이 정향(丁香)이었다. 꽃봉오리를 말린 것으로 매우 향기로우며 진통제나 방부제 또는 식용으로 귀하게 사용했다. 계피는 육계나무 껍질을 말린 것이다. 후추는 가장 대중적인 향신료로 수입량의 대부분을 차지했다.

한 해양 국가로서 동방무역이 가져다주는 이익을 잘 알고 있었다.

그래서 일찍부터 아프리카를 돌아 인도로 가는 항로를 찾으려 했고 1450년 대에는 엔리케 왕자(1394~1460)의 주도하에 아프리카 중부의 카메룬 지역까지 도착할 수 있었다. 그러나 아프리카가 그들의 생각보다는 너무 큰 대륙이었고 당시에는 항해 기술도 부족했으므로 이 작업은 일시 중단되었다. 콜럼버스나 바스코 다 가마의 새로운 항로 개척은 포르투갈의 이런 해양 전통과 밀접한 관련이 있다.

PRINCE HENRY
OF
PORTUGALL

CEUTA

포르투갈의 항해 왕자 엔리케. 엔리케 왕자가 새로운 항로를 찾으려 했던 것에는 경제적 이유뿐 아니라 종교적 이유도 있었다. 프레스터 존이 다스린다는 전설상의 기독교 왕국을 찾아 이슬람 세력을 배후에서 압박하려 한 것이다. 그는 이를 위해 경험 있는 항해자들을 모으고 나침반 등 항해 도구를 점검하고 아랍 선박을 본뜬 캐러벨선을 이용해 아프리카 해안을 따라 남쪽으로 항해에 나섰다.

아시아와 아메리카 항로의 개척

바스코 다 가마(1460/1469~1524)는 포르투갈 사람이고, 콜럼버스는 제노바 출신이나 일찍부터 포르투갈에서 활동한 인물이다. 콜럼버스는 포르투갈 귀족의 딸과 결혼했고 스페인 왕실의 후원을 얻기 전에는 포르투갈 왕실에서 후원을 얻으려고 많은 노력을 기울였었다.

스페인도 1492년에는 이베리아 반도의 남쪽 끝에 있는 이슬람 세력의 마지막 거점 그라나다 왕국을 정복하여 이른바 '재정복 사업'을 끝냈다. 그래서 사기가 충천해 있던 스페인 왕실은 콜럼버스의 모험적인 계획을 통해 해외 진출을 꾀했다.

그리하여 1487년에 바르톨로뮤 디아스(1450~1500)가 아프리카 남쪽 끝인 희망봉에, 뒤를 이어 바스코 다 가마가 1498년에 희망봉을 돌아 인도의 캘리컷에 도달할 수 있었다. 또 콜럼버스는 1492년에 대서양을 서쪽으로 횡단하여 아메리카 땅에 도착했다.

아시아와 아메리카로 가는 새로운 항로의 개척은 그 후 유럽 및 세계 역사에 엄청난 변화를 가져왔다. 유럽의 경제적 번영을 가져왔을 뿐 아니라

바스코 다 가마가 캘리컷의 통치자를 만나는 장면. 그가 캘리컷에서 리스본으로 귀환했을 때는 네 척 가운데 두 척밖에 돌아오지 못했고, 선원 170명 가운데 55명만이 살아남았다. 1502년에 다시 인도로 떠났는데 이때는 배에 대포를 장착하고 가서 인도양에서 약탈을 일삼았다. 포르투갈의 대포가 이슬람권의 대포보다 성능이 좋았기 때문이다. 그림에서는 인도인을 옷을 벗은 야만인으로 묘사하고 있다(18세기 그림).

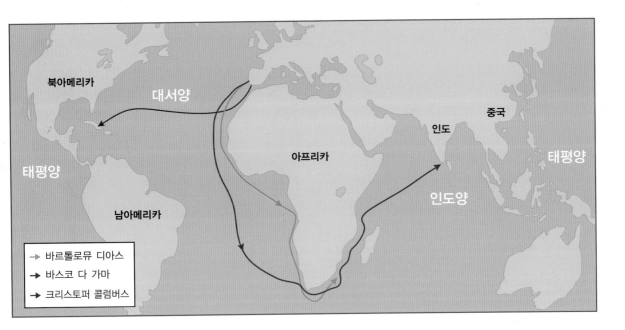

바르톨로뮤 디아스, 바스코 다 가마, 콜럼버스의 항해로. 바르톨로뮤 디아스는 희망봉을 지나 북쪽으로 약 480킬로미터나 올라갔으나 선원들의 반발에 부딪혀 더 이상 나아가지 못하고 귀환할 수밖에 없었다. 동아프리카에서 인도까지 바스코 다 가마를 안내한 사람은 이븐 마지드라는 당시의 가장 유명한 이슬람 항해가였다. 이렇게 인도 항로의 개척은 유럽인만의 힘에 의해 이루어진 것이 아니다.

아메리카의 식민지화로 식민주의 시대의 문을 열었다. 길게 보면 18세기 후반 이후 확립되는 아시아나 아프리카에 대한 유럽의 지배권은 모두 여기서 비롯된 것이다.

　그런데 아메리카와 인도 항로 가운데 서양 사람들에게 특히 중요한 것은 아메리카 항로의 발견이다. 그리고 그것은 결국 아메리카의 '발견'이라는 문제와 관련되어 있다. 그러면 아메리카의 '발견'은 왜 중요할까?

아메리카의 '발견'·'만남'·'정복'

아메리카 '발견'은 창세기 이후 가장 중요한 일

1992년은 콜럼버스(원래의 이탈리아식 이름은 크리스토포로 콜롬보, 1451~1506)가 아메리카에 도착한 500주년이 된 해이다. 미국인들은 이를 대대적으로 기념했다. 인디언들을 비롯한 반대 세력의 시위가 예상되었으나 큰일 없이 그대로 지나갔다. 반면 서기 2000년의 브라질 '발견' 500주년은 브라질 내 반대 여론 때문에 기념 행사조차 제대로 치르지 못했다.

그럼에도 미국에서의 1992년 행사는 100년 전인 1892년의 행사와는 비교도 안 될 정도로 규모가 작은 것이었다. 콜럼버스에 대한 비판적인 평가가 과거보다 훨씬 커졌기 때문이다. 이런 일은 도대체 왜 일어난 것일까? 왜 콜럼버스라는 인물의 업적을 다 같이 찬양하고 그의 아메리카 '발견'을 기념하지 않을까? 그가 한 일이 위대한 업적이 아니라는 말인가?

사실 아메리카를 '발견'했다는 것은 콜럼버스 당시부터 유럽인들의 일반적인 생각이었다. 그때까지 그들에게 전혀 알려지지 않았던 새로운 세계를 발견했다고 믿었으므로 그렇게 생각했을 법도 하다. 그래서 자신들이 발견한 새로운 땅을 '신세계'라고 불렀다.

또 유럽인들은 이 발견을 매우 중요하게 생각했다. 그것이 말할 수 없이 큰 혜택을 안겨 주었기 때문이다. 멕시코 지역에 있던 아스텍제국을 멸망시킨 정복자 에르난 코르테스(1484~1547)의 비서인 프란시스코 고마라라는 사람이 이런 생각을 잘 표현해 주고 있다. 아메리카의 '발견'은 창세기 이후 일어난 가장 좋은 두 가지 일 가운데 하나라는 것이다. 하나가 예수의 탄생이라면 다른 하나는 '아메리카의 발견'이다.

아베 레이날이라는 프랑스인은 1770년에 "신세계의 발견과 희망봉을 돌아 인도에 간 것만큼 인류에게 관심거리는 없다"고 말했다. 영국의 유명한 경제학자로 『국부론』을 쓴 애덤 스미스(1723~1790)도 "아메리카의 발견은, 또 동인도로 가는 길을 발견한 것은 인류사에 기록된 가장 위대하고 중요한 일이다"라고 말했다. 이렇게 18세기까지는 '발견'이 유럽인이 이룬 가장 중요한 업적이었다.

이런 태도는 20세기에 와서도 기본적으로는 마찬가지이다. 그래서 '발견'은 지금까지도 많은 서양 사람들이 일반적으로 사용

사람들이 많이 듣는 드보르자크의 〈신세계 교향곡〉은 1892년의 아메리카 발견 400주년을 기념해 특별히 작곡된 것이다.

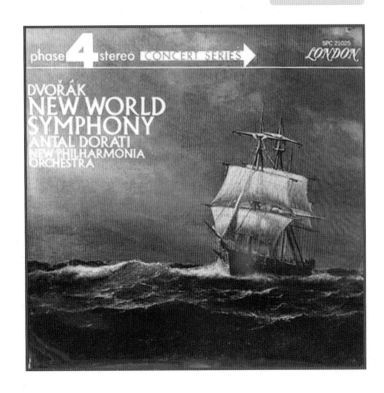

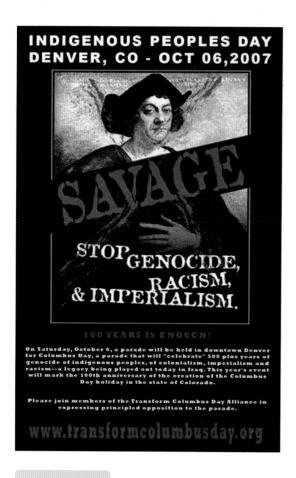

INDIGENOUS PEOPLES DAY
DENVER, CO - OCT 06, 2007

SAVAGE

STOP GENOCIDE, RACISM, & IMPERIALISM.

100 YEARS IS ENOUGH!

On Saturday, October 6, a parade will be held in downtown Denver for Columbus Day, a parade that will "celebrate" 500 plus years of genocide of indigenous peoples, of colonialism, imperialism and racism--a legacy being played out today in Iraq. This year's event will mark the 100th anniversary of the creation of the Columbus Day holiday in the state of Colorado.

Please join members of the Transform Columbus Day Alliance in expressing principled opposition to the parade.

www.transformcolumbusday.org

'콜럼버스의 날'에 반대하는 포스터. 미국과 중남미 몇몇 나라에서는 매년 10월 12일을 콜럼버스의 날로 정하고 공휴일로 기념하고 있다. 그러나 이에 대한 저항이 커짐에 따라 행사 규모도 점차 축소되고 있다.

하는 단어이다. 그러나 '발견'은 콜럼버스가 아메리카를 발견했다는 단순한 역사적 사실에 관한 문제만은 아니다. 그것은 미국의 경우 특히 그렇다. 그것은 미국 사람들이 자신의 역사를 쓸 때 그 단어에 매우 중요한 의미를 부여하기 때문이다.

미국의 역사와 아메리카 '발견'의 의미

17세기 초부터 북아메리카의 동해안에 정착하기 시작한 잉글랜드 식민자들은 콜럼버스의 '발견'에 대해 별 관심을 가지지 않았다. 그래서 18세기 전반까지만 해도 특별히 콜럼버스를 칭송하지는 않았다. 이런 태도는 1770년대의 독립전쟁 이후 갑자기 바뀐다. 새로 건국한 미국이라는 나라가 나름의 독특한 역사적 의미를 가져야 한다고 믿었기 때문이다.

당시 미국인들은 자신들이 유럽이라는 구대륙의 낡은 전통이나 악습에서 벗어나 '신세계'에 새롭고 민주적인 공화국을 창설했다고 생각했다. 새로운 땅에 유럽에서는 상상도 할 수 없는 새로운 형태의 나라를 건설했다는 것이다. 그러니 새로운 땅 아메리카를 '발견'한 콜럼버스의 의미가 크게 중요해지지 않을 수 없었던 것이다.

'발견'이 갖는 또 하나의 중요한 의미는 아메리카 땅의 소유권과 관련된 것이었다. 유럽인들은 자신들이 '주인 없는 땅'을 발견했고 그래서 그것을

a SONY PICTURES ENTERTAINMENT company

먼저 선점한 유럽인에게 소유권이 있다고 주장해 왔다. 이렇게 주장해야 원주민들의 땅을 강탈한 것이 아니라 정당한 수단에 의해 취득한 것으로 되기 때문이다. 아메리카가 반드시 '발견'되어야 했던 이유이다.

이렇게 '발견'은 콜럼버스의 업적과만 관련되는 것이 아니라 그 후 아메리카 역사의 해석과 밀접한 관계를 갖고 있다. 그래서 특히 미국의 경우 콜럼버스의 아메리카 '발견'은 미국사를 미화하는 여러 역사적 신화 가운데 하나로 중요한 자리를 차지하고 있다.

발견인가, 만남인가, 정복인가

그러나 오늘날에 와서는 '발견'이 적합하지 않은 용어라고 생각하는 사람들이 점점 늘고 있다. 그것은 '발견'이라는 말이 아메리카에 이미 살고 있던 원주민들의 존재를 부정하기 때문이다. 유럽인들이 침입하기 전인 15세기 말 당시 아메리카에도 수많은 사람들이 살고 있었는데 그런 땅덩어리를 '발견'했다고 하는 것은 사리에 맞지 않기 때문이다.

반면, 인도에 도착한 바스코 다 가마에 대해 유럽인들은 그가 인도를 발견했다고는 결코 이야기하지 않는다. 높은 수준의 문화를 갖고 있던 인도에 대해 그렇게 말할 수는 없었던 것이다. 결국 아메리카를 '발견'했다고 말하는 것은 아메리카인의 존재와 그 문화를 전적으로 무시하고 있다는 사실을 보여 준다.

그래서 최근에는 '발견' 대신 '만남(encounter)'이라는 표현을 쓰는 사람들도 있다. 유럽인과 아메리카인이 '만났다'는 것이다. 이런 표현은 '발견'보다는 낫지만 적절치 않은 것은 마찬가지이다. '만난다'는 것은 중립적인 표현이다. 우리가 모르던 사람을 만났다가 별일 없이 헤어질 때는 이런 표현을 쓸 수 있다. 또 그 만남이 좋은 것이었다면 더 말할 것도 없다.

유럽인과 아메리카인의 만남은 그렇게 오가다가 우연히 만나고 그것으로 끝난 사건이 아니다. 이 사건으로 한 세기 반 동안에 아메리카 인구의 약 90

테오티우아칸의 피라미드. 테오티우아칸의 문명은 기원전 200년경 시작되어 기원후 500년경에 전성기에 달한 것으로 추측된다. 이 시기의 이 도시 인구는 약 20만 명으로 당시 유럽의 어떤 도시보다도 컸다. 농업이 발달했고, 멕시코 북부 지역에서 중앙아메리카까지 이어지는 교역망의 중심지로 상업도 발달했다. 이 사진은 테오티우아칸 시의 중심인 '사자(死者)의 거리'로 대로를 따라 양쪽으로 10여 개의 피라미드와 신전들이 줄지어 서 있다. 이 거대한 도시 유적은 아메리카인들도 매우 큰 문화적 능력이 있었음을 잘 보여 준다. 앞에 보이는 '태양의 피라미드'의 전체 부피는 이집트의 대피라미드보다 더 크다.

콩키스타도르(정복자)로서 멕시코 해안에 상륙하는 에르난 코르테스. 코르테스는 처음부터 아스텍제국의 부를 탐내어 원정길에 나섰고 거기에 성공한 인물이다. 그래서 피사로를 비롯해 뒤의 수많은 콩키스타도르의 모범이 되었다.

퍼센트가 줄어들었다. 또 요행히 살아남은 사람들은 유럽 국가들의 식민지인이 되어 강제 노동과 노예 생활에 시달려야 했다.

그 결과 아메리카의 전통적인 사회들은 거의 완전히 무너졌고 그 파괴적 영향은 500년이 지난 지금도 계속되고 있다. 그런데도 이 사건을 '만남'으로 정의하는 것은 그것에서 도덕적 판단을 뺀다는 것을 의미한다.

이렇게 서양 사람들이 요즈음 '발견'에서 조금 나아가 '만남'이라는 표현을 쓰는 것 자체도 자신들의 죄과를 결코 인정하지 않으려는 뻔뻔스런 태도에서 나온 것이다. 사실 이에는 더 적절한 표현이 있다.

그것은 스페인인들이 멕시코나 페루에서 저지른 일에서 그대로 나타난다. 그들은 아스텍제국과 잉카제국을 비롯해 중남미에서 수많은 토착 정치체들을 정복하고 파괴했다. 따라서 이 사건은 명백히 침략과 정복과 학살이지 발견이나 만남은 아니다.

어느 콩키스타도르를 묘사한 그림

그러니 식민주의로부터 피해를 받은 비서양 지역 사람들이 서양 사람들의 표현을 그대로 받아들여 '발견'이나 '만남'으로 사용하는 것이 적절치 않음은 말할 것도 없다. 그것은 분명히 침략이나 정복 행위로서 다른 어떤 말로도 대치할 수 없다.

15세기 말 유럽인의 해외 진출은 무엇 때문에 가능했나 *03*

창조적인 인물로서의 콜럼버스 신화

콜럼버스가 탁월한 항해자라는 사실은 그 당대의 누구도 부인할 수 없었다. 그는 자신이 구할 수 있던 모든 지식과 정보를 수집하고, 자신의 오랜 항해 경험에 바탕을 두어 면밀하게 항해 계획을 세웠고 그것을 집요하게 실천했다. 결코 평범한 인물은 아니다.

그래서 서양 사람들은 전통적으로 콜럼버스를 상식을 넘어선 매우 창조적인 인물로, 또 비전과 영감을 지닌 철학적인 풍모의 인물로까지 그려 왔다. '콜럼버스의 달걀'에 대한 일화가 그 한 예이다. 모든 사람이 그대로는 세우지 못한 달걀을 그가 한쪽 모서리를 깨뜨려서 테이블 위에 세웠다는 것이다.

이런 신화 가운데 가장 대표적인 것이 지구구체설과 관련된 것이다. 당시 모든 사람들이 지구가 평평하다고 믿었는데 그만이 지구가 둥글다고 믿었고 그래서 목숨을 걸고 대서양 횡단에 나섰다는 것이다. 사실이라면 신념의 인간이자 그야말로 위대한 모험가라고 할 수 있다.

그러나 그것은 날조된 이야기에 불과하다. 1828년에 워싱턴 어빙 (1783~1859)이라는 사람이 쓴 『크리스토퍼 콜럼버스의 생애와 항해』라는 콜럼버스의 전기에서 비롯된 것이다. 어빙은 이 책에서 콜럼버스가 항해에 나서기 이전인 1486년에, 스페인 살라망카 대학에서 콜럼버스와 학자들, 성직자들 사이에 지구가 둥근지 평평한지에 대한 논쟁이 있었던 것처럼 묘사하고 있다.

그리고 여기에서 다른 이들이 모두 고대의 책들을 인용하며 지구가 평평하다고 주장한 데 비해 콜럼버스는 지구가 둥글다고 주장했다는 것이다. 이런 주장은 그 후 100년 이상 역사가들에 의해 여러 형태로 계속 되풀이되었다.

그러나 이것은 완전한 픽션이다. 당시에 교육받은 유럽인들은 모두 지구가 둥글다는 것을 알고 있었기 때문이다. 또 당시의 스페인 어부들은 이미 대서양 한복판까지 물고기를 잡으러 다녔었다. 그러니 배가 먼바다로 나아가면 절벽에서 떨어져 우주 깊은 곳에 빠질 것이라고 생각했다는 것은 비상식적인 이야기이다.

또 살라망카 회합에서 실제

크리스토퍼 콜럼버스. 콜럼버스는 매일매일의 일을 기록한 『항해록』을 썼고 그 내용의 일부가 남아 있다. 서인도 제도에 도착한 후인 1492년 10월 22일자에는 "지난밤 내내 그리고 오늘도 나는 혹시 이곳의 추장이나 누가 금이든지 다른 가치 있는 것들을 가져오지나 않을지 기다렸다"고 씌어 있다. 그는 기독교 선교에 대해서도 많은 이야기를 하고 있으나 그의 가장 중요한 목적은 돈이 되는 것을 찾는 일이었다.

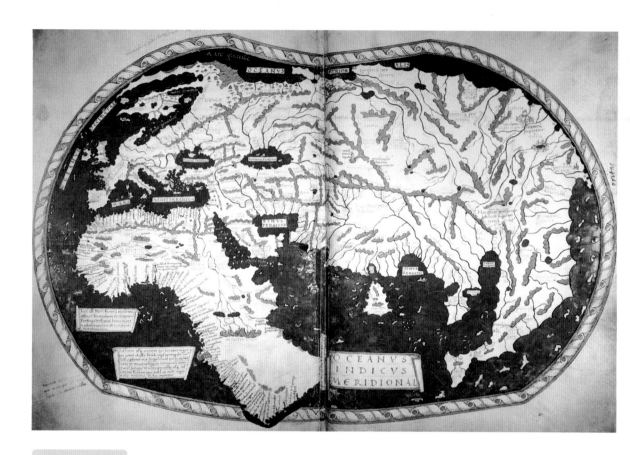

로 논의된 것은 대서양의 넓이에 관한 것이다. 이때 콜럼버스는 카나리아 제도에서 중국의 항주(杭州)까지의 거리를 약 5,600킬로미터라고 주장했다. 이는 당시 널리 받아들여진 견해인 토스카넬리(1397~1482)의 8,000킬로미터보다 훨씬 짧은 것이다.

1489년에 유럽인이 그린 세계 지도(헨리쿠스 마르텔루스 게르마누스 작). 콜럼버스는 이 세계 지도의 사본을 갖고 항해에 나섰던 것으로 생각된다.

이런 사실은 이미 1940년대에 자세히 밝혀진 것이다. 그럼에도 아직도 많은 사람들이 엉터리 신화를 믿고 있는 것은 콜럼버스의 창조성을 받아들이고 싶어 하기 때문이다. 그래서 진실이 허구에 의해 가려지고 있다.

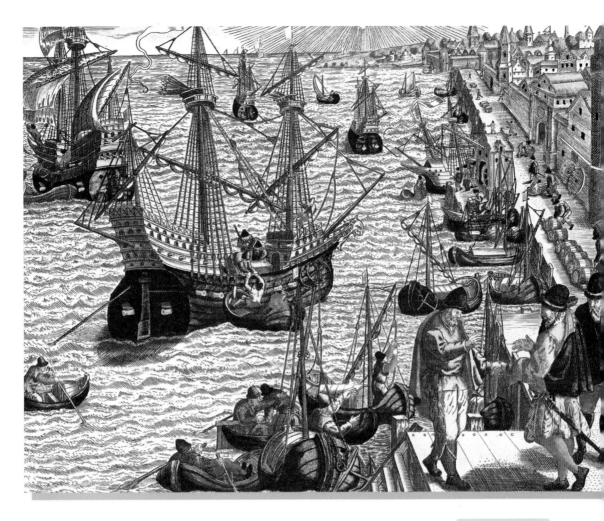

유럽의 배나 항해 기술이 특별히 우월했나

15세기 말에 유럽인들이 아시아나 아메리카에 도달할 수 있었던 이유는 무엇일까? 이에 대해 많은 서양 역사가들은 유럽 문화와 유럽인들의 우월성을 들고 있다. 이 시기에 항해술, 천문관측술, 조선술, 제도술(製圖術) 등의 여러 기술이 발전했고 나침반, 태양의 고도를 재서 위도를 알게 해 주는 사분의(四分儀) 등의 항해 기구들이 사용된 것이 중요한 역할을 했다고 주장한다.

물론 이런 주장의 일부는 맞는 말이다. 15세기에 와서 유럽의 조선술이나

16세기의 번창한 리스본 항과 캐러벨선들(테오도르 드 브리의 그림). 포르투갈 해군은 우월한 대포에 힘입어 1509년에 페르시아 만 입구의 호르무즈를 장악하고 인도의 고아 항에 거점을 마련했다. 또 1511년에는 말라카를 지배함으로써 아시아 무역의 토대를 마련했다.

제도술, 항해술 같은 것이 많이 발전한 것은 사실이기 때문이다. 나침반이나 사분의, 또 화포의 사용도 일반화되었다. 그런 것들이 발전하지 못했다면 장거리의 대양 항해는 불가능했을 것이다.

그러나 과장도 많다. 우선 15세기 후반 유럽의 조선술이 전보다 많이 나아져 캐러벨이라는 원양 항해가 가능한 배들이 만들어지기는 했으나 유럽의 배는 아직 규모도 작고 설비도 시원치 않았다. 15세기 말의 상황에서 유럽의 선박 건조술이나 항해술이 다른 지역과 비교해 특별히 뛰어난 점은 없다.

사실 조선술이나 항해 기구, 항해술의 많은 부분은 비유럽 지역에서 들어온 것이었다. 캐러벨선의 앞뒤에 설치하여 배의 방향을 쉽게 바꾸게 하는 삼각돛은 이슬람 배를 모방한 것이며 나침반은 중국에서 들어온 것이다.

또 선박의 규모도 매우 작다. 콜럼버스가 기함으로 사용한 산타마리아호는 배수량이 기껏 80톤 정도의 작은 배로 선원 30~40명 정도만을 태울 수 있었다. 다른 배들은 더 작아서 세 척의 배에 모두 104명의 선원이 탑승했을 뿐이다. 물론 나중에 더 커지기는 하나 그래도 당시 중국의 배와는 규모에서 비교가 되지 않았다.

중국의 명나라 초기인 1405년과 1433년 사이에 환관인 정화

사분의(四分儀)로 태양의 고도를 관측하는 모습. 사분의는 위도(緯度)를 재는 기구로 나중에 육분의로 개량되어 지금도 사용한다. 그러나 경도(經度)를 알 수는 없었으므로 18세기에 경도계가 발명되기까지는 망망대해를 떠다니는 대양 항해가 결코 쉬운 일이 아니었다.

산타마리아호(앞쪽)와 정화의 보선(寶船) 크기 비교. 당시의 중국 선박과 비교하면 유럽의 배들은 초라한 수준이었다.

(1371~1435?)가 이끄는 대함대가 일곱 차례나 인도양으로 항해를 했다. 수백 척으로 구성된 이 함대는 가장 멀리는 아프리카의 케냐 해안까지 도달했는데, 그 가운데 정화가 탄 기함인 보선(寶船)은 길이가 약 120미터이고 폭이 약 50미터에 달했다. 이는 돛대가 아홉 개에 배수량이 약 3,000톤으로 추산되는, 당시로서는 어마어마하게 큰 배였다. 유럽인들은 감히 상상할 수도 없는 크기였다.

또 장거리 항해는 이미 오래전부터 이루어지고 있었다. 정화 함대의 대원정은 말할 것도 없지만 아프리카 남단을 도는 항로는 바스코 다 가마 이전에도 이슬람 상인들이 잘 알고 있는 길이었다. 방향만 다를 뿐이었다.

또 헤로도토스의 『역사』에는 고대 이집트에서 파라오의 명을 받은 일단의 페니키아인들이 아라비아 만에서 출발하여 리비아(아프리카)의 남단을 돌아서 3년째 되는 해에 지금의 지브롤터 해협인 '헤라클레스의 기둥'을 지나 이집트로 귀환했다는 기록이 전한다. 이미 수천 년 전에 고대인들이 아프리카 해안을 일주한 것이다. 그러니 15세기 말 유럽인들의 항해를 특별히 뛰어난 기술이나 문화 능력의 산물로 볼 수는 없다.

명나라 영락(永樂)
12년인 1414년에
정화가 아프리카의
소말리아에서 중국
으로 들여온 기린.

유럽인은 어떻게 아메리카에 도달했나

그러면 아시아 국가들, 특히 태평양에 면해 있는 중국은 유럽보다 훨씬
유리한 조건들을 갖추고 있었는데 왜 아메리카에 갈 수 없었을까? 그것은

중국의 대운하를 항해하는 선박(18세기 그림). 수양제가 7세기 초에 완성한 대운하는 동쪽 해안 지역을 따라 기존의 많은 강이나 호수 등을 연결하여 만든 것이다. 따라서 물길이 좁은 곳에서는 배에 밧줄을 매어 사람이나 소·말 등 가축이 끌었다. 중국의 남북을 잇는 대운하는 바다에 비해 훨씬 안전하고 편리한 교통로서 중국의 경제 발전에 크게 기여했다.

콜럼버스의 산타
마리아호.

중국의 해양 정책이나 지리적인 이유와 관련이 있다.

명나라는 건국 초기인 1421년에 도읍을 양자강 하구에 있는 남경에서 북경으로 옮겼다. 전통적으로 중국의 수도는 북쪽에 있었을 뿐 아니라 수도를 북으로 옮겨, 그때까지도 강력한 힘을 갖고 있던 몽골족을 견제할 필요가 있었기 때문이다.

그러면서 해금(海禁) 정책을 취했다. 함부로 바다로 나가는 것을 억제하려 한 것이다. 그것은 나라가 넓어 중앙집권을 중시한 중앙정부가 아마도 해안 지역에 강력한 상업 중심지가 생기는 것을 막으려고 했기 때문인 것 같다. 그 이후 중국은 해외 무역에 상대적으로 소극적인 태도를 보였다.

또 1415년에는 남경에서 북경을 잇는 대운하가 다시 개통되었다. 위험한 해로 대신 남북 간을 잇는 보다 안전한 수로가 확보된 것이다. 그러므로 해로의 효용성은 그만큼 떨어질 수밖에 없었던 것이다.

또 태평양은 너무나 큰 바다로서 쉽게 건널 수가 없었다. 풍향이나 조류가 복잡하고 중간에 쉴 수 있는 곳도 남태평양에 점점이 흩어져 있는 작은 섬들뿐이다. 이 섬들을 중간 기착지로 이용하는 것은 거의 불가능에 가까웠다.

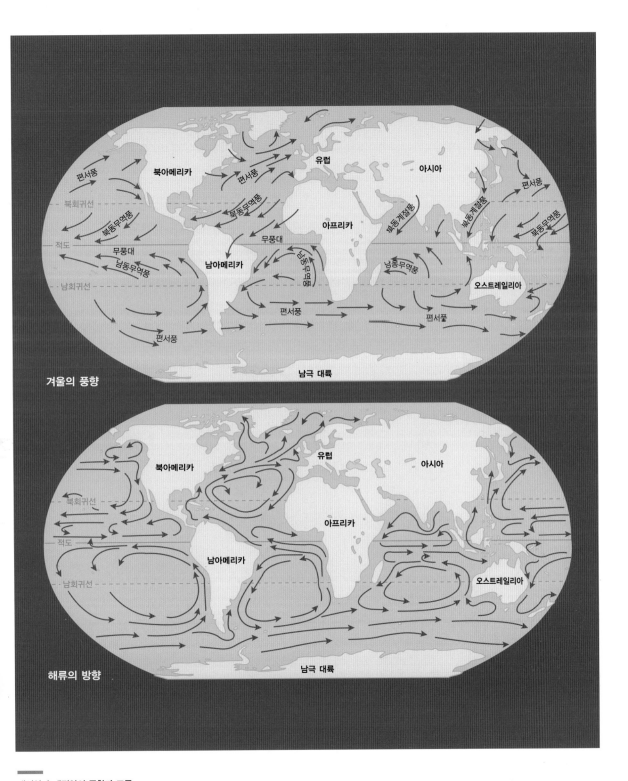

겨울의 풍향

편서풍 북아메리카 편서풍 유럽 아시아

북회귀선

북동무역풍 편서풍

북동무역풍 북동계절풍

아프리카 북동계절풍

적도 무풍대 무풍대 북동무역풍

남동무역풍 남아메리카 남동무역풍 남동무역풍

남회귀선 오스트레일리아

편서풍 편서풍

편서풍 남극 대륙

해류의 방향

북아메리카 유럽 아시아

북회귀선

적도

아프리카

남아메리카

남회귀선 오스트레일리아

남극 대륙

대서양과 태평양의 풍향과 조류

아메리카와 유럽 사이의 바람은 비교적 일정하고 안정적이었던 데 비해 태평양의 바람과 조류는 매우 복잡하여 드넓은 태평양을 건너는 것은 대서양에 비해 훨씬 어려운 일이었다.

반면 유럽인들은 아메리카로 나아가는 데 매우 유리한 입지적 조건을 갖추고 있었다. 북아프리카 해안의 카나리아 제도에서 서인도 제도까지의 거리는 중국에서 멕시코의 아카풀코까지 거리의 3분의 1에 불과하다. 또 대서양의 바람은 풍향이 비교적 일정하고 안정적이다.

적도와 그 부근의 저위도 지역에는 무역풍이라는 동풍이 불고, 고위도에서는 편서풍이라는 바람이 연중 서쪽에서 불어온다. 이는 대서양에서 고기잡이를 하는 어부들이 이미 잘 알고 있는 바람이었다. 따라서 항해자들은 스페인에서 카나리아나 아조레스 군도 부근까지 내려간 다음에 무역풍을 타고 서인도까지 갔다가 편서풍을 타고 돌아올 수 있었다.

이 바람의 흐름을 더 멀리까지 확대하고 중간에 아메리카가 없다고 생각하면 아시아까지 갈 수 있다고 생각해도 별 무리가 아니다. 콜럼버스가 이용한 것도 바로 이 바람이다.

유럽인들이 아메리카에 먼저 도달할 수 있었던 것은 바로 이런 지리적 이점 때문이다. 콜럼버스의 '발견'은 이런 우연적인 요소에서 많은 도움을 받은 것이다.

아메리카는 왜 고작 수백 명씩인 스페인 군대에게 정복되었나

당시의 아메리카에는 멕시코 지역에 아스텍제국이 있었고 남미의 페루 지역에는 잉카제국이 있었다. 모두 상당히 많은 인구에 수준 높은 문화를 가진 대국가들이었다. 그 외에 중남미나 북미 지역에도 수많은 원주민 정치체들이 산재해 있었다.

그런데 이 대제국들은 스페인 군대의 공격을 받고 순식간에 멸망했다. 1521년에 코르테스가 이끄는 고작 500명 정도의 군대가 아스텍제국을 멸망시켰다. 그로부터 11년 후인 1532년에는 프란시스코 피사로(1471/1476~1541)

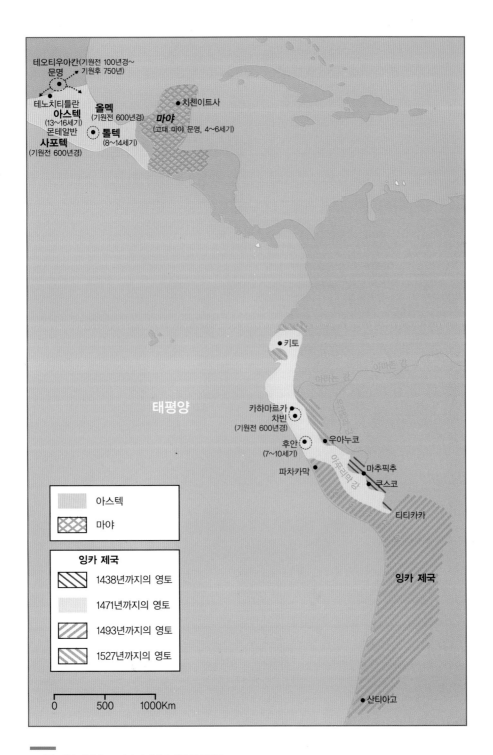

테오티우아칸(기원전 100년경~
문명 → 기원후 750년)

테노치티틀란
아스텍
(13~16세기)
몬테알반
사포텍
(기원전 600년경)

올멕
(기원전 600년경)
톨텍
(8~14세기)

●치첸이트사

마야
(고대 마야 문명, 4~6세기)

태평양

●키토

아마존 강

카하마르카
차빈
(기원전 600년경)

●우아누코

후안
(7~10세기)

●마추픽추
●쿠스코

파차카막

●티티카카

잉카 제국

아스텍

마야

잉카 제국

1438년까지의 영토

1471년까지의 영토

1493년까지의 영토

1527년까지의 영토

0   500   1000Km

●산티아고

스페인 정복 시기와 그 이전 아메리카 대륙의 문명들.

가 이끄는 180명의 군대가 역시 잉카제국을 붕괴시켰다.

그러면 인구가 수천만인 아메리카의 대제국들이 왜 고작 수백 명씩인 스페인 군에 의해 그렇게 쉽게 정복될 수 있었는가? 유럽의 무기가 발달했기 때문일까?

당시 스페인 군은 말이나 대포, 총을 갖고 들어가서 원주민들을 놀라게 했다. 그러나 실제 전쟁에서 화포는 별로 유용하지 못했다. 습한 열대 지역이라 화약이 눅눅해져 사용하기 힘들었던 것이다. 그보다 유용했던 것은 칼

아스텍 전사의 모습. 아스텍인이 서양 그림의 기법을 배워 그린 수채화(프랑스 국립 도서관). 아스텍 전사가 오른손에 들고 있는 것이 흑요석 날을 박은 나무칼이다. 이는 날카로운 철제 칼이나 창의 상대가 되지 못했다.

이나 창 같은 철제 무기였다. 원주민들은 흑요석 날을 박은 나무칼이나 곤봉, 끝에 구리 날을 박은 도끼 등을 무기로 사용했으므로 스페인인이 상대적으로 유리했다.

그러나 스페인인들이 승리한 근본적 원인은 그들이 함께 갖고 들어온 천연두, 홍역, 티푸스 등 유럽의 병원균에 있다. 이에 대해 아무 면역력도 갖고 있지 않은 원주민들은 무력이 아니라 병균에 의해 정복된 것이다.

코르테스의 군대가 멕시코 해안에 상륙하며 전염병이 각 지역으로 퍼져 나가기 시작했다. 게다가 전염병이 퍼지는 속도는 군대가 진군하는 속도보다 빨랐으므로 스페인 군대는 병을 뒤따라 진격한 셈이 되었다. 따라서 극심한 혼란 속에 빠진 멕시카(아스텍)제국은 공격에 대해 효과적으로 저항할 수 없었다. 스페인 군이 수도인 테노치티틀란의 성벽을 넘었을 때 그들은 이미 병으로 죽은 사람들의 시체나 죽어 가고 있는 사람들을 피해 가며 진군해야 할 정도였다.

테노치티틀란을 향해 진격하는 동안 원주민 동맹자들에게 환대받고 있는 코르테스 일행. 원주민 동맹자들이 식량과 말에게 먹일 풀을 제공하고 있다. 왼쪽의 의자에 앉아 있는 사람이 코르테스이고 그의 옆에 서 있는 사람이 그의 애인이자 통역이 된 원주민 여인 도나 마리나이다. 동맹자들의 도움에도 불구하고 테노치티틀란 공격은 쉽지 않았다. 4개월에 걸친 포위 끝에 1521년 8월 13일에야 함락시킬 수 있었다.

또 스페인 군이 들어가자 다른 원주민 종족들의 반란군이 이에 가세했다. 이 원주민 종족들과의 동맹은 수도를 포위할 때 20만 명을 동원할 수 있을 정도로 엄청난 힘을 발휘했다. 20만 명의 대병력은 당시 유럽에서는 쉽게 생각할 수 없는 숫자였다. 이런 동맹 세력을 만들었다는 점에서는 코르테스가 탁월한 능력을 발휘했다고 할 수 있다. 이는 아스텍제국이 이웃 종족들을 무력으로 복속시켜서 반감이 컸기 때문으로 보인다.

피사로가 잉카제국을 공격하러 갔을 때는 잉카제국도 이미 전염병으로 거덜이 난 뒤였다. 당시 인구 3,500만 가운데 아마 3분의 2가 이미 죽은 것 같다. 그러니 사회·정치체제가 거의 붕괴 상태에 있었던 것이다. 왕까지 병으로 죽자 후계 다툼이 일어났고 따라서 적을 막을 수 없었다. 그리하여 중남미의 토착 문명은 1550년경에 모두 붕괴하고 만다.

　1492년의 아메리카 인구는 적게는 5,000만 명에서 많게는 2억 명 정도까지도 본다. 그러나 1억 정도로 보는 것이 적절할 것 같다. 이는 당시 유럽의 인구와 거의 맞먹는 것이다. 그 가운데 4분의 3이 16세기 한 세기 동안에 사라진 것으로 보인다. 또 17세기 중반이면 90퍼센트까지 줄어든 것으로 추산된다. 그러니 유럽인이 아메리카로 들어간 것이 아메리카인에게 얼마나 큰 참화를 가져다준 것인지는 말할 필요도 없을 것이다.

테노치티틀란의 테오칼리 신전에 들어서는 코르테스의 군대. 십자가 무늬가 그려진 옷을 입은 신부가 동행하고 있는 것이 보인다.

유럽인들에 의해 아시아와 아메리카에서는 어떤 일이 벌어졌나 *04*

유럽인, 아시아의 역내 무역에 참여

15세기 말 당시 유럽인들은 아시아 상황에 대해서 거의 몰랐다. 몽골제국이 망하고 또 오스만 튀르크가 비잔틴제국을 멸망시키며 동·서의 교통이 전보다 불편해진 것이 주된 이유이다. 그래서 유럽인들은 마르코 폴로가 살았던 13세기보다 아시아에 대해 더 무지했다. 콜럼버스가 항해를 할 때 가지고 떠난 중국 황제에 대한 신임장은 몽골제국의 칸에게 바치는 것이었다. 명나라가 생긴 것이나 인도에 무굴제국이 성립한 것도 몰랐다.

당시 아시아에는 명이나 무굴제국, 페르시아라는 대제국들이 건재하고 있어서 유럽인들은 이에 범접할 수 없었다. 유럽에는 이에 비견할 만한 나라조차 없었다. 또 경제적인 면에서도 유럽은 아시아에 훨씬 뒤떨어져 있었다.

바스코 다 가마는 캘리컷에 도착하여, 가지고 간 유럽 상품들을 팔려고 했으나 아무것도 팔 것이 없었다. 인도의 상점들에 가득 차 있는 상품들과는 질에서 비교도 되지 않았기 때문이다. 또 그는 그곳에서 스페인어를 하는 튀니지인을 만날 수 있었다. 당시 이미 인도에서는 국제적인 상업망이 움직이고 있었던 것이다. 유럽인들이 그제야 이에 뒤늦게 참여하게 된 것이다.

물론 바스코 다 가마가 인도에서 싣고 돌아온 동방 물산은 큰 이익을 냈다. 무려 60배의 이익을 냈다고 한다. 중간에서 이익을 붙이는 사람들이 없

쿠빌라이 칸(재위 1260~1294)을 회견하는 마르코 폴로(13세기 그림). 이때만 해도 몽골족이 아시아에서 중동을 거쳐 동유럽에 이르는 대제국을 건설했으므로 동·서 교역로는 비교적 잘 유지되었다. 베네치아 사람인 마르코 폴로가 칸을 만날 수 있었던 것도 그 이유 때문이다. 그러나 몽골제국이 붕괴하고 교역로도 함께 무너지며 유럽인은 아시아 사정에 대해 거의 알 수 없게 되었다.

었기 때문이다. 그리하여 그 후 지중해 대신 아프리카를 도는 항로가 점차 동방무역에서 중심이 되었다. 그러나 인도로 가는 항로가 워낙 멀고 위험해 생각만큼 많은 무역선이 취항하지는 못했다.

이와 함께 포르투갈 상인들이나 나중의 네덜란드·영국 상인들은 인도양 안의 중개무역에도 종사했다. 당시 인도양의 물동량이 매우 많았으므로 그 편이 유럽과의 무역보다 더 유리한 점이 있었기 때문이다. 또 그들은 요소요소에 그 지역 왕이나 권력자의 허락을 얻어 무역 거점을 만들었다. 아덴이나 말라카 해협, 자카르타, 마카오 등지가 그곳들이다. 아메리카에서와 같이 식민지를 만드는 것은 불가능했다.

식민주의자의 전형 콜럼버스

그러면 콜럼버스는 서인도 제도에서 어떤 일을 했을까? 그는 말년에 자신

첫 항해를 떠나는 콜럼버스를 배웅하는 페르디난드와 이사벨라 공동왕. 콜럼버스는 첫 항해 후 세 차례나 더 항해를 떠나 서인도 제도뿐 아니라 남미 대륙의 일부에도 발을 디뎠고 식민 정착지를 만들었다. 그는 왕에게 보낸 편지들에서 계속 되풀이하여 원주민들을 잡아 노예로 팔자는 제안을 했다.

을 기독교적 사명을 띤 인물로 묘사하기도 했다. 그러나 그가 서인도 제도에서 저지른 일들은 영웅다움이나 도덕성, 창조성과는 아무 관계도 없다. 오직 이익만을 탐하는 모험가, 투기자, 착취자의 모습만 보여 줄 뿐이다.

그는 항해를 위해 스페인 왕실의 후원을 얻었으나 그것은 말 그대로의 후원은 아니고 일종의 동업 계약이다. 항해에 드는 전체 비용의 8분의 1을 그가 대기로 하고 나머지를 스페인 왕실에서 대기로 했다. 항해를 통해 얻는 수익의 8분의 1은 역시 콜럼버스의 차지였다. 또 새로이 얻는 영토에 대해서 그는 종신 총독직과 그 직위를 자식에게 세습할 권리를 보장받았다.

그러므로 그가 서인도 제도에 도착해서 한 가장 중요한 일은 동방 물산같이 이익이 될 만한 산물을 찾는 것이었다. 그러나 여러 섬을 돌아다녀 보아도 어디에도 후추같이 돈이 될 만한 것들은 찾을 수 없었다. 그런 가운데 어느 섬에서 사금이 나는 것을 발견하자 그는 두 번째 원정부터는 군대를 거느리고 가서 섬사람들에게 사금을 바치도록 강요했다.

또 이들 원주민들을 노예화하여 강제 노동을 시켰다. 1495년에는 550명의 원주민을 노예로 팔기 위해 스페인으로 데리고 귀환했다. 그 가운데 살아남아 스페인에서 노예 생활을 한 사람은 절반 정도밖에 되지 않았다. 또 사탕수수를 쿠바 섬에 이식함으로써 노예 노동에 의존하는 사탕수수 플랜테이션의 기초를 만들었다.

그런 면에서 그는 착취적인 식민주의자의 전형을 보여 주는 인물이다. 나중에 아메리카에 들어간 유럽인들은 모두 그의 모범을 충실히 따랐다. 이렇게 보면 콜럼버스는 아메리카 원주민, 나아가 비유럽인에게는 영웅도 위대한 인물도 아니다. 아메리카에 재난을 가져온 사악한 인간일 뿐이다.

아메리카의 정복과 식민화

코르테스와 피사로의 뒤를 이어 콩키스타도르라고 불린 수많은 스페인

스페인인들은 테노치티틀란을 파괴하고 그 자리에 오늘날의 멕시코시티를 세우는 데 아스텍인들의 강제 노동을 이용했다. 원주민을 동원하여 서양식 건축물을 세우는 광경이다.

정복자들이 중남미 지역에서 정복 활동을 시작했다. 이들은 투기적인 모험가들로 그 가운데에는 귀족뿐 아니라 평민, 흑인 노예 출신까지도 포함되어 있었다. 이들은 군대를 모아 각지의 원주민 부족들을 정복함으로써 스페인의 식민지를 점차 확대했다. 이런 활동은 오지에서는 19세기까지도 지속되었다.

중남미의 거의 모든 지역을 스페인이 차지했으나 브라질만은 예외로 포르투갈에 속했다. 이는 로마 교황이 중재한 1494년의 토르데시야스 조약에 의해 두 나라의 세력권이 결정되었기 때문이다. 아메리카의 모습이 제대로 밝혀지기도 전인 이때 벌써 두 나라가 세력권을 나누는 일을 시작한 것이다.

그리하여 거의 대부분의 중남미 지역에는 스페인 식민자들을 지배자로 하는 새로운 사회체제가 만들어졌다. 사실 원주민들의 기존 사회·정치체제가 거의 무너지다시피 한 상황이었기 때문에 이는 어려운 일도 아니었다.

아메리카의 정복 사업은 국가와 교회의 공동 사업으로 생각되었으므로 원주민들의 기독교화는 매우 중요한 일이었다. 원주민들의 신전을 무너뜨리고 많은 가톨릭 교회가 건설되었으며 토착민들을 강제 개종시키는 작업이 이루어졌다. 반항하는 경우 학살 등 온갖 강압 수단을 동원했다.

초기의 식민자들 사이에는 여자의 수가 매우 모자랐으므로 시간이 흐르며 혼혈이 증가했다. 그래서 중남미 특유의 혼혈인인 메스티소 계급이 생겨났다. 메스티소는 스페인 정부로부터 원주민보다 우대를 받았다.

나중에는 노예로서 아프리카인이 많이 수입되며 이들과도 여러 형태의 혼혈도 이루어졌으므로 중남미 사회는 인종적으로 매우 복잡한 모습을 갖게 되었다. 물론 백인이 가장 위의 서열에서 군림하게 되었다.

스페인인 정복자들이나 그 후손, 또 새로 스페인에서 들어온 유력한 식민자들은 왕의 허락을 얻어 광대한 토지를 차지하여 대농장인 플랜테이션을 건설했다. 그리고 원주민에 대한 강제 노동을 이용하여 목축을 하거나 사탕수수, 담배 등을 경작했다.

16세기 중반에는 매장량이 매우 많은 은광산을 개발했다. 여기에도 대량의 노동력이 필요했으므로 많은 원주민 남자들이 징발되어 노예와 같은 강제 노동에 시달렸다. 그 결과 16, 17세기 내내 스페인의 세비야 항으로는 엄청난 양의 금, 은이 아메리카에서 쏟아져 들어오게 된다.

아메리카의 이런 엄청난 착취가 스페인을 16, 17세기에 유럽 최대의 부국으로 만든 바탕이다. 영국인과 프랑스인들은 중남미 지역에서도 활동했으나 이들에 의한 북아메리카 침탈은 17세기 이후에야 본격화했다.

05
아메리카가 유럽에 가져다준 것들

새로운 농작물들의 도입

유럽은 아메리카에서 많은 것을 들여갔다. 콜럼버스는 첫 귀환길에 앵무새와 아메리카인을 대동하여 사람들을 놀라게 했다. 그 뒤에도 사람들은 아메리카의 신기한 동식물들을 많이 갖고 들어갔다. 그러나 가장 중요한 것은 옥수수, 감자, 고구마, 고추, 토마토, 담배 같은 새로운 농작물들이었다. 카사바는 아프리카에 옮겨졌다.

특히 옥수수나 감자는 유럽에서 얼마 안 가 주식의 자리를 차지할 정도로 중요한 역할을 했다. 이미 18세기 전반이면 옥수수는 이탈리아의 가장 중요한 작물이 될 정도였고 프랑스에서도 많이 심었다.

감자는 18세기 말부터 본격적으로 보급되기 시작했다. 그러나 감자는 처음에는 유럽인들이 다가서기가 어려운 작물이었다. 땅속의 뿌리 식물은 기

독교적 전통에서는 악마와 관련
된다고 믿었기 때문이다. 그러나
일조량이 부족한 지역에서도 잘
자라기 때문에 그 후 기후가 좋지
않은 유럽의 가장 중요한 식량 자
원의 하나가 되었다. 사실 18세기
이후 유럽의 인구 급증에 가장 중
요한 역할을 한 것은 이 새로운 작
물들이었던 것으로 보인다.

또 지중해 일부 지역에서 재배
되던 사탕수수가 서인도 제도로
이식되어 대량 재배되며 유럽인
의 식생활에 큰 변화를 가져왔다.
이는 유럽에서 17세기 이후 커피
나 홍차 같은 음료 문화의 발전에
도 큰 기여를 했다. 담배도 16세
기부터 유럽인들의 기호품으로
굳게 자리 잡았다.

아메리카에서 들어
온 새 작물인 토마
토(16세기 그림).
남아메리카 서부 고
원 지대가 원산지인
토마토는 1540년대
에 유럽으로 들어
와 재배되기 시작
했으나 식용으로
본격적으로 사용된
것은 18세기 초부
터이다. 조선시대
이수광의 『지봉유
설』(1614)에도 소
개되어 있다.

유럽 경제의 발전과 중심 이동

아메리카 정복은 유럽에게 경제적으로 큰 혜택을 가져다주었다. 식민지
인의 착취와 함께 귀금속의 대량 유입, 대서양 무역의 발전이 유럽의 경제
활성화에 크게 기여한 것이다. 그래서 16세기부터 유럽 경제가 비약적으로
성장하기 시작한다.

귀금속의 대량 유입은 유럽 경제에 큰 자극을 주었다. 물론 긍정적인 영

향만 있는 것은 아니었다. 갑자기 금·은의 양이 증가하며 통화량이 늘어나
자 높은 수준의 인플레이션이 나타난 것이다. 그럼에도 화폐량의 증가는 유
럽의 경제 규모를 확대시키는 데 크게 기여했다.

또 아메리카에서 들어온 귀금속은 아시아와의 무역에서 결제 수단으로
중요한 역할을 했다. 당시 유럽인들이 아시아에 수출할 상품을 갖고 있지
않았기 때문에 동방 물산을 사오는 대가를 주로 은으로 지불할 수밖에 없었
던 것이다. 그것이 유럽의 만성적인 무역 역조를 해결해 주었다.

이렇게 식민지 착취나 아시아 무역을 통해 축적된 돈은 다시 설탕 정제
업, 노예 무역, 조선업, 대서양 어업 등에 투자되며 자본의 본원적 축적이 점
차 이루어졌다. 이리하여 16세기 말부터 유럽에서는 뚜렷한 경제적 변화가
느껴지기 시작한다. 전반적으로 생활수준이 올라가고 도시도 발전하기 시
작한 것이다.

16세기부터 대서양에 면해 있는 스페인이나 포르투갈, 영국, 네덜란드,
프랑스의 경제가 보다 활성화함에 따라 유럽의 중심도 바뀌었다. 지중해 연
안은 고대 이래 항상 유럽의 중심이었으나 이런 상황이 처음으로 뒤바뀌게
되었다.

1504년에 어느 베네치아 상인이 후추를 사기 위해 이집트의 알렉산드리
아로 갔으나 한 포대도 살 수 없었다. 그것은 무역로가 이미 바뀌었기 때문
이었다. 또 새 항로로 들어오는 후추는 값도 절반이나 쌌다. 그러니 이탈리
아 도시국가들이나 그와 연결된 독일 지역이 경제적으로 낙후될 수밖에 없
었던 것이다. 18세기 이후 서유럽 국가들이 유럽의 중심이 된 것은 그 결과
이다.

크게 확대된 유럽인의 시야

유럽인들은 아메리카를 통해 인간과 자연에 대한 인식을 넓히는 데 큰 도

움을 받았다. 1492년에만 해도 교육받은 유럽인들은 모든 지식의 근원을 기독교의 성경, 그리스·로마의 고전들, 당시의 권위 있는 몇몇 책들에 의존했었다.

그러나 지금까지 절대적인 권위를 갖고 믿어지던 성경이나 고전 등 옛 이론이나 지식들은 더 이상 아메리카에 적용할 수 없었다. 아메리카에서 목격한 것들은 그런 지식의 범위를 훨씬 넘어서는 것이었기 때문이다.

16세기 후반에 살았던 호세 데 아코스타(1539~1600)라는 스페인 사람의 이야기가 당시의 상황을 실감나게 보여 준다. "서인도 제도 지역을 지나가며 나에게 일어난 일을 쓰겠다. 열대에 대해 시인이나 철학자들이 쓴 것을 읽고 나는 적도에 도달하면 뜨거운 열기를 견디지 못할 줄 알았다. 그러나

이 코뿔소는 인도 구자라트의 술탄 무자파르 2세가 포르투갈 왕에게 선물한 것이다. 1515년 1월에 인도 고아 항을 떠나 그해 5월에 리스본에 도착했다. 포르투갈 왕은 이를 다시 교황 레오 10세에게 바쳤다. 로마로 가는 중간에 들른 마르세유 항에서는 프랑스 왕 프랑수아 1세가 친히 배 위에 올라 이 동물을 살펴보았다. 나폴리 항구 밖에서 배가 파선하는 바람에 이 코뿔소는 불행히 생을 마감했으나 나중에 박제로 만들어져 교황에게 전달되었다. 이것이 이렇게 사람들의 관심을 끈 것은 이때에 유럽인이 코뿔소를 처음 보았기 때문이다(알브레히트 뒤러의 그림, 1601년). 뒤러는 당시의 간단한 스케치와 전해지는 말만 듣고 코뿔소의 모습을 거의 완벽하게 재현해 냈다.

사실은 달랐다. 내가 적도를 넘을 때는 …… 너무 추워서 햇볕에 몸을 덥혀야 했다. 그러니 내가 아리스토텔레스의 기상학(氣象學)과 그의 철학에 대해 웃지 않고 어떻게 하겠는가.”

그는 여행에서 목격한 것이 고대의 위대한 철학자의 생각과 모순된다는 것을 깨달았던 것이다. 이렇게 아리스토텔레스의 주장이 잘못된 것으로 밝혀지자 고전을 점차 믿을 수 없게 된 것은 당연했다.

또 많은 동식물들은 유럽에서는 전혀 듣지도 보지도 못하던 것이었다. 따라서 이런 것들은 전통적으로 유럽에서 해 오던 동식물의 분류를 무용지물로 만들었다. 그뿐이 아니라 인간 자체도 문제였다. 그들이 아메리카에서 만나게 된 원주민을 어떻게 이해하고 다루어야 할지 혼란을 느꼈던 것이다. 그들이 진정한 사람인지, 신의 이미지대로 만들어졌는지, 이성을 가졌는지가 중요한 관심사가 되었다.

그리하여 17세기 초가 되면 지식은 도서관의 경계선을 넘어섰다. 지식이 세계 그 자체와 같이 크고 다양한 것으로 보였기 때문이다. 이제 그것은 망원경을 이용한 천문학자의 기록, 항해자들의 보고서, 의사들의 해부학 보고

코코아나무 그림. 한스 슬론의 『자연사』(1707). 이 책은 자메이카의 동식물을 기록한 것이며, 17세기에는 자연사가 하나의 학문 분야로 발전했다.

서 등 다방면으로 확대되었다. 교수들도 더 이상 책에만 의존할 수 없었으므로 대학에 식물원, 해부실, 천문대 등을 마련하여 경험적 관찰을 중시하게 되었다. 학자들이 일종의 박물학자가 되었다.

이 점에서 아메리카는 유럽인들의 지식 틀을 바꾸는 데 결정적인 기여를 했다고 할 수 있다. 이것이 유럽에서 비교적 객관성을 띤 근대 학문이 다른 어느 곳에서보다 빨리 발전할 수 있었던 이유이다. 이 점에서 유럽인은 큰 은혜를 입었다. 아메리카가 유럽인들의 스승이 된 셈이다.

17세기 어느 박물학자의 방(네덜란드 라이덴, 1655). 전 세계를 돌아다니며 이전에는 못 보던 동식물들을 많이 접하게 되자 이제 이것들을 수집하고 정리하는 작업이 중요하게 되었다. 그래서 17세기에는 많은 학자들이 이런 일에 매달리게 되었다.

1492년은 세계사의 전환점

1492년은 매우 중요한 해이다. 콜럼버스가 아메리카 땅에 도착한 이때부터 아메리카에 대한 유럽인의 정복이 시작되었다. 한 아스텍 사람이 이것을 파카쿠티(대재난)라고 표현하고 있으나 그런 표현으로는 모자란다. 그것은 인류사에서 가장 비극적인 결과를 가져왔다. 수천만 명의 아메리카인들이 유럽인이 가져온 전염병으로 죽었고, 살아남은 사람들은 학살, 노예화, 강제 노동 그리고 억압과 굶주림에 시달려야 했다. 그래서 어떤 이들은 이를 인류 최대의 홀로코스트라고 부르기도 한다. 또 수 세기 동안 천 수백만 명의 아프리카인이 끌려와 혹독한 노예 생활을 감수해야 했다.

그 결과 서양이 오늘날과 같은 번영과 부를 누리게 된 것이다. 말하자면 서양인들이 오늘날 누리는 부와 호사의 상당 부분은 아메리카, 또 아프리카 사람들의 희생 위에 서 있는 것이다. 이렇게 아메리카인의 운명을 완전히 뒤바꿔 놓았다는 점에서 1492년은 상징적인 의미를 갖는다.

1492년은 다른 면에서도 중요성을 갖고 있다. 이 해가 유럽이 세계를 지배하게 된 출발점으로서의 의미를 갖기 때문이다. 1492년 이전의 유럽은 부나 힘, 과학, 기술, 문화적 영향력에서 아시아를 능가하지 못했다. 오히려 상당히 뒤처져 있었다. 또 이때까지만 해도 유럽이 반드시 우월하거나 지배적이어야 할 필연성도 없었다.

그러나 1492년 이후에 모든 것이 바뀌었다. 유럽 문명이 아메리카를 매개로 국제적이고 지구적인 우월성을 확보하기 시작한 것이다. 서유럽의 여덟 배나 되는 광대한 토지, 마음대로 이용할 수 있는 수천만의 노동력, 풍부한 자원을 기반으로 세계를 지배할 수 있게 된 것이다. 그리고 그것은 산업혁명과 자본주의의 흥기로 말미암아 19세기에 현실화했다. 세계의 지배를 달성한 것이다. 이 점에서 1492년은 세계사적 전환점이라 해도 전혀 손색이 없다. 비록 좋지 않은 방향으로 나아가기는 했지만.

16~18세기 유럽 자본주의 발전과
아시아 경제의 재평가

16~18세기 유럽 경제와 자본주의

01

유럽 경제 발전의 흐름

16세기는 유럽 경제가 오랜 침체를 겪고 나서 다시 활기를 되찾은 시기이다. 1340년대 후반에 유럽을 휩쓴 흑사병은 유럽 사회에 치명적인 타격을 가했다. 남동유럽에서 시작되어 이탈리아, 스페인, 잉글랜드, 프랑스, 독일, 스칸디나비아, 러시아로 번져 나가며 유럽 인구의 약 3분의 1 정도가 줄어들었기 때문이다.

흑사병이 이렇게 무서운 결과를 낳은 것은 당시로서는 병을 치료할 적절한 수단이 없었기 때문이지만 당시 유럽인들의 영양 상태가 좋지 않았던 것도 하나의 이유이다. 인구가 급증함에 따라 식량이 부족해졌고 따라서 병에 대한 저항력이 약해졌던 것이다.

유럽 경제는 중세의 오랜 침체 끝에 11세기부터 되살아난다. 인구가 증가

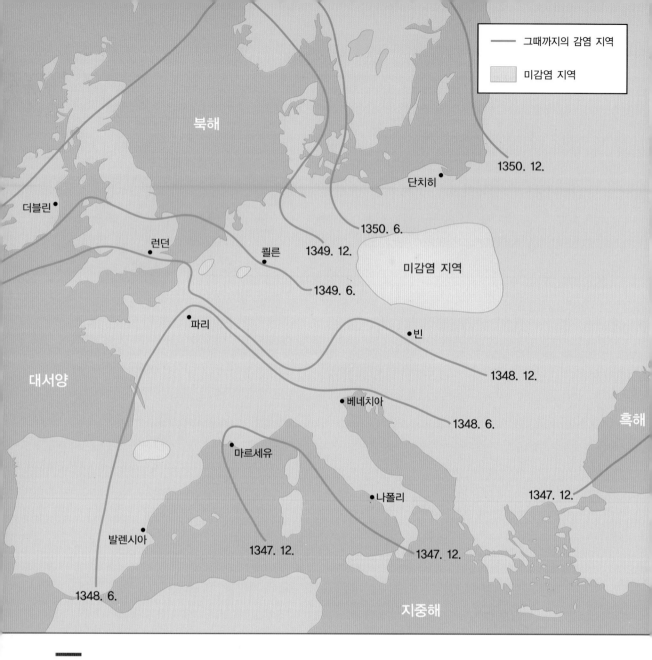

중앙아시아에서 시작된 것으로 보이는 흑사병은 1346년에 처음 흑해의 크림반도에 나타났고 그 뒤 지중해를 통해 전 유럽으로 퍼졌다. 지중해의 항로를 따라 전염병이 퍼진 것을 볼 때 배에 올라탄 쥐들이 그 원인이었던 것 같다. 사망자가 너무 많아 시체를 제대로 처리하지 못해서 병의 확산은 더 심해졌다. 내륙에는 감염되지 않은 일부 지역도 있다. 흑사병은 1350년에는 사라졌으나 그 후에도 작은 범위에서는 수시로 재발했다.

하고 광범한 개간 사업이 이루어지며 농업도 발전한다. 또 원거리를 잇는 상업이나 수공업도 발달한다.

그래서 13세기까지 중세 후기의 번영을 이루나 14세기에 들어서며 사정이 달라졌다. 1000년경에 약 3,000만이었던 유럽 인구가 1340년경에 약 7,400만 명이 될 정도로 크게 늘어났기 때문이다. 당시의 농업 생산성이라는 것이 밀 한 알을 심으면 겨우 3~4알을 수확할 정도로 낮았으니 급격히 늘어난 인구를 충분히 먹여 살리기가 힘들었던 것이다. 이런 상황에서 흑사병이 퍼지자 막대한 피해를 낸 것이다.

인구가 줄어들자 많은 농경지가 버려져 다시 숲으로 되돌아갔고 상업이나 수공업도 쇠퇴했으며 도시도 위축되었다. 결과적으로 유럽 경제는 거의

중세 농민이 쟁기질하는 모습. 말이나 소가 끄는 바퀴 달린 큰 쟁기는 중세 후기에 개량된 것으로 보통 장원의 공동 소유였다.

흑사병의 희생자들. 몸이 시커멓게 변하여 그렇게 이름이 붙여진 흑사병은 선(腺)페스트로 알려져 왔다. 그러나 최근에는 탄저병이나 요즘 아프리카에서 가끔 볼 수 있는 무서운 출혈열인 에볼라가 아닌가 추측하기도 한다. 갑자기 너무 많은 사람들이 죽어 가자 유럽인들은 이것을 신의 버림을 받았거나 세상의 종말이 가까워진 증거로 생각했다. 그래서 스스로 자기 몸에 채찍질을 하는 고행자들도 생겨났다.

파멸적 상태에 빠졌다.

큰 전쟁이나 전염병이 돌아 인구가 많이 줄어든 다음 그것이 다시 원상태로 회복되는 데는 보통 약 200년의 기간이 소요된다. 그러니 16세기에 들어서서야 유럽 경제가 겨우 다시 회복되기 시작하는 것이다. 인구가 늘어나며 식량 증산을 위해 다시 숲이나 늪지의 개간이 널리 이루어졌다. 또 수공업이나 상업도 점차 활기를 띠게 되었다.

나라마다 다르기는 하지만 유럽 경제는 대체로 17세기에 잠시 침체기를 겪다가 18세기에 와서 다시 성장을 계속하게 된다. 특히 18세기 말 이후의 산업혁명을 겪으며 경제 발전의 속도가 더 빨라졌고 그것이 오늘날까지 이어지게 된다.

유럽 문명의 산물인 근대 자본주의

서양 사람들은 자본주의의 발전을 서양 근대 문명의 본질적인 하나의 구성 요소로 생각한다. 자본주의를 유럽 문명이 만들어 낸 독특한 산물로 생각하는 것이다. 그러므로 자본주의의 기초가 마련된 16세기 이후의 유럽 경제 발전에 대해 깊은 관심을 갖는 것은 당연하다.

맑스나 베버 같은 19세기 대학자들의 전 생애에 걸친 지적 노력은 자본주의를 어떻게 이해할 것인가 하는 문제에 집중되어 있다. 아놀드 토인비나 칼 폴라니, 페르낭 브로델 같은 20세기 서양의 유명한 역사가들의 경우도 정도의 차이는 있으나 마찬가지이다.

이들은 자본주의가 정신적이건 물질적이건 여러 이유로 오직 근대 유럽에서만 발전할 수 있었고 그것이 전 세계로 확산되며 오늘날 전 지구가 하나의 경제체제 안에 포섭되었다고 주장한다.

이렇게 지구상의 모든 지역이 하나의 경제적 틀에 묶여 있다는 생각은 19세기부터 시작된 것이다. 그러나 그것이 보다 정교한 이론 형태로 나타나는

것은 1970년대 이후이다. 미국학자인 이매뉴얼 월러스틴이 16세기 이후 세계 경제의 발전을 '세계체제'라는 개념을 가지고 설명한 데서 비롯했다.

이 개념은 만들어진 지 오래되지 않았음에도 불구하고 요즈음 역사학이나 사회과학을 공부하는 많은 연구자들이 사용할 정도로 일반화되었다. 월러스틴이 그것을 가지고 오늘날 선진국과 후진국 사이에서 나타나는 경제적인 지배 – 예속 관계를 세계사 속에서 그 나름으로는 잘 설명하고 있기 때문이다. 그러면 월러스틴의 세계체제론을 통해 16~18세기의 유럽과 비유럽 경제의 관계를 한번 살펴보자.

이매뉴얼 월러스틴. 그는 1976년에서 1999년까지 뉴욕 주립 대학교 빙엄턴 대학 사회학과 교수와 대학 부설 브로델 연구소 소장을 지냈다. 이 글에서 보듯 그의 세계체제론에는 유럽 중심적 시각이 상당 부분 녹아 있다. 그럼에도 그는 현재 서양에서 노엄 촘스키 등과 함께 반지구화운동에 앞장서고 있는 대표적인 진보적 학자 가운데 한 사람이다. 최근에 나온 저서로는 『지식의 불확실성』(2004), 『유럽보편주의 : 권력의 논리』(2006) 같은 책들이 있다.

월러스틴의 세계체제론

세계체제론이란 무엇인가

월러스틴이 유명해진 것은 1974년에 제1권이 나왔고 그 후 1980년대까지 모두 세 권이 출간된 『근대 세계 – 체제(Modern World – System)』라는 책 때문이다. 이 책은 16~18세기 사이 세계 경제의 발전을 다루고 있는데, 나오자마자 근대 자본주의를 이해하는 새로운 틀을 제공했다는 높은 평가와 함께 많은 사람들의 주목을 받았다.

그는 원래 아프리카를 연구한 사회학자로 종속이론의 영향을 많이 받았다. 종속이론이란 1950~1960년대에 맑시즘의 영향을 받아 라틴아메리카에서 발전한 것으로 선진국과 후진국 사이의 구조적인 지배 – 예속 관계를 밝히고 거기에서 벗어나는 길을 모색하려 한 이론이다.

그러므로 그가 아프리카를 연구한 것도 아프리카를 통해 20세기 후반 선

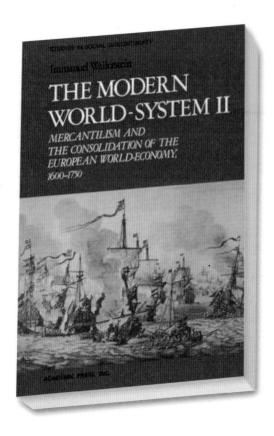

THE MODERN
WORLD-SYSTEM II

MERCANTILISM AND
THE CONSOLIDATION OF THE
EUROPEAN WORLD-ECONOMY,
1600-1750

월러스틴의 『근대 세계-체제 제2권』(1980) 표지. 제1권은 1974년, 제3권은 1989년에 나왔다. 그가 다룬 시기는 그의 스승 가운데 한 사람이라고 할 브로델이 『물질문명과 자본주의』에서 다룬 시기와 거의 같다.

진국과 제3세계 사이의 불평등하고 부정의한 관계를 폭로하려는 목적에서였다. 이 점에서 그는 성향이 매우 진보적인 사람이다.

그런데 그는 여기에 머물지 않고 연구를 16세기까지 거슬러 올라가는 세계의 역사로 확대했다. 오늘날 제3세계의 종속이 16세기에 그 기원을 두고 있다고 생각했기 때문이다. 1450~1640년 시기(그는 이 시기를 '긴 16세기'라고 부른다)에 서유럽은 자본주의의 기초를 처음 확립했고, 그러면서 짧은 기간 내에 전 세계의 많은 지역들을 예속시켰다는 것이다.

이렇게 세계가 하나의 경제 틀로 묶인 것을 그는 세계-체제라고 부른다. 물론 그 중심부에 있는 것은 당연히 서유럽이다. 그 주위에 반주변부, 또 그 바깥으로는 주변부가 둘러싸고 있으며 중심부와 반주변부·주변부 사이에는 착취와 예속 관계가 만들어진다. 오늘날 제3세계의 빈곤은 이 지역이 바로 수백 년 동안 중심부의 착취를 받아 온 주변부이기 때문이다.

이런 주장에 따르면 서유럽은 500년 전부터 지구상의 다른 어느 곳보다 경제적으로 우월한 상태에 있었고 지금도 그런 상태에 있다. 따라서 제3세계가 이런 강고한 예속 관계에서 벗어날 가능성은 별로 없어 보인다.

월러스틴의 세계체제론을 접하는 제3세계 사람들이 신선한 느낌을 받으면서도 무엇인가 답답한 심정을 가지지 않을 수 없는 이유이다. 이는 그의 이론이 해방적인 성격을 가지고 있으면서도 한편으로 서양의 우월을 역사적인 면에서 고정된 구조로 만들고 있기 때문이다.

그것은 월러스틴의 이론이 진보적 학자로서의 그의 명성과는 별개로 상

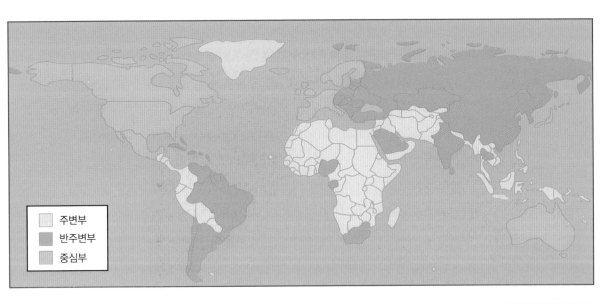

당한 정도로 유럽중심주의적인 시각 위에 서 있기 때문이다. 따라서 근대 세계 경제의 모습을 객관적으로 보여 준다고 할 수 없다. 또 유럽 경제뿐만 아니라 아시아 경제에 대한 설명에도 문제가 많다. 그래서 요즈음 특히 근대 초 아시아 경제의 새로운 연구와 관련해 비판을 받고 있다.

세계-체제는 어떻게 만들어졌는가

월러스틴이 사용하는 세계-체제라는 용어는 약간 설명이 필요하다. 그것에 세계라는 표현이 들어가기는 하나 전 세계를 모두 의미하는 것은 아니다. 한 국가의 경계선을 넘어서는 광역 경제를 의미한다. 즉, 상당히 넓은 일정 지역에서 독립적인 여러 국가들이 무역으로 긴밀하게 연결되어 있는 경제체제를 말한다.

그래서 이 경우 그는 꼭 중간에 하이픈을 넣어 '세계-체제'라고 쓰고, 그렇지 않고 전 세계를 포괄하는 체제를 하이픈 없는 '세계체제'로 구분해서

현재의 중심부, 반주변부, 주변부를 나타내는 그림. 중심부-주변부-반주변부의 위치가 고정되어 있는 것은 아니다. 스페인은 16세기는 중심부였다가 18세기에는 반주변부로 떨어졌다. 북유럽이나 북아메리카는 반주변부였다가 19세기에는 중심부가 되었다. 한국도 주변부였다가 현재는 중심부로 올라서는 중이다.

쓴다. 16~18세기는 전 세계가 하나의 경제체제로 묶이기 이전이니 당연히 세계 - 체제라는 표현을 쓸 수밖에 없다.

그는 '긴 16세기'에 유럽에서 최초로 자본주의적 세계 - 체제가 발전했다고 주장하는데 그렇게 된 이유는 무엇일까? 그것은 15세기 말에 봉건 경제의 위기로 어려움에 처한 유럽이 문제의 해결을 외부로의 팽창과 상업에서 찾았고 거기에서 성공했기 때문이다. 즉, 아메리카로의 진출, 아시아 무역, 유럽 내부 무역의 증대가 그 결과이다.

그리하여 지역적인 노동 분업과 국가 사이의 힘의 차이에 의해 부등가교환(부등가교환이란 여러 조건에 의해 다른 노동량이 투입되는 상품이 같은 가격으로 교환됨에 따라 나타나는 불평등한 교환을 말한다. 기술이나 자본의 차이, 국가 힘의 차이가 그것을 가져온다. 바나나 한 트럭분과 대형 디지털 TV 한 대가 같은 가격에 팔릴 때 바나나 생산에 훨씬 많은 인간의 노동력이 들어갈 것은 뻔하다. 이 경우 기술과 자본의 차이에 따라 노동력의 부등가교환이 나타나고 그에 따라 부가가치가 낮은 상품을 생산하는 지역이 착취를 당하게 된다. 또 힘이 강한 나라가 약한 나라에 대해 보호관세를 물리지 못하게 할 때에도 마찬가지 일이 나타난다)이 이루어지는 체제가 한 세기라는 짧은 동안에 만들어졌다. 그 결과 중심부, 주변부, 반주변부의 삼중적 시스템이 만들어졌다는 것이다.

말하자면 네덜란드와 잉글랜드, 북프랑스에는 강력한 국가와 가장 이익이 남는 경제활동, 가장 효과적인 노동 방식이 자리 잡았다. 그리하여 다른 지역에서 계속적으로 경제적 이익을 거두어들임으로써 우월성을 유지할 수 있었다는 것이다.

반면 라틴아메리카, 동유럽, 지중해 주변의 많은 지역으로 구성되는 주변부에서는 노예제나 농노제에 의해 비효율적이지만 싸게 생산되는 곡물·귀금속·원자재를 공급함으로써 중심부가 이익이 나는 활동에 특화하고 주변부를 가차 없이 수탈하도록 허용한다.

반주변부는 서·남유럽의 남은 지역과 중유럽, 영국령 북아메리카로 정치 구조나 경제활동, 노동 지배 양식에서 그 중간적인 형태이다. 스페인은 중심부였다가 18세기에는 반주변부로 전락한다.

따라서 세 지역에서는 경제활동이나 노동 형태가 다 다르게 나타난다. 중심부에서는 공업과 특화된 농업이 이루어지나 주변부에서는 특용작물의

Banane

열대 작물 가운데 하나인 바나나(17세기의 그림). 바나나는 오늘날 열대·아열대 지역 플랜테이션에서 생산하는 중요한 환금작물의 하나이다. 그러나 제3세계 국가들이 너도나도 외화를 벌기 위해 그 재배에 뛰어들어 오늘날 최소한 107개국에서 생산된다. 따라서 가격이 매우 낮고 그마저도 풍작일 경우에는 형편없이 떨어진다. 그러니 선진국의 부가가치가 높은 공산품들과 부등가교환이 이루어질 수밖에 없는 것이다.

단일 경작이 나타난다. 이것은 담배, 설탕, 커피, 면화 등 중심부에 팔기 위
한 작물들이다. 여러 광산물도 이에 포함된다. 또 중심부에는 숙련공의 임
금노동과 자본주의적 차지농(借地農)이 나타나나 주변부에서는 노예제도나
강제 노동이 나타난다.

　이 세 지역이 세계−체제로부터 받는 혜택도 각각 다르다. 주변부나 반주
변부에서 중심부로 이익이 흘러들어 가기 때문이다. 그리고 이것을 도와주
는 것이 중심부 국가들의 강력한 힘이다. 군사력을 포함한 이 중심부 국가
의 권력을 월러스틴은 헤게모니라고 부른다.

　그리하여 서유럽을 중심부로 16~18세기에 확립된 자본주의적 세계−체
제는 1750년 이후의 산업혁명과 19세기의 제국주의 시대를 거치며 확대되
어, 19세기 말에는 아시아와 아프리카 등 전 세계를 포괄하는 말 그대로의
'세계체제'로 발전하게 된다는 것이다.

유럽의 자본주의는 03
어떻게 발전했는

유럽과 중국의 차이

그러면 유럽에서 자본주의는 어떻게 발전할 수 있었을까? 월러스틴은 유럽에서 자본주의가 발전했고 중국에서 그것이 불가능했던 이유를 두 지역을 대비하며 다음과 같이 설명한다.

13~16세기에 유럽과 중국은 인구가 비슷했기 때문에 비교하기가 좋다. 15세기에 인구, 면적, 기술 수준(농업이나 항해술)에서 큰 차이는 없으며 가치 체계의 차이도 과장되어서는 안 된다.

유럽에서는 로마의 세계 제국이 해체되어 혼란이 계속되었으나 중국에서는 제국이 그럭저럭 유지되었다. 지방분권적인 봉건제와 중앙집권적인 관료제의 차이 때문이다. 그래서 보다 안정되어 있던 중국에서는 1,000여 년에 걸쳐 유럽에서보다 농민 착취가 적었고 유럽보다 더 발전된 경제를 유지할 수 있었다.

농업 경영 면에서 유럽인들은 목축과 밀의 경작으로 나아갔고 중국인들은 노동 집약적인 쌀 경작으로 나아갔다. 중국은 땅보다 인력이 더 필요했던 반면 유럽에게는 더 많은 땅이 필요했던 이유이다. 그래서 유럽인들에게 외부로 팽창하려는 욕구가 더 컸다는 것이다.

중국은 거대한 관료 기구를 가지고 있었고, 화폐경제와 기술 면에서도 좀 더 앞서 있었다는 점에서 자본주의 경제로 발전하는 데 더 유리했다. 그러나 거대한 제국을 유지해야 하는 부담이 발전을 막았다. 즉, 정치적 요소가 자본주의의 발전에는 오히려 불리하게 작용했다는 것이다.

그래서 1450년에 유럽에는 자본주의적 세계 – 경제를 위한 무대가 마련되어 있었지만 중국은 물론 다른 어느 곳에서도 그럴 가능성은 없었다. 유럽에서 자본주의가 발전한 반면 중국이 정체 상태에 빠진 것은 이 이유 때문이다.

〈청명상하도(淸明上河圖)〉. 〈청명상하도〉는 12세기 초에 장택단이 북송(960~1126)의 수도인 변경(卞京)의 번화한 모습을 그린 긴 두루마리 그림으로 당시의 활발한 상업 활동을 자세히 알 수 있게 해준다. 석조로 된 아치형 다리 위에 상점들이 줄지어 있고 많은 장사꾼들이 오가는 것을 볼 수 있다. 청명상하란 청명날에 배를 타고 강을 거슬러 올라간다는 뜻이다 (35.6×1152.8센티미터의 긴 두루마리 그림 가운데 일부, 송대).

월러스틴이 보는 유럽 자본주의 발전의 요인들

그러면 월러스틴은 16세기에 유럽이 어떻게 자본주의로 향해 나아갔다고 생각할까? 그는 다음 네 가지 요소를 중요하게 생각한다.

첫째, 유럽이 아메리카로 팽창한 것은 그 자체로서 결정적인 것이 아니었을지 모르나 중요한 사건이었다. 신세계의 금과 은이 유럽으로 하여금 수입 이상의 생활을 하게 했고 저축 이상으로 투자하도록 해 주었다. 그러나 생산 확대의 원인이 금, 은의 양이 늘어났기 때문인지 인구 증가의 결과인지는 잘 알 수 없다. 그리고 무역의 전반적인 팽창이 16세기의 번영을 뒷받침했다.

둘째, 유럽에서 대규모 자본 축적을 가능하게 한 것은 물가 혁명과 임금 지체 때문이다. 물가가 오른 만큼 임금이 바로 따라 오르지 않았기 때문이다. 따라서 수공업자들이나 지주가 자본을 축적할 수 있었다.

셋째, 중심부에서는 자영농이 발전했고 주변부에서는 환금작물 재배를 위해 강제 노동이 등장하는 농촌 노동 양식의 큰 변화가 나타났다. 요먼(yeoman : 자영농) 농장주 없이 자본주의 체제가 등장할 수 있었을지는 의심스럽다.

넷째, 자본주의 체제는 주변부의 환금작물을 위한 강제 노동 없이는 등장할 수 없었다.

여기에서 보듯 그는 아메리카 식민지의 착취나 비유럽 지역과의 무역을 경시하는 것은 아니나 그와 함께 유럽에서의 내재적인 발전도 중시한다. 아메리카로의 팽창이 결정적은 아니라고 하면서도 귀금속의 유입은 중요하다고 말한다. 그러면서 유럽에서의 생산 확대가 인구 증가 때문인지 귀금속 유입 때문인지 잘 알 수 없다고 한 발을 빼고 있다.

유럽에서의 대규모 자본 축적도 임금 지체에 그 원인을 돌린다. 또 서유럽에서의 자영농의 등장이 없었다면 자본주의 체제가 만들어지지 못했을 것이라고 주장한다. 매우 미묘한 태도이다. 이것은 그가 자본주의를 기본적

1545년에 발견된 페루의 포토시 은광산(1590년의 모습). 지금의 볼리비아에 있다. 이 광산에서는 1572년에 1만 3,000명의 원주민이 강제 노동을 했고 한창때는 임금노동까지 합해 4만 명가량이 일했다. 그림에서 보듯 햇불을 켜고 원시적인 작업을 했으므로 희생이 많았다. 그래서 어느 페루 총독은 "스페인에 보내지는 것은 은이 아니라 인디오의 피와 땀"이라고 말했을 정도이다. 은 광맥에는 금도 일부 섞여 있다.

으로는 유럽 경제의 내재적 발전의 결과로 생각하기 때문일 것이다.

16세기에 인구가 늘어나고 또 경제도 되살아나고 있었으므로 유럽 경제의 발전에 내부적인 요인과 외부적 요인 가운데 어느 쪽이 더 중요했는지 판단하는 것은 쉽지 않다. 사료 부족으로 단편적인 증거만을 이용해야 하는 것도 문제를 어렵게 만드는 요인이다. 그럼에도 내·외부적인 요인의 관계를 보다 설득력 있게 제시할 필요는 있다. 그의 주장 가운데 문제가 있는 몇

6장_ 16~18세기 유럽 자본주의 발전과 아시아 경제의 재평가

가지 사항을 검토해 보자.

귀금속 유입과 물가 혁명

우선 귀금속 유입 문제이다. 아메리카에서 스페인으로 금, 은이 유입되기 시작한 것은 1503년부터이다. 1800년경까지 유럽에 들어온 은의 양은 모두 약 10만 톤에 달한다. 어마어마한 수치이다.

그 가운데 약 40~60퍼센트가량이 계속 적자를 보인 무역 대금의 결제를 위해 아시아로 유출되었는데 그 최종 도착지는 중국이다. 나머지는 유럽에 남았는데 1500년경 유럽의 은 보유량이 약 3만 7,000톤으로 추정되니 300년

세비야 항구. 스페인 사람들이 아메리카로 드나든 관문으로 안달루시아 지방의 과달키비르 강을 내륙으로 80킬로미터 올라간 지점에 있다. 아메리카의 귀금속은 공식적으로는 모두 이곳 세관을 통해 들어왔다. 그 기록이 남아 있는데 1503년에서 1650년 사이에 들어온 양만 금 181톤, 은 1만 6,886톤에 달한다. 그러나 밀수나 해적질도 많았으므로 유럽으로 들어온 전체 양을 정확히 알기는 어렵다.

SEVILLE

SEVILLE, Ville Archiepiscopale et Capitale du Royaume d'Andalousie en Espagne; elle étoit nommée ancienement HISPALIS
à Paris chez Basset

아메리카에서 들어온 금으로 주조한 스페인의 4엑셀렌테스 금화. 이사벨라와 페르디난드 공동왕의 초상이 새겨져 있다. 근대 초의 유럽에서는 금화, 은화, 동화가 같이 사용되었는데 은화가 상거래에서 주된 화폐의 역할을 했다. 금화는 상대적으로 희소하여 고액 결제에 사용했고, 동화는 일상생활에서 사용했다.

동안에 처음 보유량보다 약 1.6배의 은이 유입된 것이다.

유럽은 중세 시대에 주로 은본위 제도를 택하고 있었는데 은이 부족하여 만성적인 화폐 부족으로 고통을 받고 있었다. 따라서 풍부한 귀금속의 유입이 화폐량을 증가시키고 경제에 활력을 불어넣었을 것은 분명하다. 아시아 무역이나 발트해 무역의 활성화는 이것과 관련이 깊다.

16세기에서 17세기 전반에 걸쳐 유럽에서는 물가가 크게 오르는 물가 혁명이 나타났다. 지역에 따라 다르나 많이 오른 곳은 5배, 보통은 3~4배 정도 올랐다. 곡물가가 가장 많이 올랐다. E. J. 해밀턴 등 화폐수량설을 주장하는 사람들은 이것을 화폐의 증가와 관련시킨다. 귀금속 유입이 화폐를 증가시켰고 그것이 물가를 올렸다는 것이다. 이것은 16세기 중반에 스페인의 살라망카 학파나 프랑스의 정치사상가인 장 보댕이 이미 설파한 것이다. 보댕은 귀금속 유입이 인플레이션을 야기하여 유럽 경제를 파멸시킨다고 주장했다.

그러나 이에 반대하는 사람들도 있다. 그들은 스페인에서는 1525~1585년 사이에 귀금속 유입과 물가 상승 사이에 분명한 관계가 나타나나 다른 유럽 국가들에서는 그것을 입증하기 어렵다고 주장한다. 다른 나라들에서는 귀금속 유입이 충분치 않았고 그나마 그것이 유입된 시기와 인플레이션이 나타난 시기가 일치하지 않는다는 것이다.

그래서 그들은 속도설을 내세우며 물가 상승은 화폐량 증가가 아니라 유럽 경제의 활성화 때문이라고 주장한다. 경제활동의 증가에 따라 화폐의 유통 속도가 빨라져서 물가가 올랐다는 것이다. 그래서 물가 혁명을 검토하려면 인구 증가, 국내 교역과 국제 무역의 증가, 도시화, 공산품 생산 증가, 명목임금 상승, 국가 조세 증가라는 변수들을 모두 고려해야 한다고 주장한다.

타당한 이야기이나 사료도 충분치 않은 상황에서 그 당시 물가 상승에서 어떤 요소가 어느 정도의 역할을 했는지 판단하는 것은 매우 어렵다. 월러스틴도 브로델 등을 따라 속도설을 받아들이고 있을 뿐이지 그 이상 진전된 이야기를 하고 있지는 못하다.

최근에 이와 관련해 더글러스 피셔 같은 사람들은 '경상수지화폐이론'이라는 것을 내세우며 화폐수량설을 보다 정교하게 발전시키고 있다. 스페인의 경우 귀금속 유입으로 물가가 올라갔으나 다른 유럽 국가들의 경우 물가가 오르기 위해 반드시 귀금속이 직접 많이 유입될 필요는 없었다는 것이다.

예를 들어 스페인과 프랑스 사이에서 스페인의 상품 가격이 높아지면 상품은 자연히 프랑스에서 스페인으로 이동하게 되고 대신 화폐는 프랑스로 이동함으로써 프랑스의 화폐량이 늘어나고 물가가 오른다는 것이다. 그러

스페인인의 입에 녹인 금을 들이붓는 원주민들. 귀금속을 밝히는 유럽인들이 얼마나 지긋지긋했으면 이런 일을 했겠는가? 테오도르 드 브리의 그림.

나 그들은 이렇게 어느 나라의 물가가 오르는 것은 반드시 상품이나 화폐가 이동하지 않아도 가능하다고 주장한다. 이런 방식의 차익 거래가 생길 가능성만으로도 다른 나라의 물가와 이자율에 영향을 줄 수 있다는 것이다.

이 문제는 아직도 논쟁 중에 있고 당장 어떤 결론을 내리기는 어렵다. 그러나 화폐수량설이 살아남을 가능성이 생겼고, 또 속도설에서 경제 활성화가 물가를 올렸다고 주장하나, 16~17세기 유럽의 경제 활성화 자체에 화폐 증가가 미친 영향도 매우 크다는 사실을 고려한다면 월러스틴의 유보적인 태도보다는 귀금속 유입의 영향을 더 강조하는 것이 옳지 않을까 생각한다.

임금 지체와 자본의 본원적 축적

월러스틴은 유럽의 대규모 자본 축적이 물가 혁명 당시의 임금 지체 때문이라고 주장한다. 물가는 급격히 오르나 임금은 1년에 한 번만 받으므로 물가가 오르고 한참 뒤에야 오른 임금을 받을 수 있게 된다는 것이다. 그래서 고용주가 그 차액을 차지하여 자본을 축적할 수 있었다는 것이다.

이것도 1920년대에 E. J. 해밀턴이 한 주장을 받아들인 것이나 해밀턴의 주장은 개연성 위에서 한 추측에 불과하다. 그 후 이 문제를 둘러싸고 간헐적으로 논쟁이 계속되고 있으나 임금지체설은 아직 정설로 받아들일 만큼 논리적 설득력을 갖추고 있지는 못하다.

월러스틴이 이 이론을 받아들인 것은 이 시기의 대규모 인플레이션이 소득 재분배를 강요함으로써 중심부 지역의 수공업자나 지주가 노동자들의 희생을 바탕으로 자본을 축적할 기회를 얻었다고 믿고 싶어 하기 때문이다. 그러나 근대 초에 대자본을 축적한 사람들은 수공업자나 지주가 아니라 대체로 상인들이다.

그러면 근대 초의 유럽인들은 어떻게 자본을 축적했을까? 가장 본질적 역할을 한 것은 아메리카인 착취와 노예무역을 포함한 대서양 무역, 아시아

무역, 유럽 역내 무역이다.

　대서양 무역을 대표하는 것이 특히 영국인들이 주도한 삼각무역이다. 직물이나 염료, 총, 화약, 철제 농기구, 장신구 등의 공산품을 싣고 아프리카에 가서 팔고, 그 돈으로 노예를 사서 다시 카리브 지역이나 북아메리카 식민지에 팔고 설탕, 담배, 코코아, 면화 등 아메리카 플랜테이션 생산물이나 모

사냥한 노예를 끌고 가는 모습. 노예는 해안 지역의 왕이나 추장들이 전쟁을 통해서 조달하거나, 아니면 40~50명 정도의 집단을 내륙 지역으로 보내 몰래 납치해 왔다. 여기에는 유럽인이 가져온 총 같은 무기도 중요한 역할을 했다. 그러나 빚 때문에 노예가 되기도 했고, 간통을 하다 붙잡혀 노예로 팔리기도 했다. 어느 부인과 간통을 하다 붙잡히는 경우에는 그 남편이 상대 남자를 노예로 팔 수 있었으므로 젊고 매력적인 부인을 내세워 함정을 파는 경우도 있었다.

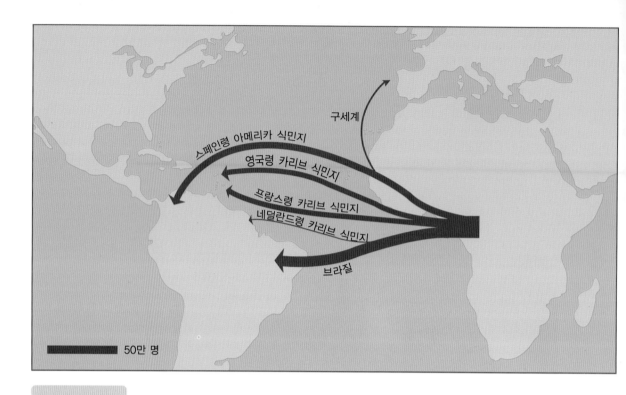

스페인령 아메리카 식민지

영국령 카리브 식민지

구세계

프랑스령 카리브 식민지

네덜란드령 카리브 식민지

브라질

50만 명

17세기 대서양 노예무역. 흑인 노예들은 대체로 서아프리카에서 아메리카로 팔려 나갔으나 유럽으로도 일부 유입되었다. 흑인 노예들은 가혹한 대접을 받았으므로 소모율이 매우 높았다. 플랜테이션 농장주들은 그들을 잘 먹이고 잘 입히는 것보다는 새로 사오는 것이 더 낫다고 생각했을 정도이다.

피, 목재, 생선 등을 싣고 유럽으로 되돌아와 파는 것이다. 한 번 항차에 여러 번 거래를 할 수 있었으므로 이익률이 매우 높았다.

노예무역은 16세기에 본격화하여 19세기 초까지 유지되었다. 그동안에 약 1,300만 명의 아프리카인이 주로 아프리카 서부 지역에서 붙잡혀 아메리카로 팔려 갔다. 영국이 가장 적극적이어서 어떤 연구자는 17세기 영국 자본 형성의 3분의 1을 노예무역에 의한 것으로 추산하고 있을 정도이다. 이것은 스페인, 포르투갈, 네덜란드, 프랑스 같은 다른 나라의 경우도 정도는 덜하나 마찬가지이다.

17세기 유럽에서 가장 중요한 산업은 설탕 산업이었다. 이는 노예를 이용해 아메리카 플랜테이션에서 생산한 원당을 들여와 유럽 각 도시에서 정제하여 설탕을 만들어 파는 산업이다. 시설에 많은 자본이 투입되어야 하지만 높은 수익을 올려 주는 유럽 최초의 자본주의적 산업이었다.

해적질까지도 중요했다. 특히 영국이 그랬다. 정부가 비공식적으로 후원하고 많은 투자자들의 투자 자금으로 운영되는 해적선들은 높은 이윤을 가

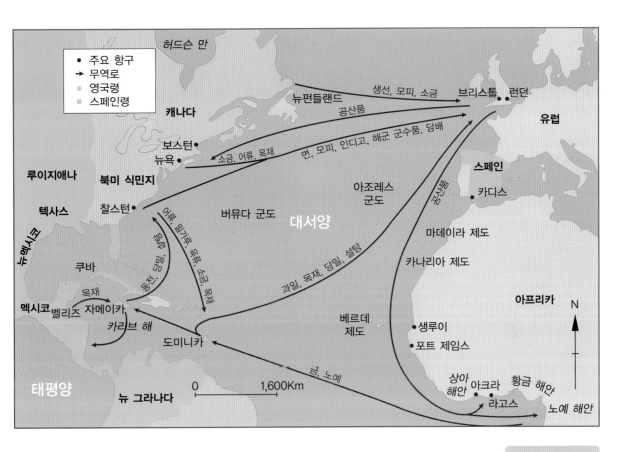

지도 범례:
- ● 주요 항구
- → 무역로
- ▨ 영국령
- ▨ 스페인령

허드슨 만 / 캐나다 / 뉴펀들랜드 / 보스턴 / 뉴욕 / 루이지애나 / 북미 식민지 / 텍사스 / 찰스턴 / 멕시코 / 벨리즈 / 쿠바 / 목재 / 자메이카 / 카리브 해 / 도미니카 / 뉴 그라나다 / 태평양 / 버뮤다 군도 / 대서양 / 아조레스 군도 / 베르데 제도 / 생선, 모피, 소금 / 공산품 / 면, 모피, 인디고, 해군 군수품, 담배 / 소금, 어류, 목재 / 과일, 목재, 당밀, 설탕 / 브리스톨 / 런던 / 유럽 / 스페인 / 카디스 / 마데이라 제도 / 카나리아 제도 / 아프리카 / 생루이 / 포트 제임스 / 상아 해안 / 아크라 / 라고스 / 황금 해안 / 노예 해안 / 금, 노예 / 1,600Km / N

져다주었다. 엘리자베스 여왕 시대의 유명한 해적으로 작위까지 받은 프랜시스 드레이크가, 세계를 일주하며 약탈 행위를 하여 1573년에 영국에 반입한 약탈물들의 가치는 60만 파운드에 해당했다. 당시만 해도 영국의 가장 큰 수입원이 유럽 대륙으로 수출하는 양모였는데 1600년의 수출액은 100만 파운드에 불과했다. 이렇게 근대 초 유럽 경제에 외부적 요인은 매우 중요했다. 월러스틴이 임금 지체에 대해 장황하게 이야기하는 것은 내재적인 발전을 주장하기 위해서이다.

자영농의 성장과 농업자본주의

월러스틴은 유럽의 자본주의 발전과 관련해 주변부 강제 노동과 함께 중

영국의 삼각무역(1770년대). 삼각무역을 포함하여 전 세계를 무대로 한 활발한 무역 활동을 통해 영국은 18세기가 되면 유럽에서 가장 앞선 상업 국가로 성장한다. 그래서 프랑스의 계몽사상가인 볼테르는 프랑스도 영국을 본받아 상업 국가가 되어야 한다고 역설했다.

심부의 요먼 성장을 불가결한 것으로 주장한다. 요먼은 비교적 큰 규모의 자기 땅을 갖고 농사를 짓는 부유한 자영농이나 지주들(귀족이나, 시골에 사는 하위 귀족인 젠트리 계층)에게 땅을 빌려 영농을 하는 차지농(借地農)을 말한다.

전통적으로 서양 학자들은 근대 유럽 경제의 확립에서 요먼의 성장을 매우 중요하게 생각해 왔다. 특히 자본주의의 중심 국가가 된 영국의 경제를 말할 때 그렇다. 이들이 토지겸병(土地兼倂 : 상속이나 결혼, 매입을 통해 토지를 확대하는 것)과 인클로저(울타리막기 : 귀족, 젠트리 같은 세력가나 부유한 농민들이 자기 땅 주변의 농민들 경작지, 마을에서 공동으로 사용하던 목초지나 황무지 같은 공유지에 울타리를 막아 자신의 농장으로 만드는 것. 힘으로 빼앗는 경우도 있고 돈을 주고 사는 경우도 있다. 처음에는 양을 키우기 위해 15세기부터 시작되었으나 18세기 후반에는 곡물 재배를 위해서도 많이 이루어졌다)를 통해 확보한 넓은 토지를 보다 효율적으로 이용하고 농업 생산성을 지속적으로 향상

잉글랜드 컴브리아 지역의 인클로저로 인해 만들어진 목초지. 마을 사람들이 연료나 목재를 얻거나 가축을 키우는 데 함께 사용하던 공유지에 지주들이 돌담을 쌓고 양을 키우고 있다. 이 지역은 대개 1730~1850년 사이에 인클로즈되었다.

시키는 등 자본주의적으로 경영했다는 것이다.

그리고 이에 따른 농산물 가격의 하락과 실질임금의 증가가 다시 농산물에 대한 대중적인 수요를 확대시킴으로써 농업 발전이 근대 자본주의의 밑바탕을 이루었고 나중에는 산업혁명의 기틀이 되었다는 것이다.

이런 주장이 특히 각광을 받은 것은 1950년대 이후이고 1970년대에 절정에 달했다. 그것은 식민지에서 독립한 제3세계 학자들이 서양 자본주의의 발전을 식민지 착취와 연결시켜 비난했기 때문이다. 그래서 자본주의를 내부적 요인과 연관시킬 필요가 있었던 것이다. 월러스틴도 이런 주장을 따르고 있는데 그것이 당시의 주류 해석이었으니 당연하다고도 할 수 있다.

그러나 16~17세기에 영국 농업에 특별하게 발전했다고 할 만한 것은 없다. 대규모 영농의 농업 생산성이 높았을 것이라는 가정은 점차 깨지고 있다. 또 관개 기술 등 여러 가지 농업 기술이나 영농법의 개선, 새로운 작물의 도입도 큰 의미를 갖는 것은 아니다. 그래서 과거에는 이 시기에 농업혁명이 있었다고 주장하기도 했으나 지금은 그런 이야기를 받아들이지 않는 사람도 많다.

또 요먼의 일반적인 성장을 이야기하기도 어렵다. 실제로 토지는 15세기 이후 계속 소수의 대지주에게 집중되었다. 1960년대의 정평 있는 한 연구에 의하면 1690년에서 1873년 사이에 잉글랜드와 웨일스에서 귀족 대지주나 젠트리 소유의 땅은 늘어난 반면 소토지 소유자(요먼)가 갖고 있던 땅은 계속 줄어들었다. 1690년에는 전체 면적의 25~33퍼센트였으나 1790년에는 15퍼센트, 그리고 1873년에는 10퍼센트로 계속 감소했다.

그 결과 1872~1873년에 처음 실시한 전국적인 센서스에 의하면 잉글랜드 전체 면적의 5분의 4를 7,000명도 채 안 되는 지주들이 소유하는 엄청난 불균형이 만들어졌다. 나머지 땅은 약 100만 명이 갈라 가졌는데 그 가운데에는 요먼뿐 아니라 손바닥만 한 땅을 가진 소농들도 포함된다.

또 월러스틴이 강조하는, 자본주의적인 기업형 영농을 한 대차지농은 아주 소수에 불과했다. 대부분의 차지농은 지주에게 작은 규모의 땅을 빌려 농사를 지었고 고율의 지대를 냈다. 따라서 먹고살기에도 급급했다.

이렇게 농업의 성장을 이야기할 수 없게 되자 1980년대 이후의 연구는 17, 18세기 영국 경제 발전의 원인을 해외 부문에다 돌리고 있다는 점에서 주목할 만하다.

이 시기 잉글랜드와 웨일스의 비농업 노동력의 40~50퍼센트가 수출 산업에 고용되어 있었고, 국내 제조업 증가의 많은 부분이 해외 수출의 팽창과 관련이 있다는 것이다. 여기에 비하면 농업 생산성 증가에 따른 산업 생산품의 수요는 매우 낮은 비율이다.

이렇게 유럽 자본주의의 성장과 관련한 월러스틴의 주장은 아메리카와의

잉글랜드의 브리스톨 시. 17세기부터 삼각무역으로 크게 번성한 브리스톨은 잉글랜드에서 런던 다음으로 큰 도시였다. 노예, 설탕, 코코아, 담배, 면화를 주로 취급했고 도시 안까지 파고 들어 온 부두에는 배 1,000척을 수용할 수 있었다(1780년의 그림).

관련을 무시하지는 않으나 상당 부분 1970년대까지 유럽중심주의적 학자들이 주장한 내재적 성장론을 수용한 것이다. 따라서 지금으로서는 설득력이 별로 없다.

그러나 정작 더 큰 문제는 아시아와 관련된 데서 나온다. 월러스틴은 아시아 경제를 상당히 낮추어 보았으나 이는 서양 학자들이 아시아의 상황을 잘 모르는 데서 비롯된 것이다. 그러면 이제 근대 초 아시아 경제에 대해 한번 살펴보자.

근대 초 아시아 경제의 재평가

04

아시아 경제에 대한 전통적 견해와 문제점

월러스틴은 아시아로 간 귀금속은 대체로 가치를 저장하는 수단으로 금고 속에 보관되거나 사치품으로 사용되었으며 무역수지는 언제나 아시아에 불리했다고 주장한다. 아시아의 경제가 발전하지 못했기 때문이며, 그래서 아시아 경제는 유럽 세계 – 체제의 바깥에 있었다는 것이다.

이것은 사실 해묵은 주장을 되풀이하는 것이다. 서양 사람들은 19세기부터 아시아 경제를 보통 '강제'에 의해 움직이는 통제경제로 이해하는 경향이 있다. 그것이 경제 논리가 아니라 통치자의 정치적 뜻에 따라 움직였다는 것이다. 그래서 국가에 바치는 세금까지도 '공납 모드'라는 묘한 이름으로 부른다.

그러나 최근의 연구들에 따르면 아시아의 전근대 국가들에도 사기업가가 이끄는 상당한 규모의 활력 있는 상업 부문이나 금융업이 존재하고 있었다. 그뿐 아니라 규모도 유럽의 기업들보다 훨씬 더 컸다. 그러므로 같은 은이 유럽에서는 투자로 이어져 자본주의 발전에 도움이 되었고 아시아에서는 금고 속에 처박히거나 귀족들의 사치로 낭비되었다는 주장은 별로 근거가 없어 보인다.

위에서 말했지만 1500~1800년 사이에 유럽에서 아시아로 유입된 금, 은은 엄청난 양이다. 그 가운데 중국의 경우만을 보자. 중국이 이 사이에 무역을 통해 얻은 은은 유럽과 서아시아, 인도에서 들어온 양에다 일본에서 유입된 8,000~9,000톤, 멕시코와의 직접 교역에 의한 1,000톤을 합쳐 약 6만~6만 8,000톤에 달한다. 유럽이 아메리카에서 얻은 은의 절반을 넘어선다.

그러면 왜 이 엄청난 양의 귀금속이 300년 동안이나 계속 아시아로 흘러

중국 황하의 주변 풍경(1660년대). 청나라의 강희제를 알현하기 위해 온 네덜란드 사절을 중국 관리들이 중도에 맞이하고 있다. 당시의 네덜란드인들은 황하에는 짐을 실은 배들이 북적거렸다고 기록하고 있다.

인도에서 자단(紫壇) 같은 목재와 향료를 선적하고 있는 네덜란드 동인도회사의 선박.

들어 갔을까. 이것은 아시아에서 은의 가치가 유럽보다 높기도 했으나 주로 무역 적자의 결과이다. 번영하는 아시아에 대해 유럽인들이 갖다 팔 물건이 별로 없었으므로 거의 유일한 수출품이 은이었던 것이다.

예를 들어 네덜란드의 동인도회사가 1660~1720년 사이에 아시아에 판 상품의 87퍼센트가 은이었고 나머지만이 유럽산 상품이었다. 비슷한 시기에 영국의 동인도회사도 아시아로 수출하는 상품의 10퍼센트를 영국 제품으로 채우도록 규정했었다. 그러나 그 적은 양도 잘 지킬 수 없었다. 은이 아시아 상품의 수입을 위한 결제 수단으로 결정적인 비중을 갖고 있었던 것이다.

중국이 세계 경제의 중심이었나

일부 서양 역사가들은 중국 경제가 유럽에서와 같이 발전하지 못한 것은 생태계에 대한 인구 압력이 컸기 때문이라고 주장한다. 인구의 증가로 목재나 연료 등 자연자원이 부족하게 되었다는 것이다.

개간할 땅도 부족하고 지력도 소모되었으므로 중국인들은 이에 대응하기 위해 단위 경작에 더 많은 노동력을 쏟아 부음으로써 생산량을 늘리려고 했다. 그러나 그것에도 한계가 있으므로 노동력을 계속 더 늘려도 생산량의 증가는 점점 줄어들 수밖에 없는 상황에 부딪히게 되었다.

이러한 현상을 그들은 '안으로 말려들어 간다'는 의미의 인벌루션(involuton)이라는 개념을 가지고 설명한다. 종이를 안쪽으로 계속 말면 어느 정도는 말려들어 가나 어느 한계를 넘으면 더 이상 말리지 않는 것과 같은 이치이다.

그래서 중국 경제는 겉으로 보기에는 약간 성장하는 것 같아도 내실이 없었다는 것이다. 즉, 어느 시점에 가서는 정체하여 위축될 수밖에 없었고 마침내 산업화의 문턱에서 좌절했다는 것이다. 그것이 근대에 들어와 중국 경제와 유럽 경제 사이에 결정적 차이가 생겨난 이유라는 설명이다.

그러나 최근에 이루어지고 있는 아시아 경제에 대한 재평가는 이런 과거의 주장을 불식시키고 있다. 특히 캘리포니아 학파로 불리는 미국 연구자들이 주목할 만한데 그 가운데에는 『변화된 중국』을 쓴 중국계 학자 R. B. 웡, 『거대한 분기점』을 쓴 케네스 포머런츠, 『리오리엔트』를 쓴 안드레 프랑크 등 많은 사람들이 포함된다.

케네스 포머런츠의 『거대한 분기점』(2001)의 표지.

이 가운데 특히 웡이나 포머런츠 같은 사람들은 일본이나 중국 연구자들의 기존 연구와 함께 원사료를 통해 중국 경제를 재평가하고 있고 그 점에서 강한 설득력을 보여 준다.

이들에 의하면 18세기의 중국은 인구가

엄청났음에도 생태학적 압력은 유럽의 선진 지역보다 덜 받고 있었다. 삼림의 황폐화나 연료의 고갈, 건축재의 부족이라는 점에서 중국이 유럽보다 심각하지 않았다. 또 유럽인들이 인구를 조절한 데 비해 중국인은 그러지 못했다는 전통적인 주장은 잘못된 것으로 밝혀지고 있다. 중국인도 산아제한을 통해 인구 조절을 했다는 것이다.

또 18세기 중국에서 경제가 발전한 양자강 하류 지역의 생활수준이나 소비수준은 지금까지 서양 학자들이 주장해 온 것과는 다르다. 많은 인구에도 불구하고 칼로리 섭취, 설탕, 직물, 가구 등의 소비수준에서 잉글랜드 남부와 같은 유럽의 발전된 지역과 비슷하거나 더 높은 것으로 나타나고 있다.

따라서 이들은, 1800년경까지의 중국 양자강 하류 지역, 일본과 인도의 선진 지역을 영국과 비교해 보면 인구, 임금, 기술, 법적 제도, 신용 등 모든 면에서 유럽과 큰 차이가 나지 않는다고 주장한다.

19세기에 와서 유럽이 산업화를 통해 큰 차이를 만들어 냈지만 그것은 똑

견직물을 생산하는 중국 여인들. 비단은 고대부터 중국의 대표적인 수출품의 하나로 무역 흑자를 가져오는 데 크게 기여했다. 비단은 전통적으로 가내에서 여인들이 생산하여 세금으로 바치기도 했고 수출용으로 수집되기도 했다. 그러나 명대에는 도시에도 큰 작업장들이 들어섰고 여기에서는 남자들이 생산을 떠맡았다.

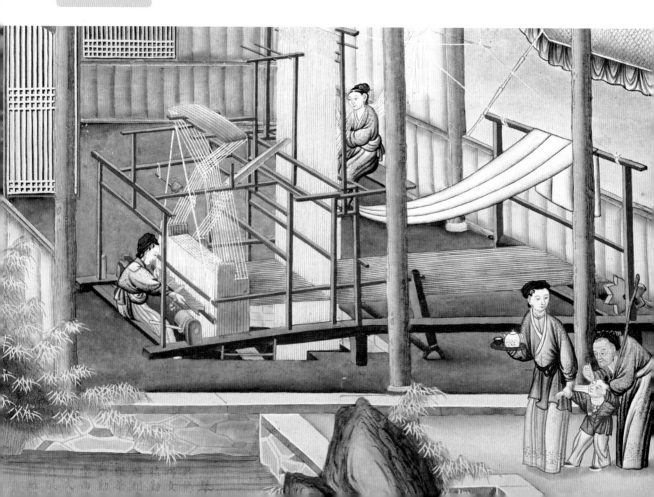

같이 생태학적 위기에 직면한 유럽이 석탄 같은 새로운 에너지원을 쓸 수 있었을 뿐 아니라 식민 착취를 통해 아메리카 등 해외의 막대한 자원을 독점적으로 이용할 수 있었기 때문이라는 것이다.

말하자면 19세기에 나타난 차이는 중국 경제의 쇠퇴 때문이 아니라 유럽 경제 성장의 가속화 때문이고 그것은 특히 영국에서 철과 석탄 자원을 결합하고 아메리카의 자원을 이용함으로써 산업혁명을 일으킬 수 있었기 때문이라는 것이다. 그리고 이것은 전적으로 우연의 결과라는 것이다.

실제로 18세기 이전의 상황을 보면, 1500~1750년 사이에 중국의 인구는 1억 2,500만 명에서 2억 5,000만 명으로 약 100퍼센트 정도 증가한 것으로 추산된다. 같은 시기 잉글랜드 인구가 230만 명에서 370만 명으로 증가한 것보다 증가율이 더 높다. 이는 은이 대량으로 들어와 경제가 크게 활성화되며 경작지가 증가하고 이모작의 도입으로 식량 증산이 이루어졌기 때문으로 보인다.

중국 경제는 명나라가 망하고 청나라가 그 뒤를 잇는 정치적 혼란 때문에 17세기에 잠시 침체했으나 17세기 말에 다시 회복되었다. 양자강 유역에서는 면직물·견직물 산업이 크게 성장했고 그 밖에 자기, 담배, 염료인 인디고, 종이 등의 산업도 발전했다. 특히 광동성 등 남부 지역의 산업은 해외

중국에서 수입한 자기. 중국 자기는 유럽 부유층의 마음을 사로잡아서 근대 초에 대량으로 수입되었다. 이것은 17세기의 어느 네덜란드 화가가 그린 것이다. 유럽에서 자기를 처음 생산한 것은 1710년부터인데 독일 작센 주의 마이센에서 프리드리히 뵈트거가 생산한 마이센 자기가 그 효시이다.

무역의 증가로 크게 자극을 받았다.

이에 따라 농업이 점차 상업화하고 도시화도 빨라졌다. 그리하여 프랑크 같은 사람은 당시에 세계 경제가 여러 중심을 가지고 있었을 수는 있으나 어느 하나가 가장 중요했다면 그것은 유럽이 아니라 중국 경제라고 주장하기까지 한다. 유럽이 아니라 중국이 당시 세계 경제의 '중심'이었다는 것이다.

아시아 경제에 편승한 유럽

일본 경제도 16~17세기에 막대한 은의 생산과 수출로 급격하게 성장했다. 국제 무역이 크게 증대하여 말라카까지 진출했고 중국과는 직접 무역이 불가능했으므로 필리핀의 마닐라와 베트남의 호이안을 거점으로 중개무역을 했다. 국내 산업이 급격히 발전하며 1658년에는 중국으로부터 자기 수입을 중단했을 뿐 아니라 일본에서 생산한 유명한 이마리 자기를 유럽에까지 수출할 정도가 되었다.

경제 발전으로 인구도 급증하여 1500년의 1,600만 명에서 1750년의 3,200만 명으로 증가했다. 경제가 급속히 상업화하고 도시화하며 18세기의 도시

18세기 오사카의 항구 지역. 부두에 창고가 줄지어 들어서 있고, 창고에는 상인들의 문장이 그려져 있다. 바다에는 많은 화물을 싣고 에도로 떠나려는 배들이 보인다.

인구 비율은 중국이나 유럽보다 높다. 이것은 결코 정체되고 폐쇄되어 있는 사회라고는 할 수 없다.

인도도 마찬가지이다. 인도는 무굴제국 성립 이전에도 세계 직물 산업을 지배했었는데 제국의 성립으로 인도가 하나로 통합되며 도시화와 상업화가 크게 진척되었다. 인도의 전체 인구는 1500년의 약 5,400~7,900만에서 1750년에는 약 1억 3,000만 명에서 2억 정도로 크게 증가한 것으로 추산된다. 아그라, 델리, 라호르 같은 도시는 17세기에 인구 수십만의 대도시로 번성했다.

17세기는 인도 해양 무역의 황금기로서 인도는 유럽에 대해 큰 무역 흑자를 냈고 서아시아에 대해서도 약간의 흑자를 냈다. 이는 주로 보다 효율적인 생산으로 가격 경쟁력이 있는 직물과 특산품인 후추 등의 향신료 때문이었다.

그래서 프랑크는 1750년 세계 총생산량은 1,480억 달러인데 그 가운데 세계 인구의 3분의 2인 아시아 인구가 5분의 4를 생산했고 세계 인구의 5분의 1인 유럽인이 아프리카·아메리카인과 함께 나머지 5분의 1을 생산했다고 추산하고 있을 정도이다.

또 16~18세기 동안 유럽은 아시아에 대해 300년간 무역역조를 냈는데 이렇게 막대한 무역역조는 아메리카에서 막대한 양의 은이 유입되지 않았다면 메울 수 없었을 것이다. 아메리카의 은이야말로 유럽 경제를 아시아 경제에 연결시키는 중요한 끈이었던 것이다.

결론적으로 프랑크는 근대 초 유럽에

가장 영향을 준 것은 아메리카의 귀금속이 공급된 것이며 이것 때문에 유럽인들은 이미 잘 확립된 유라시아 경제에 '올라탈 수' 있었다고 주장한다. 유럽인들은 어떤 의미에서도 세계 경제체제나 자본주의를 직접 창조하지는 않았다는 것이다.

이리하여 월러스틴이 주장하는 유럽 세계-체제가 탄생하기 오래전에, 그리고 그것이 나타난 한참 후에도, 실제의 세계 경제는 광범한 노동 분업과 정교한 무역 체계를 갖고 있는 아시아적인 것이었으며, 그 한가운데 중국이 있었다는 것이다. 프랑크가 중국 중심적인 경향을 강하게 보이는 점을 감안한다고 해도 아시아의 이런 상황과 당시 아시아에 대한 유럽의 의존을 고려하면 월러스틴의 세계체제론이 갖는 한계는 분명하다고 하겠다.

당시의 아시아 경제 상황에 대해서는 1776년에 『국부론』을 쓴 애덤 스미스의 관찰이 적절해 보인다. '중국과 이집트, 인도는 세계의 어떤 나라들보다 부유하다. 중국은 유럽의 어느 곳보다도 훨씬 부유한 나라'라는 것이다.

사실 18세기까지, 아시아 경제에 대한 유럽인들의 평가는 매우 높았다. 그것이 달라지는 것은 유럽인들이 산업혁명에 성공한 이후이다. 그러니까 19세기에 와서 아시아에 대한 생각이 달라졌다는 것이다. 스미스의 이야기에 더 귀를 기울여 보자.

"아메리카 발견 후에 유럽의 대부분이 잘살게 되었다. 이는 잉글랜드, 네덜란드, 프랑스, 독일뿐이 아니다. 스웨덴, 덴마크, 러시아까지도 농업과 제조업을 발전시켰다. …… 아메리카의 발견이 가장 중요하다. 새로운 광대한 시장이 생김으로써 새로운 노동 분업, 기술의 발전이 가능했는데 이는 과거의 좁은 시장에서는 불가능한 것이었다. 노동생산성이 높아지고 유럽 모든 나라에서 생산량이 증가했다. 이와 함께 유럽인들은 부유해졌다. 동인도는 아메리카 은의 새로운 시장이었다. 금, 은은 항상, 지금도 그렇지만, 유럽에서 인도로 가져갈 매우 이익이 많이 나는 상품이다. 은이야말로 두 극단의 대륙을 하나로 잇는 주된 상품이다. 이것으로 이 먼 지역이 서로 연결되었다."

『국부론』을 쓴 애덤 스미스. 스코틀랜드 에딘버러 대학의 도덕철학 교수였던 스미스는 당시에 막 시작되고 있던 산업자본주의의 본질을 잘 꿰뚫어 본 인물이다. 『국부론』은 그것을 이론화한 결정체이다. 그는 경제 발전을 위해서는 국가의 간섭을 없애고 시장의 자유방임에 맡겨야 한다고 주장하며 당시 유럽 국가들의 중상주의 정책을 비판했다.

월러스틴 세계체제론의 유럽중심주의 05

　지금까지의 이야기로 월러스틴의 세계체제론이 더 이상 그대로 받아들일 수 없는 많은 한계를 갖고 있다는 것을 알게 되었을 것이다. 유럽 경제에 대한 해석에도 문제가 많으나 아시아 경제에 대한 인식은 더 큰 문제이다.

　최근에 진행되고 있는 아시아 경제, 특히 중국 경제의 재평가는 아직 논란이 지속되고 있기는 하나 근대 세계 경제에 대해 새로운 안목을 열어 주고 있는 것이 사실이며 따라서 월러스틴적인 생각은 수정되어야 할 것으로 생각한다.

　그뿐 아니라 요즈음에는 세계체제론이 하나의 독립된 연구 주제로 발전하며 이미 월러스틴의 틀을 넘어서고 있다. 이 새로운 세계체제론자들은 세계체제를 시간적으로 근대에만, 또 공간적으로도 유럽에만 한정하지 않는다.

　재닛 아부-루고드는 1250~1350년 사이에 중국에서 프랑스에 이르는 아프리카–유라시아의 핵심 지역이 이미 하나의 광대한 교역망으로 연결된 세계체제를 만들었다고 주장한다. 몽골제국이 아시아와 유럽을 직접 잇는 교역망을 만들었기 때문이라는 것이다. 그래서 아시아와 이슬람권, 유럽이라는 세 개의 주된 경제 중심이 무역을 통해 느슨하게 연결되어 있었다는 것이다.

여기에서 더 나아가 세계체제의 시간대를 훨씬 더 확장하는 사람들도 있다. 그래서 5,000년 전부터 아프리카–유라시아의 핵심 지역에서 단일한 세계체계가 지속적으로 발전해 왔다고 주장하는 사람들도 있고, 세계체제가 5,000년 동안에 한 번이 아니라 여러 번 반복적으로 만들어졌다고 주장하는 사람들도 있다. 그리고 전 세계적인 경기 변동을 통해 그것을 증명하려고 하기도 한다.

이런 수장들은 앞으로 더 정밀한 이론적 작업이 뒤따라야 할 것이기는 하나 세계 경제가 근대에 들어오기 훨씬 이전부터 상호 의존해 왔다는 것을 밝히고 있다는 점에서는 중요하다. 모든 것이 근대 유럽에서만 시작한 것이 아니라는 것이다.

근대경제사와 관련해 여기에서 가장 중요한 문제는 바로 자본주의의 문제이다. 자본주의를 어떻게 규정하느냐 하는 것인데 월러스틴은 교환만을 위한 생산으로는 그것이 불가능하다고 생각한다. 생산관계의 변화, 즉 임금노동이 만들어져야 하며 무역만으로는 그것이 불가능하다는 것이다. 그가 맑스주의자인 만큼 그런 생각은 당연해 보인다.

그러나 무역의 중요성을 주장하는 사람도 많다. 부르주아 역사가로 그의 스승이라고 할 수 있는 브로델이 대표적인 인물의 하나이다. 그는 유럽에서의 자본주의의 흥기를 16세기가 아니라 11세기 이후의 상업화 과정과 경제 팽창에서 찾고 있다. 중세도시들도 이익을 내기 위해 노력했고 자본주의는 그런 노력들의 결과물이지 16세기에 와서 새롭게 만들어진 것은 아니라는 것이다.

같은 종속이론가로 출발했으나 지금은 근대 초 아시아 경제의 재평가에 앞장서고 있는 프랑크도 비슷한 생각이다. 상당한 규모로 이루어지는 정규적인 무역이 국제적인 노동 분업을 통해 세계-체제를 만들 수 있다고 생각하는 것이다. 무역과 생산이 분리되지 않는다고 믿기 때문이다. 문제는 무역망과 노동 분업이 얼마나 광범하게 퍼져 있는가 하는 점이다.

맑스주의자들은 기본적으로 토지·노동·자본의 거의 완전한 시장이 형성되고, 임금노동에 의해 만들어지는 잉여가치가 계속 재투자되어야 자본주의가 성숙한 것으로 정의한다. 그러나 자본주의를 이렇게 규정하면 그것을 16~18세기의 유럽에도 적용하기 어렵다.

물론 18세기 말 이후 산업자본주의의 등장으로 유럽 자본주의의 성격이 크게 변화한 것은 사실이다. 그러나 상업자본주의의 발전이라고 하는 점에서 보면 16~18세기에 유럽과 아시아 사이에 별 차이가 없다. 그러므로 자본주의의 기원을 16세기 이후의 유럽에만 한정할 수는 없다고 생각한다.

근대 자연법의 형성과 식민주의

근대 자연법, 어떻게 볼 것인가

자연법의 기원과 중세 자연법

고대 그리스 철학에서 발원한 자연법사상은 지역과 시대에 따라 변하는 실정법과 달리 이 세계에는 모든 사람들에게 공통되는 어떤 자연적 정의나 자연적 법이 존재한다고 믿는 것이다. 이런 생각이 아리스토텔레스에게서 분명히 나타나므로 그를 자연법의 아버지로 부르기도 한다.

헬레니즘적 시대인 기원전 3세기에 제논이 창시했고 로마 시대에 널리 받아들여진 스토아철학이 특히 이 전통을 많이 계승했다. 그래서 키케로, 세네카, 마르쿠스 아우렐리우스 황제 등 스토아철학자들은 우주에 합목적적인 질서가 존재하며 자연법은 이성적 존재인 인간이 이 질서와 조화를 이루어 살게 만드는 수단이라고 믿었다. 그리고 이 자연법을 자발적으로 받아들여 인간에게 행복을 가져오게 하는 것이 바로 여러 가지 사회적 덕(德)이

였다. 자연법 이론은 로마 법학자들 사이에 큰 영향력
이 있었다.

중세 시대에 자연법이라는 생각을 기독교
철학 체계 안에 본격적으로 자리 잡게 만
든 인물은 이탈리아 신학자인 토마스
아퀴나스이다. 그것은 13세기 후반
에 아리스토텔레스의 모든 책들이
번역되며 그리스 철학이 중시하는
인간의 이성이라는 관념을 이제 무시
할 수 없었기 때문이다.

토마스 아퀴나스는 아리스토텔레스 철학을
두려워하고 금기시한 당시의 많은 신학자들과 달리
인간의 이성에 의해 발견된 진리들과 신의 계시에 의한
진리 사이에는 아무 대립도 있을 수 없다고 생각했다. 그래서 두 윤리 체계
를 조화시키려고 시도했다. 그 결과가 바로 그가 죽기 전 해인 1273년에 완
성한 『신학대전』이라는 방대한 저술이다.

마르쿠스 키케로
(기원전 106년~43
년). 로마 공화정
말에 집정관을 지
낸 정치가이자 유
명한 웅변가인 키
케로는 독재권을
수립하려는 카이사
르에게 반대하여 공
화정을 수호하려
했으나 실패한 후
철학 연구에 전념
했다. 그는 그리스
철학을 로마에 소
개하는 데 중요한
역할을 했으며 스
토아철학을 발전시
키는 데 기여했다.
자연법에 대한 생
각은 그의 유명한
『의무론』에서 찾아
볼 수 있다.

따라서 그리스 철학에서 논해지던 자연법 논의도 자연히 그의 신학 체계
속에 포함되지 않을 수 없었다. 그는 법을 영원법, 자연법, 인간법, 신법(神
法), 넷으로 구분했다. 영원법은 시공간을 넘어 영원히 우주를 다스리는 신
의 신성한 이성이 내리는 명령을 말한다. 자연법은 이성적 창조물인 인간이
이 영원법에 참여하는 것을 뜻한다. 그리고 인간의 이성이 만든 법이 인간
법이고, 자연법과 그것에서 비롯한 인간법을 넘어서서 인간의 행위를 감독
하고 지시하는 법이 신법이다.

이렇게 토마스 아퀴나스가 틀을 만든 중세 자연법사상은 15세기까지 유
럽의 기독교 세계를 지배했다. 그리고 그 자연법에서 인간의 이성에게 약간
의 역할이 부여되기는 했으나 결국 신학적 원리에 지배될 수밖에 없었다.
인간의 이성이 결코 독자적인 힘을 가질 수는 없었다.

근대 자연법의 형성

중세적 자연법은 16, 17세기에 오면 시대 변화에 따라 스스로를 변화시키지 않을 수 없었다. 16세기의 종교개혁과 그 후 한 세기 넘게 계속된 종교 전쟁, 또 유럽인이 아메리카나 아시아로 진출하며 부딪히게 된 많은 문제들이 자연법의 변화를 강요했기 때문이다.

그래서 17세기의 자연법 학자들은 신적인 원리보다 스토아학파가 설파하고 있는 인간 이성의 자율성을 강조했다. 인간 이성이 자율적이고 독립적이라고 생각한 것이다. 그리하여 이 원리가 근대 자연법 사상의 기초가 되었다.

이렇게 그들은 자연법의 근거를 신의 절대적인 의지와 같은 초월적인 원리가 아니라 합리적이라고 생각되는 인간의 '이성'에 두었다. 그리고 자연법의 존재를 인간이 사회생활을 하는 데 꼭 필요한 것으로 보이는 사회성이나 편익과 관련지어 설명했다. 인간의 편의를 위해 자연법이 만들어졌다는 것이다.

이런 생각은 16세기의 비토리아에서 불완전한 형태로 시작되어 그로티우스, 홉스, 푸펜도르프, 로크에게로 이어졌다. 또 뒤에 계몽사상가들에 의해 받아들여지며 17, 18세기 유럽 사회, 정치사상의 근본 모티브가 되었다. 그리하여 이 시기에 나타나는 국제법, 사유재산권, 자연 상태, 자연권, 사회계

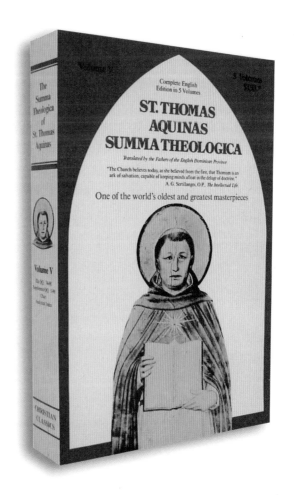

토마스 아퀴나스의 『신학대전(Summa Theologica)』(1265~1273) 현대 영어판 표지. 『신학대전』은 13세기 말 이후 유럽 중세 기독교인의 모든 사유 판단의 기준이 된 중요한 책이다. 이 책은 아리스토텔레스의 철학을 기독교와 결합시키려는 노력이다. 그리스 철학에서 중시하는 인간의 이성적 판단을 기독교적 신의 섭리와 결합시키려 한 것이다. 이 책에서 토마스 아퀴나스는 아리스토텔레스를 아무 수식어 없이 '철학자'라고 부를 정도로 그에 대한 깊은 존경심을 보여 준다. 유럽 근대 초의 자연법 논의는 모두 토마스 아퀴나스가 『신학대전』에서 다룬 법의 논의를 축으로 전개되었다.

약론, 인민의 저항권 등의 이론들은 모두 자연법에서 비롯되었다. 자연법이 계몽사상의 핵심일 뿐 아니라 근대 서양 사상의 본질적인 부분이 된 것이다.

그것은 또 그 시대 미국의 독립전쟁이나 프랑스혁명에도 큰 영향을 줌으로써 근대사의 진행 과정에도 직접적 영향을 미쳤다. 따라서 자연법의 바른 이해는 유럽 근대사상의 성격을 제대로 이해하기 위한 선결 작업이라고 할 수 있다.

자연법의 이해와 유럽중심주의

서양 학자들은 지금까지 자연법을 대체로 인간의 보편적인 이성에 근거한 합리적인 사상 체계로 이해해 왔다. 근대인들을 맹목적이고 기독교적인 중세적 도덕률에서 해방시켜 이성에 근거한 합리적인 도덕철학 위에 서게 했다고 믿은 것이다. 따라서 그에 대해 대체로 긍정적이고 찬미하는 태도를 보인다.

물론 서양 사람들의 이런 태도는 충분히 이해할 수 있다. 그것은 그들이 자연법을 유럽의 사상사적 전통과 근대 초 유럽 내부의 정치, 사회, 경제와의 관련에만 중점을 두고 접근하기 때문이다. 즉, 유럽적 관련에서만 자연법을 바라보는 것이다. 그렇게 보면 자연법은 유럽인들의 탁월한 문화적 성취 가운데 하나로 볼 수 있다.

그러나 근대 자연법의 형성 과정에는 그렇게 볼 수 없는 다른 중요한 측면이 있다. 자연법의 발전이 근대 초 유럽인들의 식민주의적 열망과 직접적인 관련을 맺고 있기 때문이다. 근대 자연법의 발전이 애초에 식민주의에서 제기되는 문제들을 해결하기 위한 이론적 작업에서 많은 자극을 받았다는 것이다.

그럼에도 서양 학자들은 이런 면을 별로 중요하게 생각하지 않았다. 그런 것이 자연법 형성에서 본질적인 부분이 아니고 단지 사소하고 부수적인 면이라고 생각한다. 그러나 근대 자연법에 미친 식민주의의 매우 큰 영향을 생각한다면 이런 태도는 상당 부분 잘못된 것이다.

그리고 그것은 서양 학자들의 유럽중심주의적 생각에서 비롯된 것이다. 식민주의와의 관련성을 차단함으로써 그들이 찬양하는 자연법의 보편적인 의미를 훼손하지 않으려는 것이다. 그러나 이런 식으로 자연법을 바로 이해하기 어려운 것은 말할 것도 없다.

근대 자연법의 형성 과정에서 매우 중요한 역할을 한 비토리아, 그로티우스, 푸펜도르프, 로크의 자연법사상과 식민주의와의 관련을 검토함으로써 근대 자연법에 대해 보다 객관적으로 접근해 보자.

스페인의 아메리카 정복과 비토리아

02

아메리카 정복의 정당성 문제

15세기 말에 시작된 스페인인의 아메리카 정복과 식민화는 매우 쉽게 이루어졌다. 토착 제국들과 정치체들이 급속히 무너졌기 때문이다. 그러나 아메리카의 정복과 지배는 당시 스페인 사람들에게 지적인 면에서 큰 문제를 만들어냈다. 아메리카에 대한 스페인 왕의 지배권(imperium)과 재산권(dominium)을 어떻게 정당화하느냐 하는 것이었다.

16세기 초에는 교황 알렉산데르 6세의 칙서가 그 근거가 되었다. 1493년에 교황이 이사벨라와 페르디난드 공동왕에게 대서양에서 새로 발견되는 땅에 대해, 그것이 어느 기독교 군주에 의해 점유되어 있지 않은 한, 지배권을 주었기 때문이다. 그리고 교황의 이런 행위는 교황이 기독교인과 이교도들 모두에 대해 세속적인 권위를 갖고 있다는 가정 위에 서 있었다. 그러나

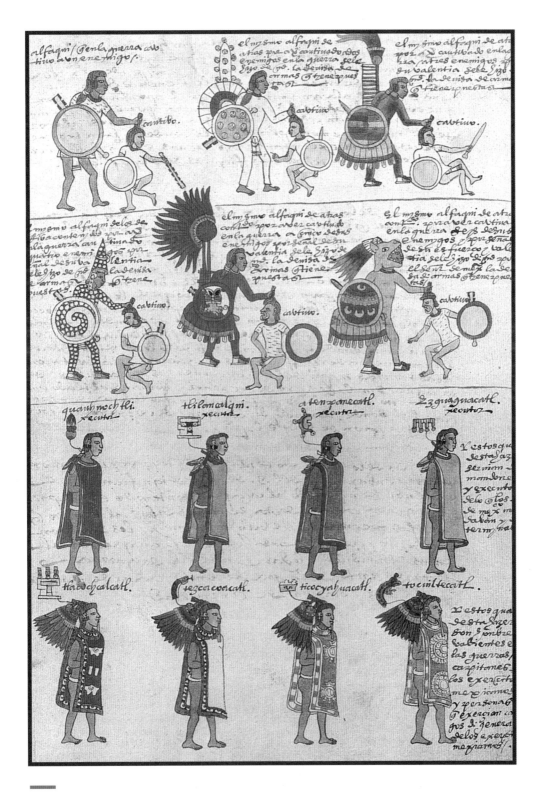

아스텍인 전사들의 복장. 아스텍제국은 군사화된 사회로, 전사들은 집단에 따라 복장이 달랐다. 이들은 희생으로 바칠 적을 얼마나 잡느냐에 따라 계급이 올라갔고 존경을 받았다. 머리카락을 잡힌, 작게 그려진 사람들은 포로로 잡힌 적군의 모습이다. 유럽인들과는 전혀 다른 이들 아메리카 원주민과 그 국가·사회를 어떻게 이해할 것인가는 16세기 스페인들에게 매우 어려운 과제였다.

이런 가정은 중세 자연법에 기초를 두고 있지 않았으므로 신학자들이나 법률가들이 쉽게 받아들일 수 없었다.

이 문제를 해결하기 위해 1504년에 페르디난드 왕이 회의를 소집했다. 여기에 모인 법학자, 신학자, 교회법학자들은 아메리카 원주민인 인디오가 왕에게 속하며 그것은 인간법이나 신법에 합치된다는 결론을 내림으로써 왕의 지배권에 정당성을 부여했다.

1511년에 새로운 상황이 벌어졌다. 이 시기에 카리브 해의 이스파뇰라 섬에서 선교를 하던 도미니쿠스파의 몬테시노스 신부가 설교를 통해 원주민에 대한 스페인 식민자들의 잔인하고 부당한 행위들을 공격했기 때문이다. 그는 식민자들이 태도를 바꾸지 않으면 "그들은 무어인이나 튀르크인과 마찬가지로 구원받지 못할 것"이라고 강경하게 성토했다.

이 사건이 서인도 제도뿐 아니라 본국에까지 파장을 일으키며 국왕의 지

배권 문제에 대한 논의를 다시 불러일으켰다. 그러나 그해에 부르고스에서 열린 회의에서는 다시 한 번 스페인 왕이 아메리카에 대한 지배권과 재산권을 갖고 있다는 결론을 내렸다. 그런 결론을 내린 논거는 무엇일까?

이 회의는 로마법에 근거하여 원주민들의 재산권을 부정했다. 원주민들이 적법한 사회를 구성하지 못했기 때문이라는 것이다. 로마 법학자들에 의하면 사회란 재산에 기초해 있는 것이고 재산 관계가 진정한 시민 사이의 모든 교환의 기초였다. 따라서 그러한 시민 공동체를 갖고 있지 않은 사회는 그들의 땅을 빼앗으려는 침략자에 대해 재산권을 주장할 수 없다는 것이다. 그들이 사는 땅은 그들의 땅이 아니라 그들이 우연히 살게 된 누구에게나 개방된 공간이라는 것이다.

이런 주장은 서인도 제도 같이 문화적으로 뒤떨어진 곳에는 적용할 수 있었다. 그러나 아스텍이나 잉카 지역에는 불가능했다. 이들 나라가 정치 공동체를 갖고 있고 그 땅을 지배하고 잘 관리하고 있다는 것은 유럽인들도 분명히 확인할 수 있는 사실이었기 때문이다.

그래서 1530년대에 정복의 정당성 문제가 다시 대학을 중심으로 제기되었다. 그리고 이

바르톨로메오 데 라스 카사스(1474~1566). 몬테시노스 신부가 스페인인의 악행을 고발했으나 그 점에서 더 유명한 인물은 같은 도미니쿠스파 선교사인 라스 카사스이다. 그는 오늘날 멕시코 남부 치아파스의 주교로서 죽을 때까지 원주민의 권리를 위해 치열하게 싸웠고 그래서 '인디오의 보호자'라는 명칭을 얻었다. 그러나 당시 거의 대부분의 스페인들은 이런 사람들의 인간적인 주장을 받아들이지 않았다. 식민지 착취가 더 중요했기 때문이다.

문제에 대해 가장 유명하고 강력한 논리를 제공한 사람이 살라망카 대학의 신학부 교수인 프란시스코 데 비토리아(1486~1546)였다.

정복의 정당성과 신법

비토리아는 도미니쿠스파 신부로서 1511~1523년 사이에 파리 대학에서 신학을 공부한 인물이다. 학문적으로 매우 유능한 인물로 파리 대학에서는 토마스 아퀴나스의 『신학대전』을 편집하는 일에 참여했고 귀국해서도 제자들에게 주로 『신학대전』을 교과서로 하여 가르쳤다. 말하자면 전형적인 스콜라철학자로서 16세기 스페인의 유명한 살라망카 학파의 창시자이다.

스콜라철학자들은 재산권이란 그것이 사회를 구성하건 하지 않건 모든 사람에게 자연적으로 주어지는 것이라고 믿었다. 따라서 사회를 구성하는 사람들에게만 재산권이 배타적으로 주어진다고 하는 부르고스 회의의 결론은 비토리아에게는 불충분해 보였다. 아메리카의 정복은 원주민들이 이 자연권을 그 자신들이 한 행위에 의해 잃어버렸다는 것을 증명해야 정당화될 수 있었던 것이다.

그는 스페인인들이 아메리카의 토지를 원주민들에게서 빼앗는 근거를 파고들어 갔는데 이 야만인들은 유럽의 인간법이나 그 지배자 밑에 있지 않았다. 따라서 유럽의 실정법에 의해 판단할 수는 없었고 신법(神法)에 의해 판단되어야 했다.

그들은 기독교적 입장에서는 많은 죄를 짓고 있고 이단적인 믿음을 갖고 있었다. 그러나 그것이 그들의 주권이나 재산권을 부인하는 사유가 될 수는 없었다. 기독교적 사회만이 아니라 자연 상태에 사는 사람들도 이에 대한 자연권을 갖고 있다고 생각되었기 때문이다.

또 이들이 이성을 갖고 있지 않기 때문에 정복되어도 좋다는 생각도 받아들이기 어려웠다. 그들도 교육을 잘 받지 못해서 그렇지 그 나름으로 이성을 갖고 있었기 때문이다. 그것은 도시를 건설하고, 결혼을 하며, 지배자나 관리가 법에 따라 통치를 하고, 수공업·상업 등 '이성의 사용'을 필요로 하는 행위들을 하는 것을 보면 그렇다.

또 그는 원주민들이 기독교 선교를 거부한다고 해서 그것이 정복의 근거가 될 수는 없다고 생각했다. 어떤 유럽의 군주나 교황도 지구 전체에 대한 세속적인 지배권을 주장할 수는 없기 때문이었다. 따라서 원주민들이 자신들이 싫어하는 것을 거부했다고 해서 공격을 받을 수는 없었다.

원주민의 집에 무단 침입하여 딸을 납치한 후 식민지 관리와 신부가 차례로 강간하고 있다. 오른쪽이 신부. 잉카인인 구아만 포마는 스페인인의 식민 통치를 고발하는 책을 써서 1615년 2월에 스페인 왕 펠리페 3세에게 바치고 읽어 줄 것을 요청했다. 이 그림은 그 책의 삽화 가운데 하나로 포마가 직접 그린 것이다.

또 그들이 기독교인들이 보기에 성적으로 지나치게 자유로운 행위들을 하든가 사람 고기를 먹는 카니발리즘을 통해 중세 자연법을 위반했다 해서 그들을 강제할 근거도 없었다. 따라서 비토리아는 유감스럽지만 스페인인은 그들이 아메리카에서 하는 일에 대한 도덕적 정당성을 갖지 못한다는 결론을 내렸다. 신법의 입장에서 볼 때도 스페인인들은 식민지 정복의 아무런 권리를 주장할 수 없다는 것이었다.

만민법과 교통의 자유

　이렇게 신법으로도 아메리카 정복의 정당성을 주장할 수 없었으므로 비토리아는 다른 방법을 생각해 냈다. 로마 시대의 만민법(*ius gentium*)을 끌어들인 것이다. 만민법은 로마 시대에 그 영토 안에 사는 수많은 종족들 사이의 관계를 잘 조정하기 위해 만들어진 것인데 그는 모든 국가 사이에는 만민법이 작용한다고 믿은 것이다. 그는 만민법을 자연법이거나 또는 자연법에서 비롯하는 것이라고 생각했다.

　그리하여 그는 만민법의 개념을 바탕으로, 신화를 포함한 고대의 많은 글들을 인용하며, '사회와 자연적 교통의 권리'라는 원리를 만들어 냈다. 그리고 그것이 기독교보다 더 보편적인 것으로 유럽인과 아메리카 원주민을 아

인육을 먹는 아메리카 여인들. 카니발리즘을 과장한 테오도르 드 브리의 그림(1592). '사람을 잡아먹음'을 뜻하는 카니발리즘은 콜럼버스 이래 아메리카인의 야만성과 비인간성에 대한 증명으로 그들에 대한 억압을 정당화했다. 마치 현장에서 그 광경을 목격하고 그린 것 같은 이런 그림들은 카니발리즘 신화를 증폭시키는 데 기여했다. 그러나 식민주의가 끝난 20세기 후반에 들어와서 대부분의 인류학자들은 카니발리즘의 존재를 부인하고 있다.

7장_ 근대 자연법의 형성과 식민주의

우를 수 있는 원리라고 주장했다.

이 원리에 따르면 바다나 해안, 항구는 시민으로서의 생존을 위해 필요한 것이며 모든 사람에게 공동으로 속하는 것으로 사유재산에서는 벗어나 있다. 따라서 그는 어떤 해안이 누구에게 속하든 상관없이 누구나 거기에 들어갈 수 있는 법적 권리가 있다고 주장했다. 그것이 서로에게 도움을 가져다주기 때문이라는 것이다. 이것이 로마의 전설적 시조인 아이네이아스가 자신이 라티움 해안에 정박하려는 것을 거부한 라티움 왕을 '야만인'이라고 부른 이유라는 것이다.

이렇게 그는 옛날 이야기에서 선례를 만들며 여행과 방문, 교역, 정착, 광산 채굴의 보편적인 권리를 끌어냈다. 그리고 이런 권리가 정중한 요청에도 불구하고 부인될 때는 전쟁을 할 수도 있었다. 어떤 사람이 자신의 권리를

인간을 희생으로 바치는 아스텍인의 제식. 중남미 많은 종족 사람들이 인간을 희생으로 바쳤다. 그러나 아스텍 사람들은 정치적·종교적 이유 때문에 그 관행을 크게 팽창시켰다. 이 그림은 아스텍 사제가 칼로 희생자의 가슴을 열어 심장을 꺼내고 시체를 피라미드 계단 밑으로 던져 버리는 모습을 보여준다.

지키기 위해 하는 전쟁은 정당성을 갖기 때문이었다.

당연히 교역을 막아서는 안 되었다. 그것이 유무상통(有無相通)을 통해 서로 도움이 되기 때문이다. 만약 원주민들이 내륙으로의 여행을 막고 복음을 전하는 것을 금지한다면 이제 스페인인들은 그들을 정복할 권리를 갖는다. 또 인간을 희생시키는 제사나 카니발리즘을 강제로 막는 것도 이제는 합법적이 될 수 있었다. 서로에게 도움이 되는 일을 막아서는 안 되기 때문이었다.

이렇게 비토리아는 기독교가 정당화할 수 없는 정복 행위를 자연법이 대신하게 만들었다. 그리고 로마법에 근원을 가지며 주의 깊게 고안된 이 보편적 원리는, 원주민들에 대한 정복과 착취를 정당화하기 위해 후대에 무한히 확장될 수 있었다.

1539년부터 본격화된 이 논리는 곧 지배적인 이론으로 받아들여지며 이후 스페인 식민주의의 중요한 이데올로기가 되었다. 이는 다른 식민 국가들에게도 유용한 이론이었다. 네덜란드나 잉글랜드를 포함하여 많은 나라 사람들이 이 이론을 열렬히 환영한 이유이다.

그러나 인간은 원래 어울려 살려는 본성이 있고 동료애가 있다는 가정 위에 서 있는 이 원리가 아메리카에 적용되었을 때 그 결과는 참으로 역설적이다. 그 명목 아래 아스텍 여인들이 개의 먹이로 던져졌고 아메리카의 전체 문화가 파괴되었던 것이다.

그로티우스의 '바다의 자유'와 푸펜도르프 03

그로티우스와 '바다의 자유'

네덜란드 사람인 휴고 그로티우스(1583~1645)는 근대 자연법의 창시자이자 국제법의 아버지로 널리 알려진 인물이다. 그가 1609년에 「자유로운 바다(Mare liberum)」라는 글을 통해 바다의 자유를 주장했고 1625년의 『전쟁과 평화의 법』이라는 책을 통해 국제법의 원리를 만들었으며 그것을 자연법 위에 세웠다는 것이다. 그래서 그의 사상은 보통 평화롭고 공정한 국제관계를 만들려고 한 시도로 오해되고 있다.

그러나 그가 바다의 자유를 주장한 것은 공정한 국제법을 위해서가 아니다. 17세기 초는 네덜란드가 동인도회사를 만드는 등 아시아 무역을 위해 매우 애쓰던 시기이다. 따라서 이때 토르데시야스 조약을 내세우며 아시아바다의 독점권을 주장하던 포르투갈의 논리를 분쇄할 필요가 있었던 것이

다. 말하자면 그의 노력은 네덜란드의 상업적, 나아가 식민주의적 이해관계
에서 출발한 것이다.

그는 인간은 신에게서 이성과 자유의지를 물려받았으므로 기본적으로 이
성적인 존재이며 도덕적인 자유를 누린다고 생각했다. 따라서 자신들의 편
익을 위해 자연법을 만들 수 있다고 믿었다. 기독교적인 고려는 상당히 약
화되어 있다. 그래서 그의 자연법을 근대 자연법의 시작으로 보는 것이다.

그가 자연법을 만들기 위해 인간의 사회적 본능에서 끌어낸 것은 다섯 개
의 기본적인 원리이다. 그것은 1) 다른 사람의 재산에 대한 존중. 2) 부당하
게 뺏은 재산을 돌려줄 의무. 3) 잘한 일을 명예롭게 해주기. 4) 손해에 대해
배상해 줄 의무. 5) 자연법을 공격하는 행위에 대한 처벌이다.

이 원리들을 보면 그의 사상에서 재산권이 중심적인 위치를 차지한다는
것은 누구에게도 분명하다. 그러므로 그가 '자유로운 바다'에 대한 주장을

기본적으로 재산권 위에 세운 것은 하등 이상한 일이 아니다.

그러나 이런 생각은 그의 독창적인 것이 아니다. 비토리아와 함께, 역시 살라망카 학파에 속하는 페르디난도 바스케스의 영향을 강하게 받았기 때문이다. 그는 자신의 글에서 두 사람의 이름을 수십 번씩 거론한다.

특히 비토리아의 영향은 절대적이다. 논리의 큰 틀이 같으며 아이네이아스를 포함한 고대의 터무니없는 글들에서 자기 논리의 근거를 끌어대는 방식도 똑같다. 다만 두 사람의 논리를 더 정교하게 다듬고 그것을 네덜란드의 식민주의적 이익을 위해 재구축했을 뿐이다.

그는 재산을 동산과 부동산으로 구분했는데 동산은 그것을 직접 신체적으로 취함으로써 소유할 수 있다. 몸을 움직여 자기 것으로 만들 수 있는 것이다. 그러나 부동산은 그렇게 할 수 없으므로 그것을 소유하기 위해서는 어떤 형태의 울타리치기가 필요하다. 울타리치기를 통한 점유와 시효(時效)에 의해서만 재산권의 주장이 가능하다. 점유만 해서는 안 되고 상당 기간 그 상태를 유지해야 한다는 것이다.

땅에서는 그것이 가능하다. 그러나 바다는 깊어서 울타리를 칠 수 없다. 당연히 바다를 개인적으로 점유하는 것은 불가능하다. 공유될 수밖에 없다. 그러므로 누구나 바다를

휴고 그로티우스. 그로티우스는 11세에 라이덴 대학에 입학하여 15세에 졸업한 조숙한 수재였다. 1598년에 그를 접견한 프랑스 왕 앙리 4세가 그를 '네덜란드의 기적'이라고 불렀을 정도이다. 그가 변호사로서 국제적 법률 분쟁에 개입한 것은 21세 때인 1604년으로, 네덜란드 동인도회사가 싱가포르 해협에서 포르투갈 선박인 산타 카타리나호와 그 화물을 포획한 사건 때문이다. 그는 이 사건과 관련하여 네덜란드인들의 행위를 정당화했는데 그 이론적 결과물이 1605년에 나온 책인 『나포의 권리』(De Jure Praedae)이다. 「자유로운 바다」는 원래 이 책의 한 장으로 쓴 것이다.

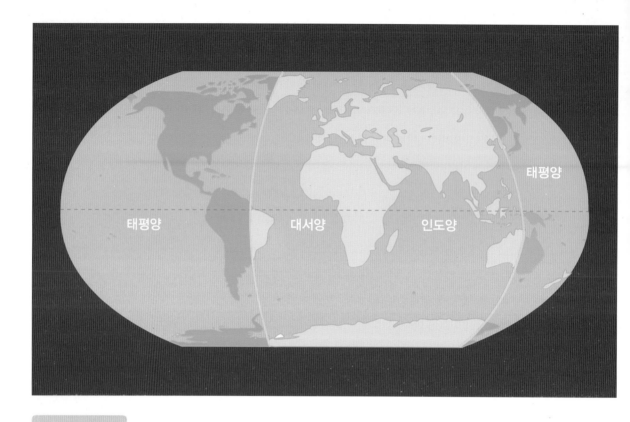

태평양

태평양

대서양

인도양

토르데시야스 조약에 의해서 만들어진 스페인과 포르투갈 지배권의 경계선. 연두색 부분이 포르투갈 세력권, 초록색 부분이 스페인 세력권이다. 두 나라가 제멋대로 세력권을 나눈 것이다. 이에 따라 남아메리카에서 유일하게 브라질만이 포르투갈의 식민지가 되었다.

자유롭게 항해하고 다른 나라와 교역할 권리를 갖는다는 것이다. 이런 주장을 통해 그가 「자유로운 바다」에서 하고 있는 이야기는 네 가지이다.

1) 동인도는 모든 나라에게 열려 있다.
2) 이교도들은 그들이 단지 이교도라는 이유만으로 그들의 공유재산이나 사유재산권을 박탈당할 수는 없다.
3) 바다 자체나 항해의 자유는 점령이나 교황의 수여, 시효나 관습 등에 의해 어느 한쪽이 독점적으로 갖는 권리가 될 수 없다.
4) 다른 국가와 교역을 하는 권리는 어떤 이유에서건 특정한 한 나라의 독점적인 권리가 될 수 없다.

이런 이야기는 식민지에 대한 정복자로서의 권리나, 교황의 수여에 의한 권리를 주장하는 포르투갈의 배타적 권리를 부인하는 것이다. 또 신은 자급

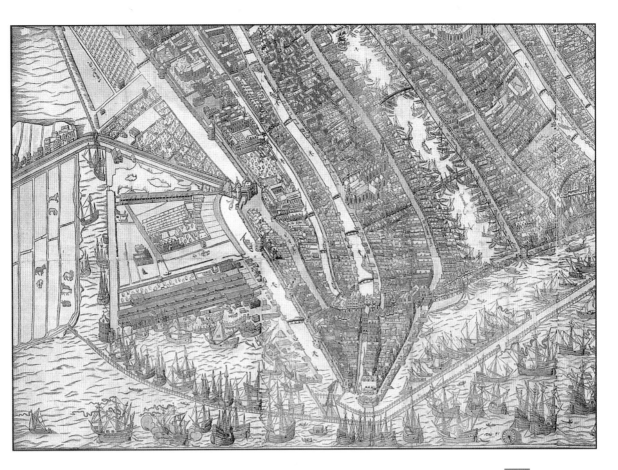

자족이 가져오는 해로운 결과를 원하지 않으므로 상업을 통한 교환과 그것을 진흥시키기 위한 수단은 누구에게나 열려 있어야 한다는 것이다. 그러므로 그는 포르투갈이 이런 자연법적 원리를 침해할 때 네덜란드가 전쟁을 선포하는 일은 정당화될 수 있다고 주장했다.

　그렇다고 그의 이러한 주장이 일관된 것은 아니다. 나중에 잉글랜드가 네덜란드의 상업적 이익에 도전했을 때에는 이와는 달리 '폐쇄된 바다'를 주장했다. 자격 없는 자들이 제멋대로 무역에 참여해서는 안 된다는 것이다. 이렇게 그의 주장은 객관적인 원리에 의존하기보다는 네덜란드의 이익과 밀착되어 있다.

많은 범선으로 북적이는 네덜란드의 암스테르담 시(1544년). 전성기인 17세기의 암스테르담은 유럽에서 가장 부유한 도시의 하나였다. 이것은 네덜란드 상인들이 흑해, 아프리카, 북아메리카, 브라질, 인도, 인도네시아 등지를 연결하는 국제적인 네트워크를 형성했기 때문이다. 암스테르담에서는 1602년에 세계 최초의 주식시장이 열렸는데 이것은 네덜란드 동인도회사가 자사 사무실에서 회사 주식을 매매토록 함으로써 시작된 것이다.

그로티우스와 식민주의적 열망

그는 또 아메리카에서의 식민지 확보를 위해서도 같은 원리를 내세웠다. 토지는 신이 인간에게 공유로 수여한 것인데 그것을 어떤 사람이 자신의 개인적 소유로 하려면 울타리를 칠 뿐 아니라 그것을 경작해야 한다는 것이다. 따라서 땅에 대한 재산권은 직접 경작을 하는 개인만이 가질 수 있었다.

이런 논리로 그는 경작을 하지 않는 아메리카 원주민 땅의 침탈을 정당화했다. 반면 유럽에도 많이 널려 있는 빈 땅에 대해서는 그런 주장을 하지 않았다. 유럽의 땅은 모두 누군가의 재산권 아래 있다는 것이다.

또 그는 어떤 땅의 재산권은 그것을 경작하는 '개인'에게만 속한다고 주장했다. 그러나 그것이 곧 땅을 직접 경작할 개인들에게 분배될 예정일 경우에는 국가가 어떤 토지에 대해 권리를 갖는 것도 가능하다고 보았다. 이 주장은 다른 유럽 국가가 이미 확보한 식민지를 빼앗기 위한 논리로 만들어진 것이다.

그러므로 그로티우스의 자연법 사상에서 식민주의에 대한 고려는

북아메리카 동해안의 원주민 마을. 원주민들의 농경 생활을 보여 주고 있다. 존 화이트의 그림(1580년대). 영국인들은 1585년에 북아메리카 버지니아의 로아노케에 처음 식민지를 만들었다. 그러나 이 시도는 몇 년이 안 되어 실패로 끝났다. 이 그림은 당시에 화가로 잠시 로아노케 식민지의 행정관으로 있던 화가인 존 화이트가 그린 것으로 원주민들의 생활상을 잘 알 수 있게 해준다.

본질적인 것이라고 할 수 있다. 그는 '바다의 자유'라는 원리로 인도양이나 아메리카에 도달할 수 있는 자유를 주장함으로써 기득권을 가진 다른 나라들의 권리 주장을 부인했고, 재산권 이론으로 식민지 토지의 침탈을 정당화한 것이다.

그의 이런 태도는 그가 귀족주의적이고 제국주의적인 네덜란드 공화국의 열렬한 지지자로서 포르투갈이나 잉글랜드와의 교섭에서 네덜란드의 상업적 이익을 지키기 위해 애쓴 외교관으로서의 경력에서도 잘 알 수 있다. 자연법이나 국제법에 대한 이론적 구성은 그 결과물일 뿐이다.

그런 의미에서 그가 주장하는 평등하고 공정한 국제법은 유럽 내에서의 네덜란드의 이익을 위한 것일 뿐 아니라 아메리카 원주민을 포함한 비유럽인의 권리를 존중하지 않는 매우 제한된 정의를 보여 주는 것이다.

푸펜도르프의 자연법

그로티우스의 제자로 자연법을 발전시키는 데 크게 기여한 인물이 자무엘 푸펜도르프(1632~1694)이다. 그는 독일 태생으로 하이델베르크 대학 교수를 하다가 나중에는 스웨덴에서 활동했다. 그가 1672년에 쓴 『자연법과 국제법(De jure naturae et gentium)』은 로크가 "이 종류의 가장 훌륭한 책"이라고 평가한 것이다. 이 책을 통해 푸펜도르프는 로크에게 가장 큰 영향을 주었다.

그는 자연법을 논할 때 그로티우스나 로크와는 좀 다른 태도를 보인다. 독일이나 스웨덴은 스페인·네덜란드·잉글랜드와 달리 당시 식민지 문제에 직접 관련되지 않았기 때문이다. 그러므로 두 사람과 달리 이교도와 기독교인들에게 다 같이 보편적으로 적용될 수 있는 자연법을 만들기를 바랐다. 그가 자연법을 재산권이 아니라 도덕적인 맥락에서 검토한 이유이다.

그는 자연 상태를 원시 시대에나 있었던 것으로 생각했으므로 아메리카

나 다른 비유럽 세계를 자연 상태로 보지는 않았다. 또 아메리카 원주민을 원자화한 자연인으로 보지도 않았다. 아메리카인들도 종족이나 국가를 구성하고 있다고 본 것이다. 따라서 그들도 유럽 국가들의 구성원이나 마찬가지 대접을 받아야 한다고 생각했다.

또 그는 자연 상태를 전쟁 상태로 본 토머스 홉스와는 달리 평화 상태로 보았다. 그 안에서 사람들이 보편적이고 영구적인 자연법에 의해 다른 사람들과 사교를 하며 인간의 본성과 목적에 맞추어 평화롭게 살 수 있을 것이라고 생각한 것이다.

재산권에 있어서도 그는 신이 인간에게 공동으로 이 세계를 주었다고 믿었으나 그것을 소유권이라는 적극적인 형태로 생각하지는 않고 소극적으로 해석했다. 따라서 그것은 모든 사람이 공동으로 소유하는 것도, 또 어느 개인이 사유화할 수 있는 것도 아니었다. 대신 누구나 사용할 수 있는 것으로 보았다.

따라서 나중에 로크가 개인적인 점유를 뜻하는 전유(專有 : appropriation)를 하지 않고는 어떤 것도 사용할 수 없다고 주장한 것과 달리, 사용(使用)이 전유에 앞선다고 주장한다. 사용권이야말로 신이 인간에게 준 선물이라는 것이다.

또 그는 아메리카에서의 스페인인의 여행과 무역의 자유를 정당화하는 비토리아의 논리를 공격하는 가운데 식민주의의 침략성을 고발하고 있다. 유럽인이 원주민의 땅에서 여행할 자유를 갖는 것은 단지 폭풍에 밀려왔을 때나 순수하게 손님으로 해안에 도착했을 때뿐이라는 것이다. 이 경우는 환대를 받아야 하나 그럼에도 필요한 단기간만 머물러야 하고 장기간 머무를 때는 그들의 동기를 살펴야 한다고 생각했다.

리오 그란데 강 계곡에
살던 푸에블로 인디언의
하지 축제(1899년). 푸에
블로 인디언은 미국 남부
의 뉴멕시코와 애리조나
주에 걸쳐 거주하던 원주
민이다. 이들은 석조나
흙벽돌로 집을 짓고 정착
생활을 했다.

　　이것은 교역의 경우도 마찬가지이다. 유럽인들은 아메리카에서 원하는
누구나와, 또 무엇이든지 교역할 자유를 주장하나 그때도 동기를 살필 필요
가 있다고 생각했다. 그들이 정의와 관용을 가지고 그렇게 하지 않을지도
모르기 때문이라는 것이다.

　　그렇다고 그가 당시의 다른 사람들과 완전히 동떨어진 생각을 한 것은 아

푸펜도르프의 주저인 『자연법과 국제법』(1672) 표지. 이 책의 요약본이 바로 많이 읽히는 『인간과 시민의 의무에 대하여(De officio hominis et civis)』(1675)이다.

니다. 그도 국가로부터 특허권을 수여받은 동인도회사 같은 특허 회사들의 교역 독점권을 자연법에 속하는 것으로 믿었다. 또 필요한 경우 식민지도 만들 수 있다고 생각했다. 유럽의 굶주리고 쓸모없고 반역적인 사람들을 추방하기 위해서는 식민지가 필요하다는 것이었다.

그럼에도 그의 생각이 그로티우스나 로크와 매우 다른 모습을 보이는 것은 그가 식민주의적인 고려를 덜 했기 때문이다. 그러나 후대에 로크와 같은 사람의 영향력이 훨씬 더 컸으므로 상대적으로 온건하고 합리적인 그의 주장은 잊혀지고 말았다.

당대의 뛰어난 명성에도 불구하고 그의 이름이 얼마 안 가 잊혀진 것은 그 자신에게도 그렇지만, 자연법의 발전이라는 측면에서도 불행한 일이었다.

존 로크와 식민주의

04

존 로크와 아메리카

존 로크(1632~1704)는 보통 1688년에 일어난 영국 명예혁명의 사상가로 알려져 있다. 그의 『시민정부 2론』이 군주에 대한 잉글랜드 의회의 우월을 확인한 명예혁명을 정당화하기 위해 씌어졌다고 믿기 때문이다. 그래서 그는 서양에서 의회민주주의 확립에 큰 공헌을 한 인물로 생각된다. 서양 근대 정치사상에서 그를 가장 중요한 인물 가운데 하나로 집어넣는 이유이다. 우리나라에서도 대체로 그렇게 가르친다.

물론 그가 생명·자유·재산에 대한 권리 같은 자연권이나 사회계약설, 인민의 저항권을 주장함으로써 근대 자유주의 사상의 선구자가 되었고, 입헌군주제가 만들어지는 데 이론적으로 크게 기여한 것은 사실이다. 또 18세기 계몽사상의 중요한 선구자 가운데 한 사람이기도 하다. 그 점에서는 논

존 로크. 영국 브리스톨 근교의 평범한 청교도 집안에서 태어난 로크는 재능을 인정받아 옥스퍼드 대학에서 신학과 의학을 공부했고 1674년에 의학 사가 되었다. 의학 공부와 그로 인한 교우 관계는 그가 경험론 철학을 발전 시키는 데 큰 영향을 주었다. 1666년에 정계의 실력자로 휘그 운동의 창 시자인 샤프츠버리 백작 1세의 주치의가 됨으로써 휘그 세력과 깊은 관련을 맺게 되었다. 1689년에 출판한 『시민정부 2론』 은 그 연장선상에 있는 것이다.

란의 여지가 없다.

그러나 그것은 어디까지나 서양 사람들의 입장에서 하는 이야기이다. 비서양인의 입장에서는 달리 볼 필요가 있다. 그의 자연법사상이 아메리카 식민지와 밀접한 관련을 갖고 발전했기 때문이다.

의사의 조수로서 옥스퍼드 대학에서 일하던 로크는 1666년에 당시 잉글랜드 정계의 실력자 가운데 한 사람인 샤프츠버리 백작 1세와 알게 되고 그 후 그의 주치의이자 비서로서 일했다. 그 인연으로 1671년에는 백작이 북아메리카의 캐롤라이나 식민지에 갖고 있던 영지의 관리를 맡게 되었다. 그래서 한동안 캐롤라이나에 거주하면서 북아메리카 상황에 대해 많은 경험과 지식을 갖게 되었다. 또 1673년에는 정부의 '무역과 플랜테이션위원회'에서 비서로 일할 수 있었다.

이 시기는 북아메리카 동해안의 잉글랜드 식민지가 확장되며 원주민과의 갈등도 점점 커져 가고 있던 때이다. 식민자들이 울타리를 치고 농장을 확대하자, 주로 사냥이나 채취로 생계를 이어가던 원주민들이 생존권을 잃게 되고 그리하여 강력하게 저항하기 시작한 것이다.

토지를 둘러싼 원주민들과의 분쟁들 가운데에서 로크는 잉글랜드 식민자들의 권리를 이론적으로 옹호하는 역할을 했다. 또 개인적으로도 상당한 투자를 함으로써 식민지에 이해관계를 갖고 있었다. 그러므로 그의 정치사상 속에서 아메리카는 매우 중요한 부분을 차지하지 않을 수 없었다.

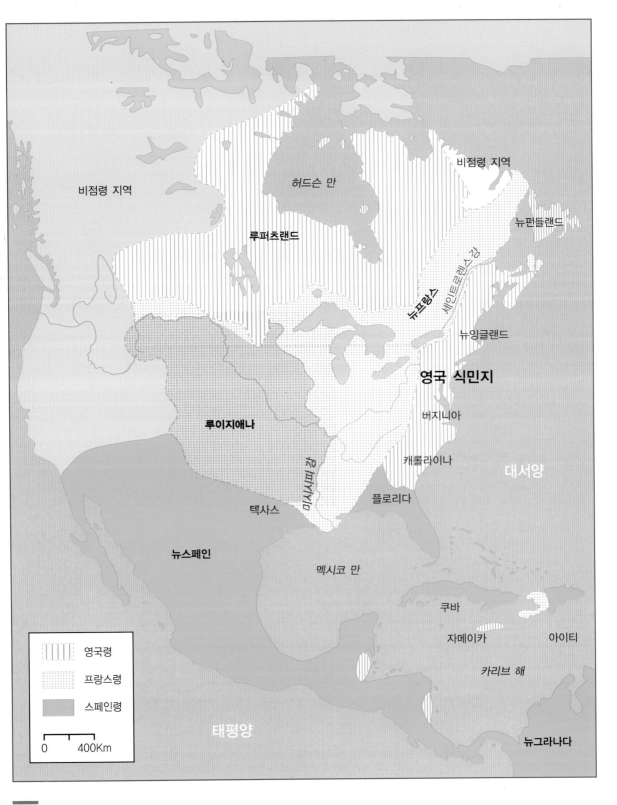

비점령 지역

허드슨 만

비점령 지역

뉴펀들랜드

루퍼츠랜드

뉴프랑스

세인트로렌스 강

뉴잉글랜드

영국 식민지

버지니아

루이지애나

미시시피 강

캐롤라이나

플로리다

대서양

텍사스

뉴스페인

멕시코 만

쿠바

자메이카

아이티

카리브 해

태평양

뉴그라나다

	영국령
	프랑스령
	스페인령

0   400Km

북아메리카의 식민화(1713). 영국 식민지에서 출발한 미국의 영토는 1776년에 독립한 후에 크게 팽창했다. 프랑스령이었던 루이지애나(미시시피 강 서쪽 지역) 는 나폴레옹 시대인 1803년에 프랑스로부터 1,500만 달러에 사들인 것이다. 그 후 1809년까지 미시시피 강 하류 지역과 오대호 부근 지역을 병합함으로써 미 국의 영토는 중부 지역으로까지 크게 확대되었다.

네덜란드의 델프트 항구에서 출항 준비를 하는 메이플라워호. 종교의 자유를 위해 1608년에 잉글랜드를 떠나 네덜란드로 이주한 청교도들은 1620년에 '신세계'에 자신들만의 사회를 건설하기 위해 아메리카를 향해 떠났다. 이들은 두 달간의 항해 끝에 북미 버지니아의 뉴플리머스 지역에 도착했고 원주민 부족의 도움을 얻어 혹독한 겨울을 견뎌 낼 수 있었다. 다음 해 가을에 성공적으로 추수를 하게 된 이들은 모든 마을 사람이 모여 감사의 식사를 했고 이것이 지금도 미국 가정에서 매년 11월에 기리는 추수감사절의 시작이다.

로크의 자연법과 재산권 이론

로크는 자연 상태나 자연인, 사유재산권 등 그의 자연법의 중요한 개념들을 그로티우스나 푸펜도르프에게서 빌려왔다. 그러나 그것은 머릿속에서만 나온 것이 아니라 앞의 사람들과 마찬가지로 현실의 문제의식에서 비롯된 것이다. 기본적으로 아메리카의 현실에 기초를 두고 있다.

그도 아메리카에 대한 유럽인의 '정복의 권리'는 부인했다. 그것이 자연법에 어긋나기 때문이라는 것이다. 그럼에도 그는 아메리카 원주민을 자연인으로, 아메리카의 상태를 자연 상태로 보았다. 그것은 아메리카인을 원시적인 인간으로 간주하고 그들의 국가나 종족 집단의 존재를 인정하지 않음으로써 그들의 정치적·경제적 권리를 부정하기 위해서였다.

그도 앞의 사람들과 같이 인간은 이 세계를 신으로부터 공유로 하사받았다고 생각했다. '어느 누구도 본래적으로 그 어떤 것에 대해서도 타인을 배제할 권리를 갖고 있지 않다'는 것이다. 이렇게 신이 이 세계를 공유물로 준 것은 마찬가지로 인간이 신으로부터 부여받은 생존의 권리를 충족시키기 위해서라고 생각했다.

그러나 이 생존의 욕구를 충족시키려면 개인이 그것을 전유해야 한다. 그리고 이 전유는 사람의 힘을 자연에 가함으로써 가능하다. 과실을 나무에서 따든 짐승을 잡든 그것은 모두 자기 것이라는 것을 부정할 수 없는 인간의 힘이 자연에 가해져서 얻어진 것이다. 땅의 사유화도 그는 마찬가지로 생각했다.

그로티우스는 땅의 사유를 경작과 관련시켰으나 로크는 그것을 보다 추상적인 '노동'이라는 개념과 결합시킴으로써 한 단계 더 발전시켰다. 경작이라는 노동 행위를 통해 토지의 생산 능력을 높이고 그래서 이 세상을 더 풍요하게 만드는 사람만이 토지에 대한 소유권을 가질 수 있다는 것이다. 같은 면적의 잉글랜드 토지가 아메리카 토지에 비해 10배 이상의 생산 능력을 갖고 있는 것은 이런 노동 행위 때문이다.

그러나 노동만으로 전유가 가능한 것은 아니다. 그것은 울타리치기를 전제로 한다. 즉, 개인이 울타리를 치고 자기 것으로 만들어야 한다는 것이다.

땅에서 축출된 원주민

이렇게 사적인 전유가 재산권의 기초이므로 원주민 가운데 집단으로 공동 경작을 하는 경우에도 그 재산에 대한 배타적인 권리를 주장할 수는 없었다. 개인 재산권에 기초한 유럽적인 농업의 형태를 받아들이지 않는 한 토지에 대한 권리를 가질 수 없었다.

이뿐이 아니다. 그는 더 나아가 원주민이 기존에 소유하고 있는 토지에 대한 권리 자체를 부정하는 논리를 만들어 냈다. 그는 아메리카의 버려지고 비어 있는 광대한 땅에 대해 자주 언급하고 있는데 여기에서 '버려진'이나 '비어 있는'이라는 표현들은 중요하다.

비어 있는 땅은 사람의 손이 닿지 않은 땅이다. 따라서 그것을 차지하는 것은 별 문제가 아니다. 그러나 '버려진' 땅은 적절히 관리가 되지 않은 땅을 가리키는 것이다. 즉, '방치되어 결과적으로 버려진 땅'인 것이다.

이렇게 어떤 사람들에 의해 방치되어 버려진 땅은 다른 사람의 노동을 통해 다시 전유가 가능했다. 그것을 경작하려고 하는 사람의 소유가 될 수 있다는 것이다. 이때 문제는 '방치'되었다는 판단을 누가 하느냐는 것이다. 로크의 경우 이는 당연히 잉글랜드 식민자들이었다.

로크는 『시민정부 2론』에서 재산권 이론을 발전시키고 있는데, 전유의 조건으로 두 가지를 들고 있다. 하나는 울타리를 치고 전유하고도 충분한

땅이 남아 있어야 한다는 것이고, 다른 하나는 그 땅에서 생산되는 생산물이 남아서 썩을 만큼 되어서는 안 된다는 것이다.

첫 번째 조건은 아메리카의 경우 인구에 비해 땅이 넓으므로 큰 문제는 아니다. 문제는 두 번째 조건이다. 이것이 의미하는 것은 만약 원주민이 자기들이 공동 소유하고 있는 땅에서 생산물을 썩게 만들 정도로 많은 것을 얻게 된다면 이 조건을 넘어선다는 것이다. 그 경우 그 땅은 다른 사람에 의해 전유될 수 있다.

다시 말해 그 땅의 풀이 그대로 시들어 썩든가, 따지 않은 과일이 떨어져 썩는다면 그것은 '버려진' 땅으로 간주될 수 있고, 따라서 다른 사람이 전유할 수 있는 조건을 만드는 것이 된다. 결국 원주민에게는 당장 소비할 수 있는 만큼의 과일, 사냥감 외에 다른 것을 더 가질 수 있는 가능성이 아예 차단

사냥하는 캘리포니아 원주민. 1769년 5월 15일에 이들을 만난 주니페로 세라 신부는 "그들은 원주민 이전의 낙원 속 아담처럼 완전히 나체였다. …… 우리는 오랫동안 이야기를 나누었는데 한순간도 그들에게서 부끄러움을 발견할 수 없었다"고 말하고 있다.

백인 식민자들의 들소 사냥. 백인들은 특히 19세기에 가죽을 얻기 위해 중부 평원 지역에 서식하고 있는 들소의 씨를 말려서 원주민들의 생존을 크게 위협했다. 1880년대에 올랜도 본드라는 사람은 자신의 무리를 이끌고 단 하루에 300마리, 두 달 사이에 5,855마리의 들소를 사냥하기도 했다. 들소의 머리뼈를 산처럼 쌓아 놓은 광경을 보라.

된다.

그러면 잉글랜드인은 이 제한 조건을 어떻게 피할 수 있을까? 그것은 화폐를 통해서이다. 화폐를 통해 '이 세계의 다른 부분들과 통상을 함'으로써 생산물이 썩지 않고 다른 사람들도 이용할 수 있게 만든다는 것이다. 그러나 이런 주장은 원주민들도 물물교환을 하고 있다는 사실을 완전히 무시하는 것이다.

그러므로 로크가 전유를 제한하는 조건을 말하는 것은 아무 의미도 없다. 그것은 원주민의 토지 전유만 막을 뿐 잉글랜드 식민자에게는 적용되지 않기 때문이다. 결과적으로 잉글랜드 식민자만이 아메리카에서 대규모의 토지 전유를 할 수 있는 가능성을 갖게 된다. 또 화폐라는 장치를 통해 무한정한 자본 축적도 가능하게 된다.

원주민과 잉글랜드인의 차별

원주민에 대한 이런 차별적인 태도는 잉글랜드와 아메리카의 공유지에

'눈물의 길'을 따라 이주하는 체로키 부족. 지주들만이 아니라 모든 백인 성인 남자에게 투표권을 부여해서 '잭슨 민주주의'로 이름 높은 미국의 7대 대통령 앤드루 잭슨(재임 1829~1839년)은 그러나 원주민 탄압으로 이름 높은 인물이다. 그가 결정한 '이주' 정책에 따라 동부 지역의 원주민들은 미시시피 강 서쪽으로 강제 이주해야 했다. 이에 따라 1838년에 체로키 부족은 한겨울에 가축을 내버린 채 서쪽으로 약 1,300킬로미터나 옮겨 가야 했다. 이 일로 부족민 1만 5,000명 가운데 4,000명가량이 사망했다. 그래서 체로키 부족은 그들의 이주로를 '눈물의 길'이라고 불렀다.

대한 그의 다른 태도에서도 여실히 나타난다. 그는 아메리카의 공유지는 원래 신이 인류에게 공동으로 준 것으로 생각한다. 따라서 조건만 맞춘다면 누구나가 전유할 수 있는 것이 된다.

반면 잉글랜드의 공유지는 어떤 사람들의 집단 사이의 계약의 산물로 생각한다. 잉글랜드에서는 그것이 모든 인류에게 공유되는 것이 아니라 어떤 지역이나 교구 사람들만의 공유라는 것이다. 따라서 그것은 아메리카에서의 경우와 달리 아무나 함부로 전유할 수 없는 것으로 보았다.

그러므로 로크의 재산권 이론이 그 후 아메리카 식민지에서 원주민을 토지에서 원천적으로 분리시키는 중요한 근거로 이용된 것은 자연스러운 일이었다. 원주민이 사냥을 위해 잉글랜드인이 만든 울타리를 넘거나 파괴하는 것은 잉글랜드인의 사유재산권을 침해하는 행위로서 제재받아야 하기 때문이었다. 이리하여 그는 북아메리카에서 19세기 말까지 지속된 원주민 배제와 학살의 이론적 근거를 제공한 장본인이 되었다. 후대인들이 계속 그의 논리를 이용했던 것이다.

로크는 서양인들에 의해 근대적인 사유재산권 이론의 기초를 만들고 자유주의 사상의 기초를 놓은 선구자로 높이 평가받으나 그것이 비유럽인과는 별 상관이 없다는 것은 지금까지의 이야기로 분명해졌을 것이다.

따라서 로크의 자연법을 유럽적인 문맥에서만 이해하는 것은 그의 사상을 크게 왜곡할 가능성이 있는 것이다. 그의 자연법도 그로티우스의 것과 같이 유럽과 비유럽에 달리 적용되는 매우 차별적인 원리로서, 보편적인 성격을 갖는 것은 아니다. 그러니 우리가 그의 사상을 어떻게 받아들여야 할지는 다시 잘 생각해 보아야 할 문제라고 하겠다.

자연법은 보편적인 원리가 아니다 05

18세기 초가 되면 자연법사상은 대부분의 신교 국가 — 독일, 네덜란드, 스위스, 스칸디나비아 — 에서 학문적인 도덕철학의 가장 중요한 형태가 되었다. 또 스코틀랜드, 잉글랜드, 아메리카에서 빠르게 지반을 넓혀 가고 있었다.

그리하여 그것은 정치경제학 같은 새 학문들의 발판이 되었을 뿐 아니라 독일에서의 법 개혁 같은 개혁 운동의 발판이 되기도 했다. 그리고 자연법이 형식적으로는 인간의 사회적 행위에 대한 보편적 원리를 추구했으므로 이 자연법의 개념은 18세기 사람들이 자신들을 국제적이고 세계시민적이라고 믿게 했다.

그러나 앞에서 보았듯이 근대 자연법은 식민주의와 밀접한 관계를 갖고 발전한 것이다. 그것은 유럽인과 비유럽인에게는 달리 적용되는 차별적인 원리로써 식민주의적 행위를 옹호하고 정당화했을 뿐 아니라 더 나아가 그

구체적인 실천 원리까지도 만들어 주었다.

물론 푸펜도르프에서와 같이 그것이 보다 객관적이고 보편적인 학문 체계로 발전할 싹을 갖고 있었던 것은 사실이다. 그러나 17~18세기를 주도한 것은 스페인, 네덜란드, 잉글랜드, 프랑스 같은 식민 국가들이었지 식민 활동을 하지 않은 독일, 스웨덴 같은 나라는 아니었다. 따라서 그로티우스나 로크의 자연법 이론이 주류를 이룬 것은 어떤 의미에서는 당연하다고 할 수 있다.

자연법 이론의 이런 식민주의적 성격은 계몽사상에도 대체로 그대로 반

칙소 부족의 반란을 진압하는 미국 기병대(1906). 칙소 부족은 1830년대에 오클라호마의 '인디언 거주 지역'으로 강제 이주당했고 '풀이 자라고 강물이 흐를 때까지' 그 땅에서 계속 살 수 있다는 약속을 받았다. 그러나 19세기 후반에 이 땅을 탐낸 백인 정착민들이 점차 침투해 들어오며 백인들과의 마찰이 끊이지 않았다. 견디다 못한 부족민들이 1906년에 무력으로 저항했으나 돌아온 것은 미국 기병대의 잔혹한 진압뿐이었다. 이것은 '인디언 거주 지역' 어디에서나 일어난 일이다. 그래서 '인디언 거주 지역'은 20세기 초에 들어오면 처음보다 크게 축소되었다.

영되었다. 그래서 식민주의를 옹호하거나 상업의 자유를 주장하며 비유럽 지역에 대해 무역을 강요했다.

사실 17~18세기에 유럽 국가들이 벌인 수많은 전쟁들은 많은 경우 무역의 확대를 위한 것이었다. 그리고 당시 유럽 국가들은 모두 보호무역의 장벽을 치고 있었으므로 어디에도 자유무역은 없었다. 그럼에도 이들은 비유럽 지역에 대해서는 무역의 자유를 요구한 것이다.

따라서 자연법을 바로 이해하는 것은 역시 서양인들이 그 보편성과 세계시민성을 강조하는 계몽사상에 내재해 있는 식민주의적 성격을 바로 이해할 수 있게 해주는 단초가 된다. 자연법의 성격을 바로 안다는 것이 이에 대한 유럽중심주의적 해석을 넘어서서 서양 근대사상의 성격을 바로 이해하게 해주는 지름길이 될 수 있는 것이다.

찾아보기

찾아보기

ㄱ

가마, 바스코 다 187, 188, 189, 190,
    191, 196, 205
가톨릭 27, 46
갈릴레이 162
강희제 261
개인주의 33, 173, 178
『거대한 분기점』 263
게르만 양식 172
게르만족 104
게이샤 130
겐트 116
겔러, 어니스트 42
경덕진(景德鎭) 128
경상수지화폐이론 251
경험론 300
계급투쟁 41
계몽사상 27, 48, 60, 77, 143, 181, 182,
    255, 277, 299, 311, 312
고고학 18, 70
고구려 15
〈고깃간〉 176

고대 문명 94
고대 문화 143, 158
『고대미술사』 75
고대사 15
고딕 미술 172
고려 54
고마라, 프란시스코 193
고아 항 203, 225
고전고대 141, 158
고전 그리스 시대 66, 72
고전 문명 58
고전 세계 158
고전학 66
곰브리치, 에른스트 92, 173
『공산당 선언』 38
공유재산 292
공화정 46
과달키비르 강 249
과학혁명 46, 60
관념론 35
관료제 39, 245
관제 민족주의 42

광동(廣東) 113, 265
〈광장에서 설교하는 성 베르나디노〉 167
교토 130
『구약성서』 156, 168
『국부론』 193, 268, 269
국제법 277, 289, 295
군국주의 22
『군주론』 152
귀족계급 41
그라나다 왕국 190
그로티우스, 휴고 277, 279, 289, 291, 294, 295, 296, 298, 302, 303, 309, 311
그리스 25, 39, 61, 64, 65, 66, 67, 71, 72, 73, 77, 79, 80, 82, 83, 86, 88, 95
그리스 문명 44, 50, 51, 57, 58, 59, 60, 61, 65, 68, 72, 94, 95
그리스 문화 59, 63, 63, 72, 74, 75, 77, 78, 83, 92, 158
그리스 문화주의 62
그리스 시대 25, 75
그리스 신화 79, 86, 97
그리스 정교 26, 73
그리스 종족중심주의 62
그리스 철학 275, 276, 277
근대국가 150, 151, 152, 153, 181
근대 민주주의 86, 88, 89
『근대 세계-체제』 239, 240
근대 자유주의 사상 299
근대적 자아 155
근대 학문 227
글리던, 조지 로빈 34
기계론 161

기독교 26, 46, 286, 288
기를란다요, 도메니코 165
길드 16, 120, 155
김부식 20

ㄴ

나르본 117
나우폴리온 81
나일 강 68, 126
『나포의 권리』 291
나폴레옹 49, 76, 78, 301
나폴리 150, 152, 225
남경 128, 208
남경조약 113
남북전쟁 308
남아메리카 223
남태평양 208
네덜란드 218, 224, 227, 242, 254, 261, 262, 265, 269, 288, 290, 291, 293, 295, 302, 302, 310, 311
네덜란드 함대 290
네이트 신 68
노동계급 37, 38
노리치 120, 123
노예무역 252
노예제 83, 89, 242
노예제 사회
노트, 조사이어 클라크 34
농노제 242
농업자본주의 255
눈물의 길 307
뉘른베르크 112
『뉘른베르크 연대기』 112, 116, 160
뉴멕시코 297

뉴턴, 아이작 162
뉴프랑스 304
뉴플리머스 302

ㄷ

다리우스 대왕 64, 65
다마스쿠스 127
다비드 상 143, 155
다비드, 자크 루이 84
『다빈치 코드』 15
〈다빈치 코드〉 15
다빈치, 레오나르도 153, 155, 157, 161
다신교 74
단군 15
단테 알리기에리 153, 161, 162, 180
당(唐)나라 179
대도(大都) 129
대서양 160, 201, 202, 209, 210, 224
대서양 노예무역 254
대서양 무역 223, 252, 253
데모스 87
데카르트, 르네 162, 296
『데카메론』 161
덴마크 269, 296
델리 131, 267
델포이 71
델프트 항구 302
도나우 강 26
도덕철학 278, 310
도미니쿠스 교단(파) 30, 282, 283, 284
도시국가 106, 115, 150, 152, 153, 154,
    159, 188, 190, 224
독립전쟁(그리스) 80, 82
독립전쟁(미국) 194, 278

독일 49, 78, 79, 81, 116, 118, 124, 146,
    233, 265, 269, 295, 296, 310, 311
동남아시아 187
동로마제국 73
동물숭배 93
동방무역 105, 126, 188, 218
〈동방박사의 경배〉 173
동부 지중해 104
동아시아 16, 183
동유럽 242
동인도회사(네덜란드) 262, 289
동인도회사(영국) 31, 262
뒤러, 알브레히트 225
드레이크, 프랜시스 255
드보르자크, 안토닌 193
들라크루아, 외젠 47
디드로, 드니 27
디아스, 바르톨로뮤 190, 191

ㄹ

라니 118
라스 카사스, 바르톨로메오 데 283
라오콘 상 75, 78
라우리온 은광산 91
라이덴 227
라인 강 26, 116
라티움 왕 287
라틴아메리카 52, 242, 239
라파엘로 산치오 175
라호르 131, 267
랑케, 레오폴트 폰 18, 21, 148, 149
러시아 27, 81, 82, 147, 233, 269
런던 117, 120, 134, 135, 258
레오 10세 225

레이날, 아베 193

로댕, 프랑수아 오귀스트 93

로도스 섬 78

로렌체티, 암브로조 159

로마 26, 46, 245

로마 가톨릭 73

로마 교황청 77

로마 문명 44, 58

로마 문화 158

로마법 46, 283, 288

로마 시대 72, 75, 76, 92, 104, 106, 116, 122, 168, 275, 286

로마제국 143

로안고 131

로크, 존 277, 279, 295, 296, 298, 299, 300, 302, 303, 304, 306, 308, 309, 311

루브르 박물관 57

루이 16세 108

루이지애나 301

르네상스 41, 46, 60, 75, 141, 142, 143, 144, 145, 147, 148, 149, 152, 155, 158, 160, 161, 164, 165, 166, 167, 168, 169, 172, 173, 176, 177, 178, 179, 181, 183, 184

르네상스 과학 162

르네상스 문화 180, 181, 182

르네상스 예술 106

르페브르, 조르주 41, 54

리비아 205

리스본 190, 225

리스본 항 203

리오 그란데 강 297

『리오리엔트』 263

리옹 117, 122, 123

ㅁ

마네티, 지아노초 169

마닐라 266

마르세유 항 225

마르코 폴로 216, 217

마르쿠스 아우렐리우스 275

마사초 174

마이센 265

마이센 자기 265

마카오 218

마키아벨리, 니콜로 152, 154, 180

만능인 153

만민법 286

말라카 203, 266

말라카 해협 218

맑스 35, 37, 38, 237

맑스주의 41, 42, 271, 272

맑시즘 239

맘루크 시대 126

맘루크 정권 127

메디치 가문 106, 143

메디치, 로렌초 데 155, 177

메디치, 코시모 데 170

메이플라워호 302

멕시카(아스텍)제국 213

멕시코 193, 196, 197, 198, 210, 210, 213, 261, 283

멕시코시티 220

멜로스의 아프로디테 상 57, 59

명(明)대 264

명나라 128, 204, 206, 216, 265

명예혁명 299

몬테시노스 신부 282, 283
몽골제국 126, 216, 217, 271
몽골족 208
몽펠리에 117
무굴제국 131, 216, 267
무어인 282
무역풍 210
무자파르 2세 225
무함마드 26, 125
『문명과 자본주의』 40
『문명의 역사』 112
문화사 147
『물질문명과 자본주의』 240
물활론 161
미국 79, 194, 297, 301
미시시피 강 301, 307
미켈란젤로, 부오나로티 143, 155, 156, 172
미켈리노, 도미니코 162
민족의식 20
민족주의 21, 29, 33, 41, 42, 46, 48, 58, 59, 83, 87, 88, 103, 107, 147
〈민중을 이끄는 자유의 여신〉 47
민회 86, 87, 88
밀라노 115, 150, 152

ㅂ
바그다드 74, 126
바다의 자유 289, 295
바르바로이 62, 64
바르쉬르오브 118
바사리, 조르조 172
바스케스, 페르디난도 291
바이런, 조지 80, 82

바젤 146, 147
〈바쿠스〉 155
바티칸 박물관 76
반주변부 240, 241, 242, 243, 244
반지구화운동 238
발칸 반도 24, 26
발트 무역 136
백인종 33
버널, 마틴 68, 70
버지니아 302
베네딕트 수도원 121
베네치아 15, 124, 150, 152, 182, 188, 224
베네치아노, 도메니코 173
베드로 성당 155
베르길리우스 180
베를린 80
베버, 막스 35, 37, 39, 41, 110, 111, 112, 128, 237
베트남 49, 266
벨기에 108, 109, 114, 136
벨리, 레옹 85
벨리니, 젠틸레 166
변경(卞京) 246
『변화된 중국』 263
보댕, 장 250
보불전쟁 22
보차리스, 마르코스 82
보카치오, 조반니 161
보티첼리, 산드로 142
보편사 32, 36
보호무역 312
본드, 올랜도 306
볼리비아 248

볼테르 27, 255
볼프, 크리스티안 79
봉건제 37, 39, 103, 111, 137, 245
봉건체제 103, 115, 135
뵈트거, 프리드리히 265
부등가교환 242, 243
부르고스 283
부르고스 회의 284
부르주아 271
부르주아계급 41, 46
부르주아지 109
부르크하르트, 야코프 143, 144, 145,
    146, 147, 148, 149, 150, 151, 153,
    154, 155, 157, 158, 159, 160, 161,
    163, 166, 168, 171, 172, 181, 182,
    183
북경 96, 129, 208
북아메리카 194, 293, 294, 300, 301
북아프리카 26, 210
북이탈리아 118
불산(佛山)시 113
브라질 220, 292, 293
브로델, 페르낭 40, 54, 112, 237, 251,
    271
브루게 116
브루넬레스키, 필리포 164
브루노, 조르다노 180
브루니, 레오나르도 169, 181
브리, 테오도르 드 203, 251, 282, 286
브리스톨 258, 300
『블랙 아테나』 68
비너스 72
〈비너스의 탄생〉 142
비유럽 문명 28

비잔틴 81
비잔틴 문명 51, 61
비잔틴 미술 172
비잔틴 양식 172
비잔틴제국 51, 60, 73, 74, 81, 181,
    182, 187, 216
비텔스바흐, 오토 81
비토리아, 프란시스코 데 277, 279,
    280, 284, 286, 288, 291, 296
비트루비우스, 마르쿠스 157
빈 102
빙켈만, 요한 75, 76

ㅅ
사관(史觀) 19
『사기』 16
사노 디 피에트로 167
사마천 16
사실주의 173
사용권 296
사유재산 287
사유재산권 46, 277, 292, 302, 308
사유재산권 이론 309
사유재산제 33
사이드, 에드워드 29
사이스 시 68
사회경제사 40
사회계약론 278
사회계약설 299
사회주의 21, 37
산마르코 광장 166
〈산마르코 광장의 행렬〉 166
산마르코 성당 166
산업자본주의 269, 272

산업혁명 27, 32, 48, 229, 244, 257, 265, 269
산업화 29
산타마리아 노벨라 성당 174
산타마리아호 204, 205, 208
살라망카 학파 250, 291
살라망카 회합 201
삼각무역 253, 255, 258
『삼국사기』 20
삼국시대 20
〈삼위일체〉 174
상파뉴 118, 120
생산양식 37, 38
샤를 8세 152
샤프츠버리 백작 1세 300
샬, 아담 30
샹플렝, 사뮈엘 드 304
서로마제국 73, 104
서양 고대사 44
서양 문명 82, 95, 103
서양 문화 79, 145
『서양미술사』 92
서양사 21, 23, 44, 48, 49, 50, 53, 54
서울 102
서인도 제도 210, 218, 219, 223, 225, 282, 283
성배 전설 15
성 베네딕트 히름 수도원 121
성 베르나디노 167
성 안드레아 성당 169
세계관 20, 21, 23, 32, 36, 37, 40, 44, 48, 50, 51, 52, 53, 95, 97
세계시민주의 27
세계체제 241, 244, 271

세계-체제 240, 241, 242, 244, 272
세계체제론 238, 239, 268, 270
세네카 180, 275
세비야 221
세비야 항 249
세속주의 173, 178, 183
〈세이렌과 오디세우스〉 85
세인트 로렌스 강 304
소말리아 206
소수서원 54
소아시아 127
소유권 296
속도설 250, 251, 252
수양제 207
스마크, 로버트 79
스미스, 애덤 193, 269
스웨덴 269, 295, 296, 311
스위스 146, 310
스칸디나비아 118, 233, 310
스코틀랜드 269, 310
스콜라철학 159, 181, 284
스토아철학 275, 276, 277
스토아 학파 168
스트라스부르 117
스트라테고스 86
스파르타 89
스페인 135, 151, 152, 154, 189, 190, 198, 201, 210, 212, 211, 219, 220, 221, 224, 233, 242, 249, 250, 251, 254, 280, 288, 292, 295, 296, 296, 311
스페인 함대 290
스핑크스 93
스핑크스(그리스) 71

스핑크스(이집트) 71
슬론, 한스 226
시리아 127
『시민정부 2론』 299, 300, 304
시스티나 성당 155
〈시스티나 성당 천장화〉 156
식민주의 21, 29, 50, 53, 199, 278, 279,
　279, 288, 290, 291, 294, 296, 298,
　299, 310, 312
식스투스 5세 177
『신곡』 161, 162
신교파 46
신법 276, 282, 284, 285
신성로마제국 102, 112, 114, 116, 133,
　150, 152
〈신세계 교향곡〉 193
신플라톤주의자 168
신학 39
『신학대전』 276, 277, 284
실증주의 149
십자군 전쟁 126
싱가포르 해협 291

ㅇ

아그라 131, 267
아나톨리아 반도 80
아날학파 40
〈아뇰로 데 도니의 초상〉 175
아덴 218
아라비아 반도 104
아레타스 주교 60
아르노 강 106
아리스타르코스 162
아리스토텔레스 73, 88, 89, 90, 91,
　181, 226, 275, 276, 277
아리아족 70
아리오스토 180
아메리카 51, 135, 187, 189, 190, 192,
　192, 193, 194, 195, 196, 203, 207,
　209, 210, 212, 221, 222, 223, 225,
　226, 227, 228, 229, 249, 250, 261,
　265, 267, 269, 277, 280, 283, 288,
　294, 296, 297, 300, 302, 303, 305,
　307, 308, 310
아메리카 원주민 281, 303
아메리카 항로 191
아부-루고드, 재닛 270
아스텍 283, 287, 288
아스텍제국 193, 197, 198, 210, 213,
　214, 281
아시아 23, 24, 26, 29, 32, 40, 41, 51,
　102, 103, 135, 137, 187, 189, 191,
　203, 207, 241, 244, 249, 260, 261,
　262, 270, 271, 277
아시아 무역 253
아시아적 생산양식론 37
아시아적 전제론(專制論) 33
아우크스부르크 112
아이네이아스 287, 291
아조레스 군도 210
아카풀코 210
아코스타, 호세 데 225
아크로폴리스 58
아테나 여신 68
아테나 파르테노스 여신상 92, 93
아테네 57, 58, 59, 86, 87, 89, 90, 92
아테네 민주주의 86, 87, 88, 89
아편전쟁 32

아폴로 벨베데레 상 75, 76
아프로디테 45, 72, 84
아프리카 23, 24, 26, 51, 52, 102, 104,
   131, 133, 137, 187, 188, 189, 191,
   205, 206, 228, 236, 239, 244, 253,
   254, 293
안트베르펜 136
안향 54
알레포 127
알렉산데르 6세 280
알렉산드로스 대왕 50, 63, 65, 66
알렉산드로스제국 65
알렉산드르 1세 147
알렉산드리아 63, 126, 224
알바니 추기경 77
알베르투스 마그누스 73
알베르티, 레온 153, 161, 169
알제리 49
알제리 독립전쟁 49
알프스 115
암스테르담 293
암흑시대 143
압바스 왕조 74
앙리 4세 291
애리조나 297
앨프리드 왕 122
양자강 127, 208, 264, 265
어빙, 워싱턴 201
언어학 70
에도(江戶) 130, 266
에딘버러 269
에우리메돈 강 전투 90
에페소스의 아르테미스 여신상 93
엑서터 122, 123

엔리케 왕자 188, 189
엘리자베스 여왕 134, 255
역사 15, 16, 18, 19
『역사』 17, 205
역사가 15, 18, 19, 20, 40
역사관 21
『역사란 무엇인가』 16
역사철학 148
『역사철학』 35
역사학 16, 17, 18, 21, 22, 30, 31
영국 24, 32, 80, 81, 82, 96, 117, 218,
   224, 254, 255, 264, 265, 301
영국 박물관 79
영원법 276
예수 15
예찬(倪瓚) 178
오대호 301
오디세우스 85
오를레앙 117
오리엔탈리즘 28, 29
『오리엔탈리즘』 29
오리엔트 63, 65, 66, 67, 68
오리엔트 문명 50, 59, 60, 95
오리엔트 문화 91
500인회의(불레) 86, 87, 88
오사카 130, 266
오스만 튀르크 73, 81, 82, 187, 216
오스트라시즘(도편추방제) 88
오스트리아 78, 147, 182
오클라호마 311
외교사 18
요먼 247, 256, 257
요새 도시 116
우랄 산맥 24

〈우리가 중국에서 해야 할 일〉 96
우마이야 왕조 126
〈우산림학도(虞山林壑圖)〉 178
원(元)대 179
원나라 129
월러스틴, 이매뉴얼 238, 239, 240, 241,
    244, 245, 247, 251, 252, 255, 257,
    258, 259, 260, 268, 270, 271
웡, R. B. 263
웨일스 257, 258
웬슬링 수도원 121
유교 53
유럽 19, 24, 26, 27, 29, 30, 34, 36, 41,
    44, 52, 60, 72, 74, 75, 79, 80, 101,
    104, 105, 128, 134, 136, 137, 141,
    147, 198, 203, 204, 209, 210, 212,
    222, 223, 224, 229, 233, 235, 237,
    241, 245, 246, 247, 249, 250, 261,
    262, 264, 266, 269, 271, 272, 297
유럽 문명 28, 31, 51, 65, 77, 95
유럽 세계 – 체제 260, 268
유럽 역내 무역 253
유럽연합 25
유럽예외주의 28
『유럽의 보편주의 : 권력의 논리』 238
유럽중심주의 21, 22, 23, 24, 28, 30,
    43, 50, 53, 145, 241, 259, 270, 279
『유클리드 기하학』 60
유피테르 72
육조(六朝) 시대 179
『의무론』 276
의회민주주의 299
이데올로기 20, 21, 54
이라크 74

이로코이 부족 304
이마리 자기 266, 267
이베리아 반도 24, 104, 118, 126, 190
이븐 루시드 73
이븐 마지드 191
이븐 바투타 128
이소크라테스 63
이수광 223
이스파뇰라 섬 282
이슬람 74, 81, 104, 105, 125, 127, 190,
    271
이슬람 문명 51, 61
이슬람 문화권 60
이슬람교 26, 125
이집트 26, 63, 68, 69, 70, 91, 94, 126,
    127, 196, 205, 224, 269
이탈리아 66, 74, 105, 106, 112, 114,
    115, 118, 134, 136, 143, 148, 150,
    151, 152, 153, 155, 160, 163, 172,
    188, 222, 224, 233
『이탈리아의 르네상스 문화』 144, 145,
    146, 166, 172
『인간과 시민의 의무에 대하여』 298
인간법 276, 282
『인간의 존엄성에 대한 연설』 170
인간중심주의 91, 183
인도 31, 32, 131, 160, 187, 190, 191,
    196, 203, 218, 225, 261, 262, 264,
    267, 268, 269, 293
인도네시아 293
인도양 131, 205
인도 항로 191
인디언 거주 지역 308, 311
인디오 282

인문주의 15, 144, 158, 161, 168, 180, 181
인벌루션(involution) 263
인종 20, 34
인종주의 21, 49, 50, 70
인클로저 256
일본 261, 264, 266, 267
임금지체설 252
임진왜란 267
입헌군주제 299
잉글랜드 118, 120, 121, 134, 135, 233, 242, 256, 257, 258, 264, 265, 269, 288, 293, 295, 299, 300, 302, 303, 304, 306, 307, 308, 310, 311
잉카제국 198, 210, 212, 214, 283

ㅈ
자금성 129
자메이카 226
『자본론』 38
자본주의 29, 33, 37, 39, 46, 58, 102, 103, 120, 135, 229, 237, 245, 246, 247, 255, 256, 257, 258, 268, 271, 272
자본주의적 세계 – 경제 246
자연과학 17, 181
자연권 277, 299
자연법 275, 276, 277, 278, 279, 282, 285, 286, 288, 289, 290, 293, 295, 296, 298, 302, 309, 310, 312
『자연법과 국제법』 295, 296, 298
자연법사상 275, 276, 279, 294, 300, 310
자연법 이론 311

『자연사』 226
자연적 사실주의 175
자연주의 91, 92, 94
자유 도시 116
자유로운 바다 290
「자유로운 바다」 289, 291, 292
자유무역 312
자유주의 21, 309
자카르타 218
자파, 미트 31
작센 265, 296
재산권 280, 283, 290, 291, 296
재산권 이론 295, 302, 304, 308
잭슨 민주주의 307
잭슨, 앤드루 307
저항권 299
『전쟁과 평화의 법』 289
절대주의 국가 181
정기시(定期市) 118, 120
정치사 18
정치사상 300
『정치학』 181
정화(鄭和) 205, 206
제3세계 53, 240, 243, 257
제국주의 244
제노바 115, 150, 152, 160, 188, 189
제논 275
제우스 72
제우스 제단 80
젠트리 256, 257
조선 134, 267
조선시대 53, 117, 223
종교개혁 27, 46, 166, 277
종속이론 239, 271

주니페로 세라 신부 305
주변부 240, 241, 242, 244, 247, 255
중개무역 218, 266
중국 30, 32, 96, 111, 112, 113, 126,
    127, 187, 202, 204, 206, 207, 208,
    210, 216, 245, 246, 261, 262, 264,
    265, 266, 268, 269, 270
중국 자기 265
중남미 194
중세 44
중세도시 29, 41, 102, 103, 104, 106,
    107, 108, 110, 111, 112, 113, 120,
    123, 124, 131, 134, 136, 137, 271
『중세도시』 108, 109
중세 사회 73
중세 시대 60, 109, 114, 116, 118, 143,
    153, 161, 276
중세 철학 159
중심부 240, 241, 242, 243, 244, 252,
    256
중앙아메리카 196
중앙아시아 234
중우정치 89
지구구체설 200
지구중심설 162
지동설 161
지방색 20
지배계급 48
지배권 280, 283
『지봉유설』 223
지브롤터 해협 205
『지식의 불확실성』 238
〈지오반나 데 토르나브오니의 초상〉
    165

지중해 71, 104, 105, 188, 224, 234, 242
지중해 무역 150
진보사관 32, 183

ㅊ

차지농(借地農) 244, 256, 257
『천구의 회전에 관하여』 161
『천일야화』 74
청교도 302
청나라 261, 265
청대(淸代) 128
〈청명상하도(淸明上河圖)〉 246
체로키 부족 307
체코 102
촘스키, 노엄 238
추수감사절 302
치아파스 283
칙소 부족 311
7월혁명 47

ㅋ

카, E. H. 16
카나리아 군도 160, 210
카나리아 제도 202, 210
카니발리즘 285, 288
카리브 지역 244, 253
카리브 해 282
카메룬 188
카이로 126, 127
카이사르, 율리우스 276
칼뱅파 46
캐러벨선 189, 203, 204
캐로 수도원 121
캘리컷 190, 217

캘리포니아 원주민 305
컴브리아 256
케냐 205
코르도바 126
코르테스, 에르난 193, 197, 210, 213,
  214, 215, 219
코뮌 108
코페르니쿠스, 니콜라스 161
코펜하겐 296
콘스탄티노플 126
콜럼버스, 크리스토퍼 160, 187, 188,
  189, 190, 191, 192, 193, 194, 195,
  200, 201, 202, 204, 208, 210, 216,
  218, 219, 222, 228, 286
콜럼버스의 날 194
콜럼버스의 달걀 200
콜럼비아 195
콜럼비아 영화사 195
콩고 131
콩키스타도르 197, 198, 219, 282
쾰른 116, 118
쿠빌라이 칸 217
크리솔로라스 181, 182
『크리스토퍼 콜럼버스의 생애와 항해』
  201
크림반도 234
클라이브, 로버트 31
클레이스테네스 86, 87
키몬 88
키오스 89
키케로, 마르쿠스 275, 276

ㅌ
탁발 수도사 교단 122

태양중심설 162
태평양 207, 208, 209
태호(太湖) 128
터키 26, 80, 182
테노치티틀란 213, 214, 215, 220
테렌티우스 180
테미스토클레스 88
테오칼라 신전 215
테오티우아칸 196
〈텔레마코스와 유카리스의 이별〉 84
토르데시야스 조약 220, 289, 292
토마스 아퀴나스 73, 276, 277, 284
토스카넬리, 파올로 달 포초 202
토인비, 아놀드 237
통일 네덜란드 공화국 290
투스카니 157
투키디데스 16
툴루즈 117
튀르크인 282
트라이치케, 하인리히 22
트루아 118

ㅍ
파라오 205
파르테논 신전 57, 58, 84, 92, 93
파리 76, 102, 116, 134
파사로티, 바톨로메오 176
팔레스타인 26
팔마노바 시 182
『펀치』 96
페니키아인 68, 70, 205
페루 198, 248
페르가뭄 박물관 80
페르디난드·이사벨라 공동왕 218,

250, 280

페르디난드 왕 282

페르시아 32, 63, 64, 65, 71, 216

페르시아 만 203

페르시아 전쟁 58, 62, 63

페리클레스 58, 87

페트라르카, 프란체스코 158, 161, 169,
  180

펠리페 3세 285

편서풍 210

폐쇄된 바다 293

포르투갈 136, 188, 189, 203, 218, 224,
  254, 289, 292, 293, 295

포마, 구아만 285

포머런츠, 케네스 263

포토시 248

폴라니, 칼 237

폴란드 24

폴리치아노, 안젤로 180

푸에블로 인디언 297

푸펜도르프, 자무엘 295, 277, 279, 289,
  296, 298, 302, 311

프라하 102, 118

프란체스코 교단(파) 30

프란츠 2세

프랑수아 1세 152, 225

프랑스 49, 80, 81, 82, 116, 118, 119,
  123, 150, 151, 152, 154, 222, 224,
  233, 251, 254, 255, 269, 270, 301,
  311

프랑스혁명 27, 41, 47, 48, 49, 102,
  108, 137, 278

『프랑스혁명』 41

프랑크, 안드레 263, 266, 267, 268, 272

프랑크푸르트 124

프레스터 존 189

프로뱅 118

프로이센 22, 75, 77, 78, 79, 147, 296

프로테스탄트 27, 39, 46

『프로테스탄트 윤리와 자본주의 정신』
  39

프리드리히 2세 112

프리드리히 빌헬름 3세 147

프톨레마이오스 162

플라시 전투 31, 32

플라우투스, 티투스 마치우스 180

플라톤 88, 89, 168, 170

플랑드르 105, 114, 116, 118

피렌, 앙리 108, 109, 110, 112

피렌체 106, 115, 124, 150, 151, 152,
  155, 162, 163, 170, 174, 181,

피렌체 대성당 164

피사로, 프란시스코 197, 210, 214, 219

피셔, 더글러스 251

〈피에타〉 155

피치노, 마르실리오 169, 170, 171, 180

피코 델라 미란돌라, 조반니 169, 170,
  171

필리핀 266

ㅎ

하게산드로스 78

하룬 알라시드 74

하위징아, 요한 144

하이델베르크 296

한구(漢口) 128

한국 141, 145

한양 117, 134

합스부르크 왕가 296
항주(杭州) 126, 127, 202
『항해록』 201
해밀턴, E. J. 250, 252
헤게모니 244
헤겔, 프리드리히 35, 36, 38, 41, 148, 149
헤라클레스의 기둥 205
헤로도토스 16, 17, 205
헨리 7세 117
헨리쿠스 마르텔루스 게르마누스 202
헬레네스 62, 64
헬레니즘 61, 62, 63, 64, 68, 70, 81, 95, 96, 97
헬레니즘 시대 72
헬레니즘적 문명 50, 51
헬레니즘적 시대 66, 72, 75, 78, 80, 168, 275

헬렌 62
호르무즈 203
호이안 266
홀로코스트 228
홉스, 토머스 277, 296
홉스봄, 에릭 41, 42, 54
화이트, 존 294
화폐수량설 250, 251, 252
황인종 33
황하 261
〈훌륭한 정부가 도시와 농촌에 미치는 영향〉 159
훔볼트, 빌헬름 폰 79
휘그 운동 300
흑사병 123, 233, 234, 235, 236
흑인종 33
흑해 234, 293
희망봉 190

강철구의 우리 눈으로 보는 세계사

1판 1쇄 발행 2009년 7월 30일
1판 2쇄 발행 2010년 1월 15일

지은이 강철구
펴낸이 강영선
펴낸곳 도서출판 용의 숲
주소 서울시 마포구 서교동 361-9 3F
전화번호 02-338-5113
팩시밀리 031-914-5113
휴대폰 011-9177-8210
E-mail dragonpc@hanmail.net
출판등록 2004년 3월 29일 제 313-2004-00078호

주문처 한국출판협동조합(일원화공급처)
전화 02-716-6032 | 팩스 02-716-3819~20

ISBN 978-89-93703-03-0 94920
ISBN 978-89-93703-02-3 94920(전2권)